船舶绕流场精细测试和分析技术

Detailed Flow Measurement and Analysis Techniques of the Ship

郭春雨　吴铁成　赵大刚　韩　阳　著

科学出版社

北京

内 容 简 介

通过先进的精细流场测量设备进行船舶各个区域部分的精细流场测量研究，以微观流场角度来认识与深入理解船身各区域的流动分布特征、流动分离、湍流特性、漩涡结构的空间分布等宏观力学性能变化的内在流体本质因素是形成基于流场的船舶新设计方法与基于流动机理分析的船舶相关性能优化的基础，具有十分重要的意义。本书基于粒子图像测试技术，应用精细流场测量设备，对船舶船艏、船艉的流动机理进行了系统的研究与分析。

本书可供船舶及相关专业的高年级本科生、研究生、教师和科研人员使用，也可供基于粒子图像测试技术研究人员参考使用。

图书在版编目(CIP)数据

船舶绕流场精细测试和分析技术/郭春雨等著. —北京：科学出版社，2019.9

ISBN 978-7-03-062401-7

I. ①船… II. ①郭… III. ①船舶流体力学-研究 IV. ①U661.1

中国版本图书馆 CIP 数据核字 (2019) 第 202633 号

责任编辑：刘信力 / 责任校对：彭珍珍
责任印制：肖 兴 / 封面设计：无极书装

科 学 出 版 社 出版

北京东黄城根北街 16 号
邮政编码：100717
http://www.sciencep.com

三河市春园印刷有限公司 印刷

科学出版社发行 各地新华书店经销

*

2019 年 9 月第 一 版 开本：720×1200 1/16
2019 年 9 月第一次印刷 印张：13 3/4
字数：280 000

定价：158.00 元

(如有印装质量问题，我社负责调换)

前　　言

　　基础实验测试是高端船舶及海工装备关键技术取得突破的重要支撑，实验测试技术水平的提高更是国防科技工业基础能力建设提升的重要标志之一。在船舶水动力测试方面，长期以来，国内外学者对其问题的研究主要集中在受力、位移、转角等水动力积分宏观量方面。对于引起宏观力、宏观姿态变化和振动、噪声问题的精细流动机理认知层面的研究还显著不足。海洋中湍流、复杂流动、非定常流动对民用船舶在海洋中的航行性能以及经济性能的影响；复杂海况、高海情引起的湍流、非定常流等耦合流动对军用舰船的战斗性能以及生存能力的影响；风浪流联合作用下海洋结构物周围流场运动对海洋结构物的正常工作与生存性能的影响一直是相关领域专家学者研究并致力于解决的疑难问题。船舶与海洋工程流体力学基础问题已经由传统的力与力矩的宏观获得转变为对精细流场的测量与模拟，人们试图找出改变物体运动 (阻力) 的根本属性，希望获得流体的流动细节。清晰深入地获取相关问题的精细流场及作用机理对船舶与海洋工程领域疑难问题的解决具有重要作用。因此，找出一种合理的流场测试手段显得极为重要。

　　国际拖曳水池会议 (International Towing Tank Conference，ITTC) 自第 25 届开始专门成立了精细流场测量研究组，组织世界各国致力于流体力学基础研究的专家、学者开展对此问题的深入研究。粒子图像测速技术 (Particle Image Velocime-try，PIV) 是一个成组性实验室技术，即从数字化二维流体图像部分的粒子位移图提取速度场。速度可以通过交叉相关或跟踪单个的示踪粒子得到。先进的 PIV 系统采用数码照相技术，应用激光照明和高速计算机进行数据处理。通过与其他测速技术比较，PIV 的优势是可以同时测量包括漩涡结构、流动分离、雷诺应力、湍流特性和表面 2D 扩散在内的复杂流场研究中的完整速度场。PIV 的突出优点表现在：(1) 突破了空间单点测量的局限性，实现了全流场瞬态测量；(2) 实现了无干扰测量，而用皮托管等仪器测量时对流场都有一定的干扰；(3) 容易求得流场的其他物理量，由于得到的是全场的速度信息，可方便地运用流体运动方程求解诸如压力场、涡量场等物理信息。

　　本图书主要内容源于团队成员应用自研 TR-PIV(Time-Resolved PIV，时间解析图像测速技术) 和大型拖曳水池 2D-3C SPIV(Two Dimension Three Component Stereoscopic PIV，二维三速度分量立体图像测速技术) 进行的船舶艏部入水问题相关流场和船舶艉部流场相关测量研究中形成的期刊论文、试验报告、简报等成果。本书适合从事船舶与海洋工程、流体力学等相关的企业、高校和科研院所的科研人员、教师和学生等阅读。

　　本书相关内容获得了国家自然科学基金面上项目 "基于精细流场测量的船舶水动力节能装置尺度效应研究" "基于 PIV 的吊舱推进器直航及非设计工况下水动力特性理论与实验研究" 的支持。本书的第 1、2 章由赵大刚编写，第 3~5、9 章由郭春雨编写，第 6~8 章由吴铁成编写，全书由郭春雨统稿。编写过程中，韩阳实验师，佘文轩、邻云飞、徐鹏等研究生给予了大力的协助。

　　感谢科学出版社在本书出版过程中给予的支持和帮助，限于作者的学术水平有限，书中不可避免存在漏洞和不足，敬请有关专家和读者批评指正。

郭春雨

2019 年 6 月于哈尔滨工程大学船海楼

目　　录

第1章 绪 论

本书首先对船舶绕流场的研究重要性进行了分析,并对水下流场测量技术、测量设备、绕流场 PIV 测量研究进行了综述;其次,对船舶绕流场精细测量的试验系统与测量方法进行了论述;再次,对测量方法标准流场验证与不确定度进行了分析;最后,详细地对物体入水砰击、船艏入水问题流场诊断、船舶尾流场 2D 流场机理和 3D 流动机理等进行了研究与分析。本章节主要针对绕流场测量研究重要性、基于激光的流场测量系统,以及绕流场 PIV 测量进行等进行阐述。

1.1 船舶绕流场研究的重要性

流场细节的测量及精确获得能将人肉眼不能观察到的现象过程详细记录下来,并具有大量的物理场信息,通过科研与设计人员的反复观察分析,形成对船舶设计和优化更为有效的改进方法和设计思路。在突破时间和空间结构的尺度制约后,我们可以看到反映宏观积分量变化的精细流动信息与流动特征,这是精细流场测量的科学意义所在,也是认识世界及重大科学创新的重要途径之一 [1]。通过流动细节与流动机理角度来进行船舶航行性能研究与分析越来越被各国研究人员所重视,研究人员希望流场流动机理的研究揭示船体航行性能中涉及的影响受力、位移、转角、幅值、响应、声级等水动力积分宏观量变化的内在原因。

1.1.1 船艏砰击流场精细测量与研究的意义

物体入水砰击问题涉及气、液、固三者之间的耦合作用,砰击过程中,近自由液面处的强非线性、强非定常性流动使人们对该问题的认知带来较大的技术挑战。剧烈的入水砰击现象持续时间极短,引发局部压力峰值和较大的砰击载荷,会造成结构物不期望的振动、疲劳甚至是结构破坏。在船舶与海洋工程领域中,这一问题有着广泛的工程应用背景和重要的科学研究意义。如图 1.1 所示,小至鱼雷和弹体的空投入水、救生舱的抛落问题、运动员的跳水过程,大至卫星返回舱的水上降落、飞机的水面迫降以及船舶与海洋结构物在海浪中的砰击均属于入水问题 [2]。

船舶在航行过程中的砰击现象一般分为三种类型 [3],如图 1.2 所示。

(1) 底部砰击:由于大幅纵摇或垂荡运动,当船舶底部露出自由液面后,再次下落,进入水中产生的砰击。这种现象是产生高频振动的主要原因,其作用时间极短,引发局部压力峰值和极大的砰击载荷,危害性极大。

(a) 卫星返回舱水上降落   (b) 飞机水上迫降

(c) 鱼雷发射入水   (d) 小水线面双体船入水砰击现象

图 1.1　多种入水砰击现象

(2) 外张砰击：船舶外飘等结构与水体相互作用，产生较大的二次砰击压力。具有较大艏部外飘结构的集装箱船更应考虑这一问题。

(3) 上浪砰击：海浪与船舶甲板相互作用造成上浪砰击，这种砰击现象一般发生在高速行驶的舰艇上，满载船舶以及 FPSO 上也容易发生甲板上浪。

(a) 底部砰击   (b) 外张砰击   (c) 上浪砰击

图 1.2　船舶砰击现象

物体从接触、穿越自由液面到完全浸没的入水过程是一个高耦合、强非线性的复杂物理过程，自由液面在入水过程中会发生分离、射流、断裂和重新连接等现象，同时还需考虑物体的运动边界，因此很难建立能够普遍适用、精确求解这一问题的数学理论模型、数值模拟手段、实验测试方案。现有的研究手段都是针对具体的问题，关注这一特定问题中的一两个关键因素，忽略次要因素，进行适当简化，对砰击过程中的关键物理量进行分析。Korobkin[4] 等依据固体与自由液面初始接触位置处的底升角大小，将入水的固体形式分为三种：平板 (Plate Body)；钝体 (Blunt Body)；尖体 (Pointed Body)。除了平板物体垂直入水，其他物体在低速入水情况下，流体流速远小于声速，通常忽略流体的可压缩性。而在高速入水和平板物体入水情况下，需要考虑流体的可压缩性。如果只考虑物体入水过程中的初期流场结构，在砰击的前几毫秒时刻，可以将流体假设成理想流体，忽略流体的黏性和表面张力，已有理论和试验均证明了这种假设的合理性。若要对物体入水现象进行相对长时间的分析，则需要考虑黏性的作用。若需要考虑入水过程中物体的变形，那么流固耦合效应就必须要考虑 [5]。Korobkin[6–10] 在声学理论基础上，探究了物体入水砰击过程中的流体可压缩性进行了详细的分析，将其划分成五个阶段，分别为：超声速阶段、过渡声速阶段、亚声速阶段、初始阶段和充分发展阶段。其中前三个阶段在考虑流体可压缩性时才考虑，而初始阶段是目前研究工作最多的，这个阶段的砰击作用和现象是最显著的，此阶段的持续时间极短，产生的砰击压力极大；而在充分发展阶段，砰击压力迅速降低，此阶段的研究较少 [11]。本书在研究船艏砰击问题方面主要是围绕物体入水初始阶段的相关研究工作。

对入水砰击过程中的真实物理情况进行合理简化，大量国内外学者建立了相应多种的入水模型，研究分析了多种入水砰击问题。

1.1.2 船舶尾流场精细测量与研究的意义

船舶与水环境的相互作用宏观表现为船舶在水环境中的水动力性能。船舶与水环境的微观作用形式表现为船舶周围水质点的绕流状态。然而，船舶绕流场以及螺旋桨工作区域的伴流场极为复杂，主要表现为伴流边界层的湍流特性、船身流动的 3D 分离特性，以及受自由表面波形引起的水质点轨圆运动干扰特性。另外，尾流场品质的好坏直接关系到船舶快速性能 (旋涡阻力)、推进性能 (力、空泡、噪声)、船艉区域的振动、激励特性 (流体脉动与流动分离)，以及船员的舒适性等性能，通过先进的精细流场测量设备进行船舶艉部精细流场测量研究，以精细流场角度来认识与深入理解螺旋桨盘面伴流场分布特征、尾流场区域的流动分离、湍流特性、漩涡结构的空间分布等宏观力学性能变化内在流体本质因素，是形成基于流场的船舶新设计方法与基于流动机理分析的船舶相关性能优化的基础。

螺旋桨和船舶水动力节能装置 (特别是桨前、船后节能装置) 通常安装在船舶艉部区域，船后螺旋桨的工作状态和推进效率与自身所处的艉部区域绕流场密切相关，船舶水动力节能装置与螺旋桨一样处于尾流场中工作，节能装置的节能方式主要是通过改变流场来减少阻力、获得附加推力和提高推进器的推进效率。基于模型试验与设计师经验的螺旋桨与节能装置设计模式，获得的供设计应用的信息与数据仅为水动力宏观积分量，在设计的精细化程度上具有显著不足。为了获得较好的推进性能与节能效果，设计过程中往往需要多种形式、尺寸、安装位置、安装方向等迭代验证与比对需要耗费较多的设计成本与周期。通过精细流场测量技术进行船舶艉部精细流场的获取，基于获取的船舶艉部精细流场可以为螺旋桨与水动力节能装置的适伴流设计与优化提供精细化流场信息，另外，基于精细流场信息可以进一步分析引起推进性能提高或变差的内在机理以及节能装置的节能机理，并最终实现基于精细流场与流动机理深入理解的桨与节能装置精细化设计。

　　船舶艉部区域几何形式变化显著且流经艉部几何的船舶尾流场极为复杂。近年来，国内外 CFD(Computional Fluid Dynamics) 研讨会，ITTC 组织等都进行了大量的尾流场数值与试验对比验证研究，通过验证形成了适用于工程预报的计算策略，以及改进优化了相关计算模型等。供验证的标模试验数据包括船舶水动力宏观积分量、波形分布图、伴流场分布图，以及其他切面的绕流场分布图等。伴流场与切面绕流场为典型的水下精细流场数据，值得关注的是以上伴流场与绕流场数据为 2D 切面试验结果且精细流场参数仅为速度分布 (部分标模具有旋涡分布等) 数据。有文献显示 [12]，虽然不同的计算策略可以得到相近或相同的速度分布，但是其湍流特征参数分布具有显著的差异。随着 CFD 算法与计算策略的进一步验证需求，具有丰富的速度场、湍流特征参数、漩涡特征参数的 3D 空间精细流场验证数据显得尤为重要。

1.2　基于激光的船舶绕流场测量技术与系统综述

1.2.1　水下激光多普勒测速系统综述

　　激光多普勒测速 (Laser Doppler Velocimetry, LDV)，也称为激光多普勒风速仪 (Laser Doppler Anemometry, LDA) 是利用激光束中的多普勒频移来测量透明或半透明流体流速或不透明线性、振动运动的速度的非接触测量技术。LDV 测量系统与速度测量原理如图 1.3 所示。激光多普勒测速仪 LDV 测量得到的速度是绝对速度，多普勒频移与速度是线性关系，LDV 测量得到的速度具有极高的准确性且测量速度不需要预校准，是速度测量精度最高的一种测速技术 [13-15]。

　　LDV 技术首先是在 1964 年由 Y. Yeh 和 H. Z. Cummins[16] 提出用来测量流体速度的。后来，Goldstein[17] 将其应用湍流研究。世界上首个 LDV 仪器也是在 1964 年出现的。由于高分辨率、快速动态响应等优点，激光测量技术得到了大力的发展，在各个领域如航空航天、医学、生物等都有广泛的应用 [18-21]。20 世纪 70 年代早期，LDV 流场测量技术首先应用于空泡水洞，并于 20 世纪 70 年代后期进行了部分可浸没式光学部件实现拖曳水池环境的流场测量。LDV 技术的优点在于即使在高度湍流和具有回流区的流动中，仍具有测量所有三个速度分量的能力，且具有高时间和空间分辨率以及高精度。1978 年，汉堡水池 HSVA 安装了首套拖曳水下 3C LDV 测量系统[22]，此拖曳水下 LDV 由水冷氩离子激光器、导光臂、光学聚焦元件、水下水密壳体等组成，如图 1.4(a) 所示。1986~1988 年，荷兰国家水池 MARIN 和慕尼黑理工大学安装了相同的 3C LDV 测量系统，此套 LDV 测量系统规避了 HSVA 1978 LDV 体积大，流线型壳体不佳等问题[23]。如图 1.4(b) 所示。在 20 世纪 80 年代后期，LDV 的信号处理技术向前迈进了一大步。利用快速傅立叶变换 (FFT) 技术确定多普勒信号频率进而进行速度场求解。新技术的应用对信号噪声有更强的鲁棒性。

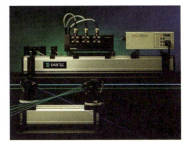
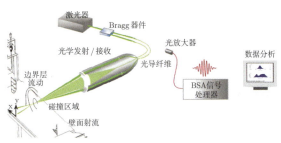

(a) Dantec Dynamic的LDV测量系统   (b) LDV速度测量原理示意图

图 1.3   LDV 测量系统与测量原理示意图

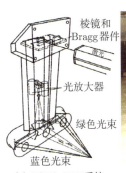

(a) HSVA LDV系统   (b) MARIN LDV系统   (c) 流场测量过程中的LDV系统

图 1.4   汉堡水池与荷兰水池安装的水下 LDV 流场测量系统

随着激光器的进一步更新，新一代的紧凑型 3D LDV 测量系统于 1997 年在罗斯托克大学安装[23]，此型 LDV 测量系统为最新的拖曳水下 3D LDV 测量系统，如图 1.5(a) 所示。之后，2002 年法国 BEC 水池实验室安装了同级别测试系统，这套系统的内部结构与罗斯托克大学类似，但是具有更长的雷体型式，如图 1.5(b) 所示。

(a) 罗斯托克大学LDA系统   (b) BEC水池LDA系统

图 1.5　罗斯托克大学与 BEC 水池安装的水下 LDV 流场测量系统

1.2.2　水下粒子图像测速系统综述

　　粒子图像测速技术 (Particle Image Velocimetry，PIV) 是一种基于光学的流场可视化测量方法，广泛应用于教育、科研等领域。粒子图像测试技术是一种无接触的流场速度测量技术，被用来进行流场的瞬态速度以及速度衍生参数的测量。测量过程中通过在流体中播撒足够小且流动跟随性良好的示踪粒子，进行水质点运动的粒子示踪。带有示踪粒子的流场通过激光照亮，并通过图像采集模块记录流场中示踪粒子的瞬态运动，通过计算机的图像处理与速度求解算法最后得到待测量流体的速度和方向。PIV 测速系统及原理如图 1.6 所示，粒子图像测速技术最初是基于胶片照相技术对播撒于流体中的粒子运动进行双重图像曝光的。最初的 PIV 测量技术需要开发适用于水环境的照相技术，以及对大量的胶片粒子运动信息进行扫描并提取速度信息，速度的分析过程非常耗时，通常一天只能获取 1～2 幅 2D 流场数据。随着 CCD (Charge Coupled Device) 相机技术在 20 世纪 90 年代出现，每秒获取 10 幅或更多图像的相机技术成为现实，并且随着计算机技术的发展与进步流场测量与研究人员可以在短时间处理大量的图像并快速的获取测量的速度场信息。PIV 测量技术的另一次飞跃是 2000 年 CMOS (Complementry Metal-Oxide-Semiconductor) 相机技术与高频激光器联合应用的产生引起的。应该 CMOS 高速相机与高频激光器组成的 PIV 测量系统被称为时间分辨率 TR-PIV (Time-Resolved Particle Image Velocimetry)，该 PIV 测量系统可以在 1 秒钟记录一千到几千张图像，且新的 PIV 测量技术可以为瞬态问题进行很好的时间分辨率解析 [24-26]。

　　在 20 世纪 90 年代后期，拖曳水池 PIV 测量系统逐渐应用于拖曳水池环境下的流场测量。第一代拖曳水池环境应用的 PIV 测量系统仅可以测量 2D 速度场，布置形式分：测量系统固定于拖曳水池某固定位置，模型通过测量位置进行流场测量；或测量系统布置于拖曳系统上且与模型相对静止，通过拖曳系统拖曳航行，进行流场测量。第一代拖曳水池 PIV 测量系统应用不久，可以测量平面 3 方向速度场的拖曳水下 PIV 测量系统成为可能。泰勒水池 (DTMB) 率先开展了粒子图像测试技术在船舶领域的应用并建立了世界第一套拖曳水池环境下的岸基式 PIV 系统, 标志着船舶水动力性能研究由水动力宏观积分量的获取到水质点精细流动机理揭示的过渡[27,28]。1997 年, 爱荷华大学水科学与工程研究所 (IIHR) 装配了世界第一套 2D 拖曳水下 PIV 测量系统[29], 如图 1.7 所示。该测量系统为 Dantec Dynamic 公司按照 IIHR 拖曳水池设计的, 测量范围为 20cm×20cm, 激光器参数为 25mJ, 10Hz。2002 年, 汉堡水池 (HSVA) 装配了水下岸基 PIV 测量系统, 当待测物体被拖车拖带经过待测区域, 岸基 PIV 测量系统对待测物体进行流场测量[23]。如图 1.8 所示。

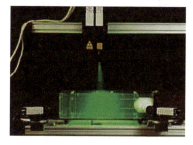
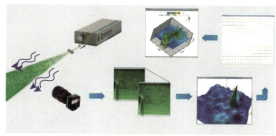

(a) Dantec Dynamic的PIV测量系统　　　　　(b) PIV速度测量原理示意图

图 1.6　PIV 测量系统与测量原理示意图

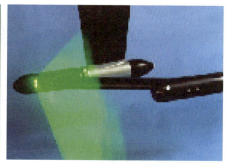

图 1.7　爱荷华大学水科学与工程研究所装配的世界第一套 2D-2C PIV 测量系统

随着研究人员对流场多个速度分量测量的需求, 2003 年, 世界首套拖曳水下 2D-3C SPIV 测量系于意大利水池装配[30,31], 该测量系统为 TSI 公司为意大利拖曳水池设计的, 测量范围为 25cm×30cm, 激光器参数为 220mJ, 15Hz, 如图 1.9 所示。2004 年 IIHR 进行了第二套水下 PIV 测量系统的装配[32], 此套 PIV 测量系统为 SPIV 测量系统, 弥补了 1997 年装配的 2D PIV 测量系统, 该测量系统为 LaVision 公司为 IIHR 拖曳水池设计的, 测量范围为 10cm×13cm, 激光器强度为 120mJ, 15Hz, 如图 1.10(a) 所示。

图 1.8 汉堡水池岸基 PIV 测量系统

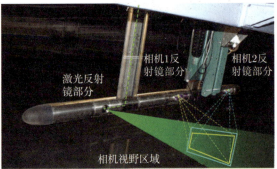

图 1.9 意大利水池装配的世界第一套 2D-3C SPIV 测量系统

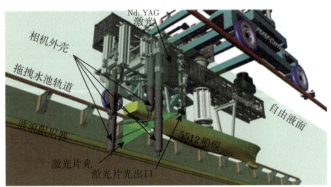

(a) 2D-3C SPIV测量系统 (b) 世界第一款拖曳水下 3D-3C Tomographic PIV测量系统

图 1.10 爱荷华大学水科学与工程研究所装配的 PIV 测量系统

荷兰国家水池于与法国 Sirehna 公司于 2005 年共同装配了一套 2D-3C PIV 测量系统，如图 1.11(a) 所示。另外，2009 年荷兰国家水池又独自装配了一型 SPIV 测量系统，2009 年的 PIV 测量系统相比于 2005 年系统具有更高的模块程度[23]，如图 1.11(b) 所示。2016 年 IIHR 装配了世界第一套 3D 空间 (Three Dimension Three Component PIV，3D-3C PIV) 水下 PIV 测量系统[33]，该套 PIV 测量系统是 LaVision 为 IIHR 水池定制的，新的 3D-3C PIV 测量系统采用先进的 Tomographic PIV (TPIV) 测量技术，可以实现体空间的精细流场测量，体空间的测量宽度为 10 mm，如图 1.10(b) 所示。

国内船舶流场拖曳水下 LDA 与 PIV 测量系统相比与国外相关研究机构发展的较晚，其中，拖曳水下 LDA 流场测量系统暂无单位装配，中国船舶科学研究中心虽然进行了大量的基于 LDA 的流场测量研究，但其应用的 LDA 测量系统不具备拖曳水下功能。国内拖曳水下 PIV 测量系统仅中国船舶科学研究中心[34](如图 1.12 所示) 与哈尔滨工程大学 (如图 1.13 所示) 装配[35]。PIV 测量系统分别为意大利水池与荷兰国家水池 2009 型号版本。测量系统均属于最新级别拖曳水下 SPIV 测量系统。

(a) 2005年款 2D-3C SPIV测量系统　　　　　(b) 2009年款 2D-3C SPIV测量系统

图 1.11　荷兰国家水池装配的 2D-3C SPIV 测量系统

图 1.12　中国船舶科学研究中心装配的 SPIV 测量系统

图 1.13　哈尔滨工程大学装配的 SPIV 测量系统

　　由于部分机构数据不透明等因素，不完全统计的主要机构与院所拖曳水下 PIV 测量系统装配情况，见表 1.1 所示，此表仅为拖曳水下 PIV，岸基式与循环水槽式等 PIV 不在统计范围。

表 1.1　主要研究机构拖曳水下 PIV 测量系统总结简表 (不完全统计)

研究机构	系统级别	设备厂家	相机数量	激光强度
CNR-INSEAN	2D-3C SPIV	TSI	2	220mJ,15Hz
KRISO	2D-3C SPIV	LaVision	2	200mJ,15Hz
	2D-2C PIV	Dantec Dynamic	1	25mJ,15Hz
IIHR	2D-3C SPIV	LaVision	2	120mJ,15Hz
	3D-3C SPIV	LaVision	4	120mJ,15Hz
MARIN	2D-3C SPIV	Dantec Dynamic	2	200mJ,15Hz
NMRI	2D-3C SPIV	LaVision	2	200mJ,15Hz
OU	2D-3C SPIV	LaVision	2	135mJ,30Hz
SNU	2D-2C PIV	Dantec Dynamic	1	50mJ,15Hz
	2D-3C SPIV	LaVision	2	200mJ,15Hz
NMU	2D-3C SPIV	LaVision	2	120mJ,15Hz
SVA	2D-3C SPIV	TSI	2	190mJ,15Hz
TU Delft	2D-3C SPIV	LaVision	2	200mJ,15Hz
HEU	2D-3C SPIV	Dantec Dynamic	2	200mJ,15Hz
CSSRC	2D-3C SPIV	TSI	2	220mJ,15Hz

　　注: Korea Research Institute for Ships and Ocean Engineering, KRISO; Osake University, OU; Harbin Engineering University, HEU; Seoul National University, SNU; National Maritime Research Institute, NMRI; Italian Maritime Research Institute, CNR-INSEAN; Maritime Research Institute Netherlands, MARIN; China Ship Scientific Research Center, CSSRC; Memorial University of Newfoundland, MUN; Schiffbau-Versuchsanstalt Potsdam, SVA; Delft University of Technology, TU Dclft

1.2.3 船舶尾流场测量技术比较

为了进行拖曳水池环境下的皮托管–耙、LDV 以及 PIV 三种测量技术针对船舶艉部伴流场测量的差异研究,韩国首尔国立大学 Rhee[36] 等以 KVLCC 为研究对象,进行了不同测量技术下的船舶标称伴流场比较研究,如图 1.14 所示,其中,图 1.14(a)~(c) 分别为应用 5 孔皮托管–耙、1D LDV 和 2D-3C SPIV 的伴流场测量试验图,图 1.14(d) 为 2D-3C SPIV 与 KVLCC 船体之间的激光与拍摄图像示意图。

图 1.14　不同测量技术下的船舶标称伴流场测量试验图

不同测量技术下的船舶标称伴流场与雷诺正应力 $\overline{u'u'}/U^2$ 分布图,如图 1.15 所示,其中,图 1.15(a) 为不同测量技术下的船舶标称伴流场分布图,图 1.15(b) 为不同测量技术下的船舶螺旋桨盘面雷诺正应力 $\overline{u'u'}/U^2$ 分布图。几种测量方法均展现了 KVLCC 的尾流场分布特征,对于 5 孔皮托管–耙,LDV 等单点测量方法需要进行多车次的重复试验来完成整个螺旋桨盘面的伴流场测量,PIV 测量技术作为一种全场测量方法可以在一个拖曳航次实现船舶艉部伴流场的测量。另外,1D LDV 在测量过程中只能获得一个方向的速度结果,2D PIV 不能直接测量得到轴向速度,需要进行多个切面测量进行轴向速度插值。2D-3C SPIV 测量技术在一次 2D 切面拍摄过程中可以得到轴向、展向和垂向三个方向的速度结果,该技术是目前进行船舶艉部流场测量推荐使用的一种测量技术。

表 1.2 给出了船舶尾流场测量中最常用的三种测量方法的技术对比,其中皮托管–耙为接触式测量方法,测量之前需要预知流速的方向且不能测量具有分离流动和回流的流场。激光多普勒 LDV 测速计是目前世界上速度测量最准的测量方法,可以测量具有分离流动与逆流流动的流场,由于 LDV 为单点测量技术,进行面或者体区域测量时往往需要进行多次测量并进行结果合成。PIV 测量技术与 LDV 测量技术一样可以进行具有分离与逆流流动的流场测量,PIV 具有面或体测量能力,

可以在一次测试过程完成面或者体区域的流场测量 [37]。

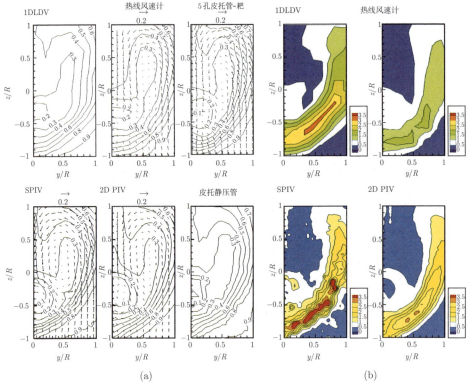

(a)   (b)

图 1.15   不同测量技术下的船舶标称伴流场与雷诺正应力 $\overline{u'u'}/U^2$ 分布图

表 1.2   常用船舶尾流场测量技术对比

测试技术	测量区域	测速范围	测量方式	示踪粒子	备注
皮托管-耙 (5 holes Pitot tube)	单点	>80mm/s	接触式	不需要	a, b
激光多普勒测速 (LDV)	单点	0.01mm/s∼ 超声速	非接触式	需要	c
粒子图像测试技 (PIV)	全场	> 0.1mm/s	非接触式	需要	c

注：a: 测量之前需要预知流速的方向；b: 不能测量具有分离流动和回流的流场；c: 可以测量具有分离流动与逆流流动的流场

1.3   基于 PIV 的绕流场测量研究综述

1.3.1   船艏砰击流场精细测量研究

实验研究是研究物体入水砰击问题的一种重要手段，初始阶段人们利用高速摄像技术获得了不同物体入水过程中形成的堆积区域形式和射流形状，后来又发现了平板物体在入水过程中会形成空气垫现象, 对砰击压力具有较大影响, 由此可见物理试验获得数据不仅可以作为理论分析和数值模拟方案精确性的验证, 同时其又是一种发现新问题、新现象、新规律的有效手段, 促进理论分析和数值模拟方案的进一步发展和完善。

Worthington[38] 首次利用闪光摄影技术, 对圆球落入不同液体发生的飞溅和空泡现象进行观测试验, 如图 1.16 所示。White[39] 采用照相技术对球体垂直和倾斜入水初期的堆积区域形式和射流形状进行观测, 并分析总结了典型的射流形状。Eroshin[40] 对流体的可压缩性进行了大量的实验研究, 指出采用不可压缩流体模型来计算砰击压力会比实际值大。Cheong[41] 等研究了细长圆柱体在周期性入水砰击载荷作用下的动态屈服。Tveitnes[42] 对楔形体入水过程中的湿长度因子进行了详细的试验研究。张智[43] 对具有加筋板的楔形体模型入水过程进行试验研究, 对加筋板的压力变化和楔形体的结构应变进行测量, 探讨了楔形体入水过程中水弹性效应。张岳青[44] 等对楔形体入水砰击问题进行实验研究, 并依据相似准则将模型试验数据推广到实际尺寸飞机结构的入水砰击动态响应。

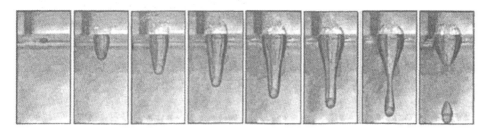

图 1.16　圆球入水过程试验照片

20 世纪 80 年代, PIV 技术横空出世, 由于其无干扰、瞬态、全局的流场测量特点, 是近代实验流体力学的一大里程碑式突破[45]。PIV 技术突破了传统实验技术手段的限制, 为传统流体力学问题提供了一种新的认知角度, 同时, 又是一种新的流动现象探索手段和流动机理研究方法。

国内, 张志荣[46] 等首次应用 PIV 技术对圆柱和楔形体的入水砰击初期的流场进行测量, 成功捕获了入水过程中的瞬态流场结构, 但没有对相应的砰击压力以及载荷等进行深入研究。

国外, 根特大学的 Nila 等 (2011~2014)[47−49] 基于时间分辨率解析的粒子图像测试 (Time-Resolved Particle Image Velocimetry, TR-PIV) 技术, 如图 1.17 所示, 对楔形体和弹性圆柱体入水初期的瞬态流场进行了详细地测量, 为提高进行互相关分析粒子图像的信噪比和互相关峰值的精确度, 基于物体位移传感器和连续自由液面形态提出了动态图像掩膜技术, 用于去除粒子图像中的空气和固体图像信息, 并应用 TR-PIV 测量的全局流场矢量信息, 计算出流场中的压力梯度信息, 并根据 Poisson 方程结合 Neumann 边界条件和 Dirichlet 边界条件对入水过程中瞬态砰击压力场进行重构。对比数值模拟结果,表明 TR-PIV 的速度矢量测量结果和压力场重构结果具有很好的精确性。

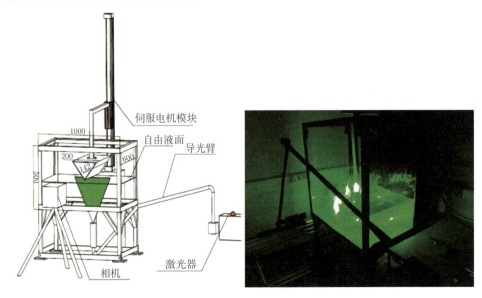

图 1.17　Nila 物体入水试验平台及 PIV 系统示意图

纽约大学的 Porfiri 等 (2013~2018) 应用 TR-PIV 技术对物体入水砰击问题进行了大量研究,如图 1.18 所示,2013 年 [50],针对自由下落的刚性楔形体入水问题,应用 TR-PIV 技术进行测量,对入水过程中的堆积区域和射流现象进行观测,并根据 TR-PIV 的流场测量结果,基于 N-S 方程进行砰击压力场的重构;2015 年 [51],应用 TR-PIV 技术对弹性楔形体入水过程中的流场变化和结构动态响应进行研究;2015 年 [52],基于 Openfoam 平台,对楔形体入水过程进行数值模拟,并与试验结果相对比,讨论了关于楔形体入水砰击的 TR-PIV 测量中时间解析能力和空间解析能力对流场测量结果和压力场重构结果的影响;2015 年 [53],应用平面 2D TR-PIV 进行多截面测量,对楔形体入水过程中的 3D 流场进行重构,并依据 3D 的 N-S 方程进行 3D 的砰击压力场重构;2015 年 [54],采用 TR-PIV 技术对不对称楔形体入水问题进行试验研究,应用动态图像掩膜技术对入水过程中的湿长度进行测量,并结合数值模拟中浸入边界元 (Immersed Boundary Method,IBM) 的 Ghost cell 思想,处理压力重构中的楔形体动态边界问题,基于 Poisson 方程重构出不对称楔形体入水过程中的砰击压力场;2015 年 [55],应用 TR-PIV 技术和高速摄影技术对不同曲率的物体入水过程进行试验观测,并将测量区域设置为流动中的控制体,依据所测量流场的动力学矢量信息,对砰击发生时,物体所蕴含的能量向堆积区域和射流部分的转移规律进行探究；2015 年 [56]，应用平面 2D TR-PIV 技术对轴对称的船舶模型入水砰击过程进行 3D 流场和 3D 压力场的重构；2016 年 [57]，针对物体入水过程中的浅水效应进行了 PIV 试验测量和理论分析，依据 PIV 流场信息获得砰击压力分布和载荷大小与理论值具有良好的一致性；2017 年 [58]，应用 TR-PIV 技术对弹性体入水和出水这一连续过程进行试验研究，详细分析了这一过程中的流场动态结构变化和弹性楔形体的结构动态响应； 2017 年 [59]，应用 TR-PIV 技术对柔性圆柱的入水问题进行了试验研究和理论分析，得到的试验结果与理论值具有良好的一致性；2018 年 [60]，针对楔形体的斜向入水和不对称的入水问题进行了 TR-PIV 试验，研究了入水砰击过程中的湿长度系数、砰击压力分布和载荷大小。

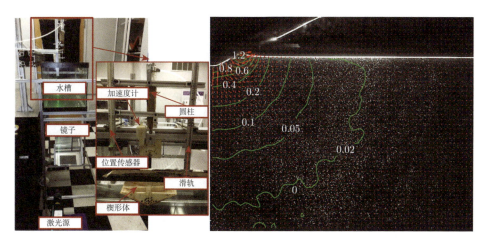

图 1.18 Porfiri 的物体入水试验平台及 PIV 系统示意图

1.3.2 船身绕流场精细测量研究

对于水面舰船绕流场试验研究方面，1997 年，Dong 和 Katz 首次将 2D-PIV 应用于拖曳水池并测量分析了船模艏波的流场结构 [61]，结果如图 1.19 所示。2000 年，J. Tukker 等进行了船舶、推进器以及圆柱等的 PIV 流场测量研究，并与接触式皮托管-耙和数值计算结果进行了对比研究 [62]。2001 年 L. Gui 等在拖曳水池中分别使用 PIV 和 5 孔皮托管对 DTMB 5512 模型尾流场进行了测量，并对结果进行了不确定度分析 [63−65]。

2003 年，Di Felice 和 Felli. M 等对 INSEAN 开发的世界首套拖曳水下 SPIV 系统做出详细介绍和应用 [66−70]。自 2009 年起每两年一次的先进模型测量技术国际会议总结了几年来 PIV 等先进测量手段在船舶与海洋工程行业的应用。IIHR 应用 2D-2C PIV 进行了静水、波浪工况以及横摇工况下 DTMB 5415 模型绕流场的测量，如图 1.20 所示，通过进行多个横纵切面测量数据的重构，得到了 U, V, W 三方向速度与雷诺应力与湍流特征等参数 [63−65,71−73]。

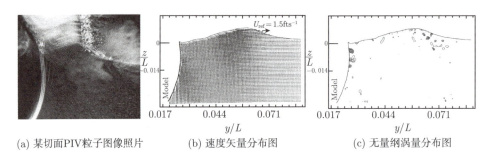

(a) 某切面PIV粒子图像照片   (b) 速度矢量分布图   (c) 无量纲涡量分布图

图 1.19   艏部兴波 PIV 测量研究

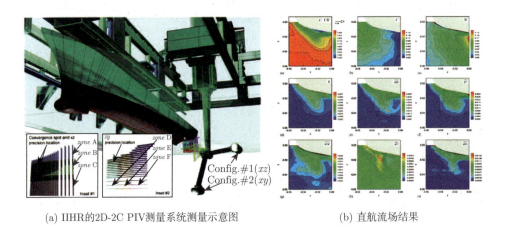

(a) IIHR的2D-2C PIV测量系统测量示意图   (b) 直航流场结果

图 1.20   静水、波浪工况下 DTMB 5415 模型绕流场测量研究

之后 IIHR 应用 2D-3C PIV 进行了 DTMB 5415 模型动态操纵下流场的测量，如图 1.20 和图 1.21 所示，PIV 测量系统被固定于 PMM 运动机构上与运动机构一同运动，通过 PMM 的转动电机处的轴编码器与 PIV 测量系统的同步器连接实现了不同运动位置的相位同步流场测量 [32,74,75]。

以上对 DTMB 5512 模型静水、规则波中尾流场、操纵性运动下船舶流场等船舶细节流场测量形成了大量的精细流场数据，IIHR 的 F. Stern 团队基于此精细流场数据建立了 EFD DATA 分享数据库供全世界学者应用。

韩国首尔国立大学 Seo 等应用 2D PIV 进行 KVLCC 多切面 2D 速度场测量并对速度场、湍流特征等进行了分析 [76]。随后又应用 2D-3C PIV 对 KVLCC 的标称伴流场进行了测量研究，得到了钩状速度与湍动能分布特征 [36]。日本大阪大学应用 2D-3C PIV 对 KCS 和 KVLCC 波浪中伴流场进行了测量研究，把船舶 4 自由度适航仪的升沉位置与纵摇角信号引入 PIV 同步器,通过升沉与纵摇信号的同步,把整个船舶波浪中运动分解成了特定的几个相位,实现了波浪中伴流场的相位平均测量 [77–81],测量结果如图 1.22 所示。另外,大阪大学和日本海上技术安全研究所对日本散货船 (Japan Bulk Carrier,JBC) 有无节能装置裸船和自航状态下的绕流场进行了测量研究,测量结果供东京 2015 船舶数值水动力研讨会作为新的标模数据 [82,83]。

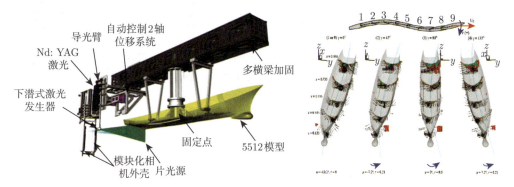

(a) IIHR的2D-3C PIV测量系统测量示意图　　　　(b) DTMB 5415模型操纵状态下速度与流线分布

图 1.21　DTMB 5415 模型操纵状态下 2D-3C SPIV 项平均流场测量研究

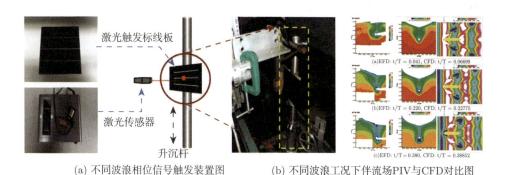

(a) 不同波浪相位信号触发装置图　　　　　　　(b) 不同波浪工况下伴流场PIV与CFD对比图

图 1.22　波浪中船舶伴流场测量研究

意大利水池 Di Felice 等进行了 DELFT-372 双体船斜航绕流场的 2D-3C PIV 测量研究,船体斜航下的泄出涡结构等特征被精确地捕捉 [84],测量结果如图 1.23 所示。

为了进一步满足研究人员对 3D 流动细节以及 3D 涡结构等研究的需求,层析 PIV 逐渐应用于船舶与海洋工程领域。IIHR 的 Yoon H 和 Egeberg T 等应用 3D-3C 拖曳水下层析 PIV 进行了 DTMB 5415 模型体空间流场测量,测量结果如

图 1.24 所示。层析 PIV 相比 2D-3C PIV 实现了所有方向的速度、雷诺应力、湍流特性涡流特性参数测量，是目前船舶与海洋工程领域 PIV 发展的趋势[33,85−88]。

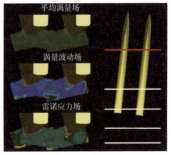

(a) DELFT-372斜航状态SPIV试验图   (b) 斜航状态下旋涡特性测量结果

图 1.23   斜航状态 DELFT-372 流场测量研究

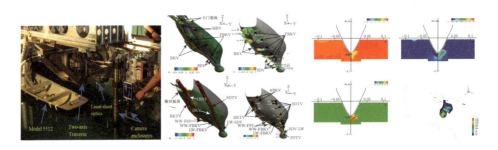

(a) DTMB 5415 TPIV试验图   (b) 不同工况下TPIV测量结果

图 1.24   直航、斜航与操纵状态下体视 PIV 流场测量研究

Felli. M 等应用层析 PIV 对螺旋桨毂涡、梢涡以及桨后流场进行了测量，层析 PIV 由 4 台 PIV 相机、一台 220mJ 脉冲激光器组成。层析 PIV 的单次空间测量区域为 150mm×135mm×6mm。试验中尾涡的测量区域为 $0.2R \sim 4R$ 范围，$0.2R \sim 4R$ 范围的整体组合需要 3 个拍摄区域进行重叠，进行 360° 周向重构需要 135 个相位角位置，且每个相位角进行 $-1°$，0 和 $+1°$ 位置进行测量。Felli 对测量数据量与数据分析时间进行了分析并给出了相应的计算依据：以每个相位拍摄图像最低标准 100 组图像为例，需要拍摄 486000 (3 个轴向截面 ×135 角度相位 ×3 角度 ×100 组图像 ×4 个相机) 组图像。以上照片大约需要 20TB 存储空间。加上图像后处理生成的速度矢量、涡量以及空间重构涡结构等需要约 40TB 存储空间。以一组图像由 PIV 图像采集到完成整个处理的时间 180 秒/组图像 (2CPU 工作站) 为例，整个试验图像的处理需要 270 天。层析 PIV 测量技术与测量试验在图像存储与数据处理方面均是制约远场、大范围尾涡测量的因素。3D-3C PIV 测量得到的螺旋桨尾涡细

节等如图 1.25 所示[89]。

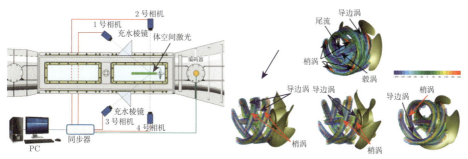

(a) 空泡水洞中TPIV试验设置图   (b) 螺旋桨近场体空间流场TPIV测量结果

(c) 螺旋桨全场体空间流场TPIV测量结果

图 1.25 螺旋桨层析 PIV 流场测量研究

对于水面舰船绕流场的研究除了模型试验以外，PIV 测量技术还被用于实船流场测量。意大利和美国海军对意大利军舰 Nave Bettica 号进行了 PIV 加装等改造并进行了实船舰龙骨流场 PIV 测量研究，测量设备与结果如图 1.26 所示。海洋环境下进行实船流场测量需要面对更大、更多挑战，实海域条件下粒子浓度的保

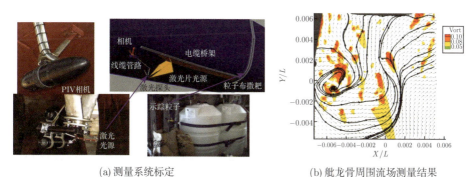

(a) 测量系统标定   (b) 舰龙骨周围流场测量结果

图 1.26 实船 PIV 测量试验

证、高清粒子图像的获取等都是实船、实海域 PIV 测量中的挑战，此次试验是国际首次实船、实海域流场测量试验 [90]。之后 Andre 等在一条客滚船上应用 PIV 和高速摄影技术进行了螺旋桨近前方的空泡形态和螺旋桨右上盘面约 0° ∼ 90° 区域内速度场分布测量，由于测量区域太接近螺旋桨，螺距小范围调整和转速变化带来的速度场波动非常敏感，速度场评估结果并不理想 [91−93]。

国内对于水面舰船绕流场特性也有一定研究，中国船舶科学研究中心李广年、张军和张国平等 [34,94,95] 应用 PIV、LDV 进行了螺旋桨尾流场相关测量。哈尔滨工程大学郭春雨教授团队在常规船、喷水推进船、冰区船，以及特种推进器等方向进行了大量拖曳水下 SPIV 测量研究 [96−107]。

1.4   本 书 内 容

本书的相关研究依托于哈尔滨工程大学船模拖曳水池试验环境，基于粒子图像测试技术，应用自主研发的 TR-PIV/PLIF 测量系统与适用于拖曳水池环境的拖曳水下 SPIV 测量系统，对物体落水问题和船模舯部流场流动机理进行系统研究，本书介绍了物体落水问题测量实验台的搭建、自研 TR-PIV 的组成部分、拖曳水池 2D-3C SPIV 的系统组件等，还进行了 PIV 测量系统的测量误差与测量不确定度分析，最后系统的对物体落水与船舶流场的流动特性进行了详细的介绍。

第 1 章针对流场测试技术对船舶水动力性能在理论和方法研究上的重要性进行深入分析。对激光测试技术及拖曳水下测量系统的发展历程和绕流场测试进展进行阐述。

第 2 章对精细流场测量的试验设备及方法进行了介绍，包括 PIV 测量技术概述、基本试验设备等。重点介绍了船艏入水砰击实验平台，以及 TR-PIV 测试试验流程、TR-PIV/LIF 技术的激光诊断系统与 PLIF 测量流程和拖曳式水下 2D-3C SPIV 测量系统与测试方法。

第 3 章对 PIV 测量系统的测量能力、测量精度，以及测量不确定度与收敛性分析进行系统地研究。

第 4 章对楔形体入水砰击过程中的宏观运动信息、瞬态细节流场信息，以及基于 PIV 重构的瞬态砰击压力与砰击载荷进行试验、数值、理论的多方位深入分析研究。

第 5 章对采用加速度测试系统和自研的基于 TR-PIV/LIF 技术的激光诊断系统，对船艏模型入水砰击过程中的加速度信息、流动现象，以及细节流场结构进行试验测试。

第 6 章对船舶尾流场 2D 切面速度分布与湍流特性研究，包括不同航速下的船舶标称伴流场测量，对轴向速度、展向速度、垂向速度、平面速度大小、总速度大小、速度矢量、流线、平均动能，以及典型速度样本编号处的瞬态速度特性进行详细的分析，湍流特性参数湍流脉动速度、湍流度、湍动能、雷诺正应力、雷诺剪切应力等的测量与分析。

第 7 章对 3D-3C 船舶尾流场的 3D 空间速度和湍流特性分布进行测量研究，对 3D 体空间尾流场的测量与空间重构过程、不同轴向、展向与垂向的速度进行分析，对速度特性与湍流特性的空间分布进行研究。

第 8 章对船舶尾流场旋涡分布与空间演化特性进行研究，进行设计与压载状态下的桨盘面区域旋涡分布特性，以及尾流场旋涡的空间分布等研究，分析舵涡、毂帽涡生成、增长、发展与传递等空间演化特性。

参 考 文 献

[1] 吴铁成, 郭春雨, 骆婉珍, 龚杰, 佘文轩. 基于水下 SPIV 的船体与推进器流场测量应用与研究 [A]. 第十四届全国水动力学学术会议暨第二十八届全国水动力学研讨会文集 (下册)[C]. 中国力学学会、《水动力学研究与进展》编委会、中国造船工程学会、吉林大学、上海《水动力学研究与进展》杂志社, 2017: 7.

[2] Kapsenberg G K. Slamming of ships: where are we now?[J]. Philosophical Transactions of the Royal Society of London A: Mathematical, Physical and Engineering Sciences, 2011, 369(1947): 2892-2919.

[3] 卢炽华, 王刚. 船体砰击问题的非线性边界元分析 [J]. 水动力学研究与进展: A 辑, 1999, 14(2): 169-175.

[4] Korobkin A A, Pukhnachov V V. Initial stage of water impact[J]. Annual Review of Fluid Mechanics, 1988, 20(1): 159-185.

[5] Faltinsen O M. Hydroelastic slamming[J]. Journal of Marine Science & Technology, 2000, 5(2): 49-65.

[6] Korobkin A A. Asymptotic theory of liquid–solid impact[J]. Philosophical Transactions of the Royal Society of London A: Mathematical, Physical and Engineering Sciences, 1997, 355(1724): 507-522.

[7] Korobkin A. Blunt-body impact on a compressible liquid surface[J]. Journal of Fluid Mechanics, 1992, 244: 437-453.

[8] Korobkin A. Blunt-body impact on the free surface of a compressible liquid[J]. Journal of Fluid Mechanics, 1994, 263: 319-342.

[9] Korobkin A. Acoustic approximation in the slamming problem[J]. Journal of Fluid Mechanics, 1996, 318: 165-188.

[10] Korobkin A A, Peregrine D H. The energy distribution resulting from an impact on a floating body[J]. Journal of Fluid Mechanics, 2000, 417: 157-181.

[11] 秦洪德, 赵林岳, 申静. 入水冲击问题综述 [J]. 哈尔滨工业大学学报, 2011 (S1): 152-157.

[12]   Sung-Eun Kim, Bong Jae Rhee. Eddy-resolving simulation of turbulent flows around undersea vehicles——A quest for a practical approach [C]. Proc. 31th ONR Symposium on Naval Hydrodynamics. Monterey, CA, USA, 2016, NO.56.

[13]   于志强, 杨伟浩, 沈浩, 等. 风速校准中激光多普勒测速仪激光器的选择 [J]. 上海计量测试, 2016(1): 51-53.

[14]   吴利民, 贺安之. 激光多普勒测速精度分析 [J]. 光学技术, 1999(2): 42-48.

[15]   王昊利, 王元. Micro-PIV 技术 —— 粒子图像测速技术的新进展 [J]. 力学进展, 2005, 35(1): 77-90.

[16]   Yeh Y, Cummins H Z. Localized fluid flow measurements with an HeNe laser spectrometer [J]. Applied Physics Letters, 1964, 4(10): 176-178.

[17]   Goldstein R J, Hagen W F. Turbulent flow measurements utilizing the doppler shift of scattered laser radiation [J]. Physics of Fluids, 1967, 10(6): 1349.

[18]   Durrani T S, Greated C A. Laser systems in flow measurement [J]. Electronics & Power, 1978, 24(10): 767.

[19]   Yeh T T, Baldwin Robertson, Mattar W M. LDV measurements near a vortex shedding strut mounted in a pipe [J]. Journal of Fluids Engineering, 1983, 105(2): 366-366.

[20]   吴承康等, 应用三维 LDV 对大速差同向射流煤粉燃烧室稳燃机理研究 [M]. 北京: 科学出版社, 1987: 334.

[21]   沈建平, 吴承雄. 激光多普勒测速技术及其在内燃机中的应用 [J]. 柴油机, 1995, 94(2): 35-39.

[22]   Lammers, et al. Applicability of laser doppler velocimetry to marine engineering research[J]. Laser Doppler Velocimeters, 1987: 412.

[23]   Palle Gjelstrup. State-of-the-art towing-tank PIV and LDA systems[C]. The 1st International Conference on Advanced Model Measurement Technology for the EU Maritime Industry, AMT'09 1-2 September 2009, Nantes, France.

[24]   申峰, 刘赵淼. 显微粒子图像测速技术 —— 微流场可视化测速技术及应用综述 [J]. 机械工程学报, 2012, 48(4): 155-168.

[25]   李程. 粒子图像测速 (PIV) 技术的研究及其在先进搅拌釜流场测量中的应用 [D]. 华东理工大学, 2002.

[26]   王玉建. 基于粒子图像测速的液力变矩器流场测量方法 [D]. 长春: 吉林大学, 2016.

[27]   张军, 赵峰, 洪方文, 徐洁. 拖曳水池随车式 PIV 技术的研究与应用 [J]. 流体力学实验与测量, 2003(02): 93-97.

[28]   陈虎, 梁云芳, 高雷, 张国平, 吴鸿程. 国外舰船流场测试及可视化技术研究 [J]. 舰船科学技术, 2016, 38(21): 1-7.

[29]   Dantec Dynamics. The world's first towing tank PIV system [J]. Dantec Newsletter, 1997, 4, NO.3.

[30]   Felli M, Pereira F, Calcagno G, et al. A modular Stereo-PIV probe for underwater applications: configurations and measurement performance[C]. Proceedings of 5th

International Sympsium on Particle Image Velocimetry (PIV'03). Busan, Korea, 2003.

[31] Felice F D, Pereira F. Developments and applications of PIV in naval hydrodynamics[J]. In: Particle Image Velocimetry. Topics in Applied Physics, Vol 112. Springer, Berlin, Heidelberg, 2007, 475-503.

[32] Yoon H S. Phase-averaged stereo-PIV flow field and force moment motion measurements for surface combatant in PMM maneuvers [J]. Department of Mechanical Engineering, The University of Iowa, 2009, 318-326.

[33] Yoon, H., Gui, L, Bhushan, S, and Stern, F. Tomographic PIV measurements for surface combatant 5415 straight ahead and static drift 10 and 20 degree conditions[C]. 30th Symposium on Naval Hydrodynamics, Hobart, Tasmania, Australia, 2014.

[34] 程明道, 张军, 徐洁, 等. 水池随车式 PIV 系统的首次应用 [J]. 船舶力学, 1999, (02): 21-30.

[35] 吴铁成. 船舶精细流场数值模拟及基于 PIV 的试验研究 [D]. 哈尔滨工程大学, 2015.

[36] Seo J, Seol D M, Lim T, Park S T, Han B, Rhee S H. 2016. A stereo PIV measurement of a model ship wake in a towing tank with uncertainty assessment[C]. 10th International Symposium on Particle Image Velocimetry–PIV13 Delft, The Netherlands, July 2-4, 2013.

[37] 陈虎, 陈虎, 梁云芳, 等. 国外舰船流场测试及可视化技术研究 [J]. 舰船科学技术, 2016, 38(21): 1-7.

[38] Worthington A M, Cole R S. Impact with a liquid surface, studied by the aid of instantaneous photography[J]. Philosophical Transactions of the Royal Society of London. Series A, Containing Papers of a Mathematical or Physical Character, 1897, 189: 137-148.

[39] White F G. Photographic studies of splash in vertical and oblique water entry of spheres[M]. Naval Ordnance Test Station, 1950.

[40] Eroshin V A, Romanenkov N I, Serebryakov I V, et al. Hydrodynamic forces produced when blunt bodies strike the surface of a compressible fluid[J]. Fluid Dynamics, 1980, 15(6): 829-835.

[41] Cheong H K, Hao H, Cui S. Experimental investigation of dynamic post-buckling characteristics of rectangular plates under fluid-solid slamming[J]. Engineering Structures, 2000, 22(8): 947-960.

[42] Tveitnes T, Fairlie-Clarke A C, Varyani K. An experimental investigation into the constant velocity water entry of wedge-shaped sections[J]. Ocean Engineering, 2008, 35(14-15): 1463-1478.

[43] 张智. 基于 CFD 技术的三维楔形体入水砰击试验与数值预报研究 [D]. 天津: 天津大学, 2013.

[44] 张岳青, 徐绯, 金思雅, 等. 楔形体入水冲击响应的试验研究及应用 [J]. 机械强度, 2015, 37(2): 226-231.

[45] 盛森芝, 徐月亭, 袁辉靖. 近十年来流动测量技术的新发展 [J]. 力学与实践, 2002, 24(5): 1-14.

[46] 张志荣, 洪方文. 入水初期流场的测量方法 [J]. 水动力学研究与进展: A 辑, 2001, 16(3): 274-278.

[47] Nila A, Vanlanduit S, Vepa S, et al. High speed particle image velocimetry measurements during water entry of rigid and deformable bodies[C]. Proceedings of the 16th International Symposium on Applications of Laser Techniques to Fluid Mechanics, Lisbon, Portugal. 2012: 1-11.

[48] Nila A, Vanlanduit S, Vepa S, et al. A PIV-based method for estimating slamming loads during water entry of rigid bodies[J]. Measurement Science and Technology, 2013, 24(4): 045303.

[49] Nila A. Experimental investigation of the water entry of rigid and deformable bodies using time-resolved particle image velocimetry[D]. Ghent University, 2014.

[50] Panciroli R, Porfiri M. Evaluation of the pressure field on a rigid body entering a quiescent fluid through particle image velocimetry[J]. Experiments in Fluids, 2013, 54(12): 1630.

[51] Panciroli R, Porfiri M. Analysis of hydroelastic slamming through particle image velocimetry[J]. Journal of Sound and Vibration, 2015, 347: 63-78.

[52] Facci A L, Panciroli R, Ubertini S, et al. Assessment of PIV-based analysis of water entry problems through synthetic numerical datasets[J]. Journal of Fluids and Structures, 2015, 55: 484-500.

[53] Jalalisendi M, Shams A, Panciroli R, et al. Experimental reconstruction of three-dimensional hydrodynamic loading in water entry problems through particle image velocimetry[J]. Experiments in Fluids, 2015, 56(2): 41.

[54] Shams A, Jalalisendi M, Porfiri M. Experiments on the water entry of asymmetric wedges using particle image velocimetry[J]. Physics of Fluids, 2015, 27(2): 027103.

[55] Panciroli R, Shams A, Porfiri M. Experiments on the water entry of curved wedges: high speed imaging and particle image velocimetry[J]. Ocean Engineering, 2015, 94: 213-222.

[56] Mohammad Jalalisendi, Steven J. Osma, Maurizio Porfiri. Three-dimensional water entry of a solid body: A particle image velocimetry study[J]. Journal of Fluids and Structures, 2015, 59: 85-102.

[57] Mohammad Jalalisendi, Sam Zhao, Maurizio Porfiri. Shallow water entry: modeling and experiments[J]. Journal of Engineering Mathematics, 2017, 104(1): 131-156.

[58] Shams A, Zhao S, Porfiri M. Hydroelastic slamming of flexible wedges: Modeling and experiments from water entry to exit[J]. Physics of Fluids, 2017, 29(3): 037107.

[59] Jalalisendi M, Porfiri M. Water entry of compliant slender bodies: Theory and experiments[J]. International Journal of Mechanical Sciences, 2018, 149: 514-529.

[60] Russo S, Jalalisendi M, Falcucci G, et al. Experimental characterization of oblique and asymmetric water entry[J]. Experimental Thermal and Fluid Science, 2018, 92: 141-161.

[61] Dong R R, Katz J, Huang T T. On the structure of bow waves on a ship model[J]. Journal of Fluid Mechanics, 1997, 346: 77-115.

[62] Tukker J, Blok J J, Kuiper G, et al. Wake flow measurements in towing tanks with PIV[C]. 9th International Symposium on Flow Visualization, 2000.

[63] Gui L, Longo J, Stern F. Towing tank PIV measurement system, data and uncertainty assessment for DTMB model 5512[J]. Experiments in Fluids, 2001, 31(3): 336-346.

[64] Gui L, Longo J, Stern F. Biases of PIV measurement of turbulent flow and the masked correlation-based interrogation algorithm[J]. Experiments in Fluids, 2001, 30(1): 27-35.

[65] Longo J, Stern F. Uncertainty assessment for towing tank tests with example for surface combatant DTMB model 5415[J]. Journal of Ship Research, 2005, 49(1): 55-68.

[66] Aloisio G, Felice F. PIV analysis around the bilge keel of a ship model in a free roll decay[C]. XIV Congresso Nazionale AI VE. LA., Rome, Italy, Nov. 2006: 6-7.

[67] Calcagno G, Di Felice F, Felli M, et al. A stereo-PIV investigation of a propeller's wake behind a ship model in a large free-surface tunnel[J]. Marine Technology Society Journal, 2005, 39(2): 94-102.

[68] El Lababidy S, Bose N, Liu P, et al. Experimental analysis of the near wake from a ducted thruster at true and near bollard pull conditions using stereo particle image velocimetry (SPIV)[J]. Journal of Offshore Mechanics and Arctic Engineering, 2005, 127(3): 191-196.

[69] Falchi M, Felli M, Grizzi S, et al. SPIV measurements around the DELFT 372 catamaran in steady drift[J]. Experiments in Fluids, 2014, 55(11): 1844.

[70] Felli M, Di Felice F, Romano G P. Vorticity and streamlines in the wake of a marine propeller[J]. Journal of Visualization, 2002, 5(3): 208-208.

[71] Longo J, Shao J, Irvine M, et al. Phase-averaged PIV for the nominal wake of a surface ship in regular head waves[J]. Journal of Fluids Engineering, 2007, 129(5): 524-540.

[72] Longo J, Shao J, Irvine M, et al. Phase-averaged nominal wake for surface ship in regular head waves[R]. IIHR Report, 2005.

[73] Irvine M, Longo J, Stern F. Towing tank tests for surface combatant for free roll decay and coupled pitch and heave motions[C]. Proceedings of the 25th ONR Symposium on Naval Hydrodynamics, St. John's, Newfoundland, Canada, 2004.

[74] Longo J, Yoon H S, Toda Y, et al. Phase–averaged 3D PIV wave elevations and force moment measurements for surface combatant in PMM maneuvers[C]. Proceedings, 2006.

[75] Yoon H, Longo J, Toda Y, et al. Benchmark CFD validation data for surface combatant 5415 in PMM maneuvers–Part II: Phase-averaged stereoscopic PIV flow field measurements[J]. Ocean Engineering, 2015, 109: 735-750.

[76] Seo J, Seol D M, Han B, et al. Turbulent wake field reconstruction of VLCC models using two-dimensional towed underwater PIV measurements[J]. Ocean Engineering, 2016, 118: 28-40.

[77] Sadat-Hosseini H, Wu P C, Carrica P M, et al. CFD verification and validation of added resistance and motions of KVLCC2 with fixed and free surge in short and long head waves[J]. Ocean Engineering, 2013, 59: 240-273.

[78] Akamatsu K, Ho K, Okawa H, et al. Phase-averaged SPIV flow field measurement for ballast condition of KVLCC2 in waves[C]. The 24th International Ocean and Polar Engineering Conference. International Society of Offshore and Polar Engineers, 2014.

[79] Ho K, Hayashi Y, Oshita S, et al. Phase-averaged SPIV flow field measurement for KVLCC2 propeller in waves[C]. The 24th International Ocean and Polar Engineering Conference. International Society of Offshore and Polar Engineers, 2014.

[80] Truong T Q, Wu P C, Aoyagi K, et al. The EFD and CFD study of rudder-bulb-fin system in ship and propeller wake field of KVLCC2 tanker in calm water[C]. The 27th International Ocean and Polar Engineering Conference. International Society of Offshore and Polar Engineers, 2017.

[81] Hossain M, Wu P C, Shibano Y, et al. Forces, ship motions and velocity wake field for KRISO container ship model in regular head waves[C]. The 28th International Ocean and Polar Engineering Conference. International Society of Offshore and Polar Engineers, 2018.

[82] NMRI.Tokyo 2015 A Workshop on CFD in ship hydrodynamics[J]. http://www.t2015.nmri.go.jp/, 2015.

[83] Hori M, Jufuku N, Itou S, et al. Stern flow field measurement around Japan bulk carrier model with rotating propeller and upstream energy saving duct[C]. The 26th International Ocean and Polar Engineering Conference. International Society of Offshore and Polar Engineers, 2016.

[84] Falchi M, Felli M, Grizzi S, et al. SPIV measurements around the DELFT 372 catamaran in steady drift[J]. Experiments in fluids, 2014, 55(11): 1844.

[85] Bhushan S, Yoon H, Stern F, et al. CFD validation for surface combatant 5415 straight ahead and static drift 20 degree conditions[J]. IIHR—Hydroscience & Engineering, Iowa City, IA, Report, 2015 (493).

[86] Bhushan S, Yoon H, Stern F. Large grid simulations of surface combatant flow at straight-ahead and static drift conditions[J]. International Journal of Computational Fluid Dynamics, 2016, 30(5): 356-362.

[87] Bhushan S, Yoon H, Stern F. Verification and validation of CFD for surface combatant

5415 for straight head and 20 degree static drift conditions[J]. SNAME Transaction, 2016, 123: 1-26.

[88] Bhushan S, Yoon H, Stern F, et al. Assessment of computational fluid dynamic for surface combatant 5415 at straight ahead and static drift $\beta= 20$ deg[J]. Journal of Fluids Engineering, 2019, 141(5): 051101.

[89] Felli M, Falchi M, Dubbioso G. Tomographic-PIV survey of the near-field hydrodynamic and hydroacoustic characteristics of a marine propeller[J]. Journal of Ship Research, 2015, 59(4): 201-208.

[90] Atsavapranee P, Engle A, Grant D J, et al. Full-scale investigation of viscous roll damping with particle image velocimetry[C]. 27th Symposium on Naval Hydrodynamics, Seoul, Korea. 2008.

[91] Kleinwächter A, Hellwig-Rieck K, Heinke H J, et al. Full-scale total wake field PIV-measurements in comparison with ANSYS CFD calculations: a contribution to a better propeller design process[J]. Journal of Marine Science and Technology, 2017, 22(2): 388-400.

[92] Kleinwächter A, Ebert E, Kostbade R, et al. Full-scale total wake field PIV-measurements for an enhanced cavitation prediction[C]. 17th Symposium on Applications of Laser Technologies to Fluid Dynamics, Lisbon. 2014.

[93] Kleinwächter A, Ebert E, Kostbade R, et al. PIV as a novel full-scale measurement technique in cavitation research[C]. 3rd International Symposium on Marine Propulsors, Austin. 2015.

[94] 李广年, 张军, 陆林章, 张国平. PIV,LDV 在螺旋桨尾流测试中的比对应用 [J]. 航空动力学报, 2010, 25(09): 2083-2090.

[95] 张军, 张志荣, 朱建良, 等. 导管螺旋桨内流场的 PIV 测量 [J]. 实验流体力学, 2007, 21(02): 82-88.

[96] 郭春雨, 吴铁成, 骆婉珍, 等. 肥大型 U 尾船舶标称伴流特性 SPIV 试验研究 [J]. 华中科技大学学报 (自然科学版), 2018 (6): 13.

[97] 骆婉珍, 郭春雨, 吴铁成, 等. 模型冰尺寸对船舶尾流场影响的 PIV 试验研究 [J]. 华中科技大学学报 (自然科学版), 2017 (11): 15.

[98] 骆婉珍, 郭春雨, 吴铁成, 等. 基于 SPIV 的船体附着冰对尾流场影响试验研究 [J]. SCIENCE CHINA Technological Sciences, 2010, 53(53): 3248.

[99] 吴铁成, 郭春雨, 骆婉珍, 等. 基于 SPIV 的船舶标称伴流场受装载状态影响的试验研究 [J]. 中国造船, 2018, 59(3): 98-107.

[100] 吴铁成. 拖曳水池随车 PIV 在船舶绕流场测量中的应用与研究 [A]. 中国造船工程学会船舶力学学术委员会测试技术学组. 聚焦应用支撑创新 —— 船舶力学学术委员会测试技术学组 2016 年学术会议论文集 [C]. 中国造船工程学会船舶力学学术委员会测试技术学组: 中国船舶科学研究中心《船舶力学》编辑部, 2016: 7.

[101] Gong J, Guo C, Wu T, et al. Particle image velocimetry measurement of velocity

distribution at inlet duct of waterjet self-propelled ship model[J]. Journal of Hydrody-namics, Ser. B, 2017, 29(5): 879-893.

[102]　Gong J, Guo C, Song K, et al. SPIV measurements and URANS simulations on the inlet velocity distribution for a waterjet-propelled ship with stabiliser fins[J]. Ocean Engineering, 2019, 171: 120-130.

[103]　Wan-zhen L, Chun-yu G, Tie-cheng W, et al. Experimental study on the wake fields of a ship attached with model ice based on stereo particle image velocimetry[J]. Ocean Engineering, 2018, 164: 661-671.

[104]　Gong J, Guo C, Wu T, et al. Particle image velocimetry measurement of velocity distribution at inlet duct of waterjet self-propelled ship model[J]. Journal of Hydrody-namics, Ser. B, 2017, 29(5): 879-893.

[105]　Guo C, Wu T, Luo W, et al. Experimental study on the wake fields of a Panamax Bulker based on stereo particle image velocimetry[J]. Ocean Engineering, 2018, 165: 91-106.

[106]　Guo C, Wu T, Zhang Q, et al. Numerical simulation and experimental research on wake field of ships under off-design conditions[J]. China Ocean Engineering, 2016, 30(5): 821-834.

[107]　Guo C, Wu T, Zhang Q, et al. Numerical simulation and experimental studies on aft hull local parameterized non-geosim deformation for correcting scale effects of nominal wake field[J]. Brodogradnja: Teorija i praksa brodogradnje i pomorske tehnike, 2017, 68(1): 77-96.

第2章　船舶绕流场精细测量的试验系统与测量方法

本章节主要针对本书中进行相关精细流场测量研究中应用到的测试技术、试验测试平台、TR-PIV 系统、PLIF 系统,以及拖曳水池和拖曳水池环境下的 2D-3C SPIV 测量系统等进行系统介绍,主要包含相关测试系统、分析方法与测试流场等。

2.1　PIV 测量技术概述

如图 2.1 所示,PIV 系统的硬件部分主要由示踪粒子、光源、光路以及相机等主要硬件组成。进行 PIV 流场测试时,需要根据具体的流动,选择适宜的示踪粒子以及相机等,粒子既要足够大以形成有效的激光散光,同时又要足够小以跟随流动中的微小湍流结构。典型的 PIV 系统光源通常由 Nd:YAG 和 Nd:YLF 激光器组成,光源发射的激光,经光路中透镜组的扩束与聚焦作用,形成激光片光或体视激光照射测试区域。流场测试区域中的示踪粒子被激光照射,形成粒子散光,经过镜头进入 CCD 或 CMOS 传感器相机中,完成流场流动信息的捕捉。

在得到测试区域中的示踪粒子图像信息后,需对原始的 PIV 图像进行后处理分析,确定相邻两帧图像之间的粒子位移,并根据相邻两帧图像的时间间隔,还原出粒子的运动速度矢量,最终得到测量区域中流体的全局流动信息。本节将对 PIV 系统中的各个硬件与软件部分进行详细分析。

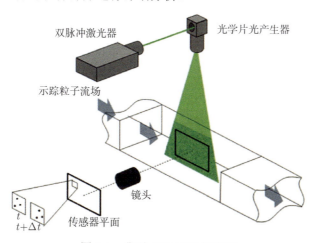

图 2.1　典型 PIV 系统示意图

2.1.1　示踪粒子

PIV 示踪粒子的两个关键因素是要具有良好的跟随性和散光性。跟随性是指粒子跟随当地流体介质运动的能力，表现为粒子运动速度 U_p 对当地流体速度 U 的逼近。由于湍流中存在多种尺度不同的涡旋，湍流中的能量从大尺度的涡旋传递至小尺度的涡旋，最终被黏性耗散为热量。其中，自然界中最小涡旋的大小为 Kolmogorov 尺度 [1]，其对应的物理尺寸为 $30 \sim 50~\mu m$。因此，示踪粒子的粒径应尽量小于 $50~\mu m$，以保证能够较好地跟随湍流中的小尺度涡旋结构。

流体与粒子运动之间的误差主要来源是流体密度 ρ 和示踪粒子密度 ρ_p 不一致时受重力的影响。以粒子受流体作用做加速运动为例，假设粒子以球形存在于低雷诺数下的黏性流体中，依据斯托克斯阻力定律 (Stokes's Drag Law) 得到重力引起的速度 U_g 为

$$U_g = d_p^2 \frac{\rho_p - \rho}{18\mu} g \tag{2-1}$$

其中，g 为重力加速度；μ 为流体的动力黏性系数；d_p 为粒子直径。类比上式，连续加速流体中粒子速度滞后的估计值为

$$U_s = U_p - U = d_p^2 \frac{\rho_p - \rho}{18\mu} a \tag{2-2}$$

其中，U_s 为粒子速度滞后估计值，U_p 为粒子的速度，a 为加速度。若粒子密度比流体密度大很多，那么 U_p 的阶跃响应遵循指数定律：

$$U_p(t) = U \left[1 - \exp\left(-\frac{t}{\tau_s} \right) \right] \tag{2-3}$$

$$\tau_s = d_p^2 \frac{\rho_p}{18\mu} \tag{2-4}$$

其中，τ_s 为弛豫时间。PIV 技术的应用已经证实，进行液体流场测试时，示踪粒子匹配的问题并不严重，能够找到具有良好流体力学特性的固体粒子，但是在气体流场中，实现高跟随性和高质量的粒子分布是较为困难的。

示踪粒子不仅要具有良好的流动跟随性，还需要具备一定的光散射性能。通常被微小粒子散射的光是粒子与周围介质折射率之比、粒子尺寸、形状和方向的函数，同时光散射还取决于激光偏振性和观测角度。对于直径 d_p 大于入射光波长 λ 的球形粒子，可以应用 Mie 散射理论进行分析。在给定入射光条件下，粒子散光性主要取决粒子直径以及粒子与介质之间的相对折射率。粒子直径增大，散射光强度明显增加，此外，水折射率比空气大很多，同尺寸粒子在空气中的散射光强至少比水中大一个数量级。表 2.1 给出了水流场中常用的一些示踪粒子类型。

表 2.1   常用水流场示踪粒子

名称	密度/(g/cm^3)	平均粒径/μm	折射率
尼龙微珠	1.14	4~20	1.53
空心玻璃微珠	1.1	2~20	1.52
聚酰胺微珠	1.03	5、20、50	1.5
镀银空心玻璃微珠	1.4	2~20	—

2.1.2   光源与光路

激光是指通过受激辐射而产生和放大的光，因其具有能量密度高、单色性好和发散度小等优点，是 PIV 系统中最为理想的光源 [2]。如图 2.2 所示，为激光的基本形成原理，激光器的主要部分由激光材料、泵浦和谐振腔组成。当外界泵浦能量注入到激光材料并为之吸收的话，会使物质中电子从低能级向高能级跃迁 (受激吸收)；当自发辐射产生的光子碰到跃迁至高能级的电子时，电子会受诱导降低到低能级并释放光子 (受激辐射)，如此往复循环。这些辐射形成的光子在两面相互平行的反射镜组成的光学谐振腔中来回反射，最终形成高能量光束，穿透半反射镜，形成激光光束。

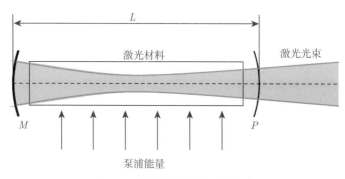

图 2.2   激光形成原理示意图

依据激光材料的不同，目前 PIV 系统中主要采用的激光器有: (1) 钕–钇铝石榴石激光器 (Nd:YAG 激光器，激光波长为 1064nm 和 532nm)，具有较高的激光放大性能和良好的力学和热性能，可通过在宽能量带的光学泵浦以及向上一层能级的非辐射跃迁实现激发。(2) 钕–钇锂氟化物激光器 (Nd:YLF 激光器，激光波长为 1053nm 和 526nm) 广泛应用于高速 PIV 技术中，其能够实现可见光波长的高效频率转换，激光频率可至 10kHz。

激光器形成的激光光束需要通过透镜组扩展为激光片光或者体光来照射流场中测量平面或立体测试空间，这里针对激光片光进行简要介绍。如图 2.3 所示，是 PIV 系统中常用的典型片光光路构成，由一个柱面透镜和两个球面透镜组成，其中柱面透镜是将激光光束扩展成扇形片光，球面透镜是对激光片光进行聚集，相互配合使用两个球面透镜使光腰厚度尽量保持恒定，使其在厚度方向形成激光束腰宽度保持稳定，以满足 PIV 系统测试的空间分辨率要求。

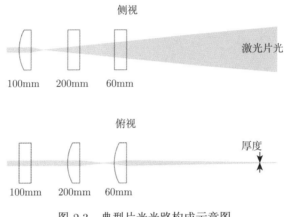

图 2.3　典型片光光路构成示意图

2.1.3　相机

　　PIV 系统中的相机从以往的胶片采集方式逐渐转变为数字图像采集。由于胶片采集具有高空间分辨率和易获取性，至今仍在一些情况中被使用。电子成像技术由于其即时成像、即时反馈特点在 PIV 系统中被广泛应用。目前，最常见的是电荷耦合 (Charge Coupled Device Camera，CCD) 相机、电荷注入 (Charge Injection Devices，CID) 相机以及互补金属氧化物半导体 (Complementary Metal-Oxide-Semiconductor，CMOS) 相机。其中 CCD 相机广泛应用于多种 PIV 系统中，CMOS 相机主要应用在高速 PIV 系统中。

　　CCD 相机是指以 CCD 面阵为图像传感器的相机。CCD 是一种可以将入射光信号转换为电荷输出的电子器件阵列，由贝尔实验室的 Willard S. Boyle 和 George E. Smith 于 1969 年研制，由于其具有光电转换、信息储存、延时和将电信号按顺序传送等功能，被广泛用于图像采集及数字化处理等领域。CMOS 图像传感器的基本结构，主要由像素阵列、行驱动器、列驱动器、模数转换器等组成，与 CCD 上的像素相比，CMOS 上的每个像素独立完成光电转换、放大和转移。因此，CMOS 相机在采样频率上相对于 CCD 相机具有极大的优势，能够达到万帧甚至是数十万帧，是高频 PIV 系统的理想选择。CCD 相机的优点在于其信号传输过程中保真性高，采集的图像噪声较低。

2.1.4　PIV 图像与流场计算方法

　　如图 2.4 所示，为示踪粒子密度不同的三种类型图像，对于可以检测单个粒子的低粒子密度图像 (图 (a))，需要使用粒子追踪方法进行评估，称为粒子图像追踪

(Particle Tracking Velocimetry，PTV) 技术；对于中等粒子密度图像 (图 (b))，视觉观察已不可能识别图像中的粒子，则需要应用标准统计的相关性评估技术，称为粒子图像测速 (Particle Image Velocimetry，PIV) 技术；对于高粒子密度图像 (图 (c))，检测图像中的单个粒子更加不可能，浓度较高的粒子形成的激光散光会相互重叠继而形成斑点，称为激光斑点测试 (Laser Speckle Velocimetry，LSV) 技术。

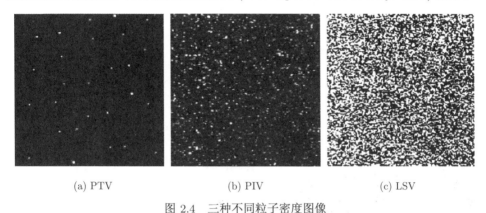

(a) PTV   (b) PIV   (c) LSV

图 2.4　三种不同粒子密度图像

PIV 图像后处理算法是 PIV 技术中的另一个核心，PIV 图像的计算方法已由自相关计算，到互相关分析，再到自适应查询窗口技术、图像变形算法以及多级网格迭代算法等多种算法 [3]。PIV 技术实现流场的定量测量本质上是对相邻时间拍摄粒子图像的空间相关性进行估算。PIV 图像整体呈现粒子图斑形状，t_1 时刻的粒子图斑 $\tau_1(X)$ 经过 δt 时刻后变为 t_2 时刻的粒子图斑 $\tau_2(X + \Delta X)$。当 δt 足够小时，粒子图斑的形状和分部不会发生显著的改变，相邻时刻的粒子图像具有很好的相似性，即相关性，可定量描述表示为

$$R(\Delta X) = \int \tau_1(X)\, \tau_2(X + \Delta X)\mathrm{d}X \tag{2-5}$$

根据 $R(\Delta X)$ 峰值的空间位置 ΔX_D，可得到这一区域的运动速度：

$$U = \Delta X_D / \delta_t \tag{2-6}$$

在相关性计算时，需要指定粒子图像中特定的积分区域，积分区域既要包含足够多的粒子以降低图像噪声的影响，保证良好的区域相关性，也要考虑到速度梯度对积分区域空间分辨率的要求。这个积分区域也称为查询窗口，为确保查询窗口具有良好的相关性，需要保证粒子在两次曝光之间的位移量小于窗口尺寸的 1/4，并且需要窗口内有效粒子对的数量应大于 10。[4]

如图 2.5 所示，进行 PIV 分析时，将整张 PIV 图像划分为多个矩形查询窗口，对相邻时刻粒子图像中对应位置的查询窗口进行互相关计算，互相关峰值相对于

窗口中心位置的距离和方向即为该窗口所代表流体微团的流动矢量。设查询窗口 1 和查询窗口 2 大小为 $M \times N$，窗口内图像灰度函数为 $f(m,n)$ 和 $g(m,n)$，$-M \leqslant m \leqslant M$，$-N \leqslant n \leqslant N$，则离散形式的互相关函数 $R(m,n)$ 为

$$R(m,n) = \frac{\sum\limits_{k}\sum\limits_{l} f(k,l) g(k+m,l+n)}{\sqrt{\sum\limits_{k=l}^{M}\sum\limits_{l=1}^{N} f^2(k,l) \sum\limits_{k=1}^{M}\sum\limits_{l=1}^{N} g^2(k,l)}} \tag{2-7}$$

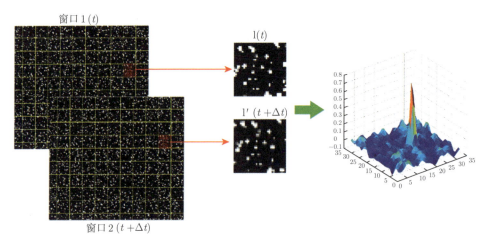

图 2.5　互相关计算示意图

在进行实际 PIV 测试过程中，原始 PIV 图像的噪声水平可能会较高，会强烈影响互相关计算的准确性，需要对原始 PIV 图像进行预处理，此外对 PIV 分析结果进行异常值检测和错误矢量修正也是后处理算法中的重要部分。

2.2　船舶入水砰击实验平台以及 TR-PIV 测试试验

随着 PIV 技术的不断发展，已经成功的应用于多种特定流动问题的精细化流场测量。国内外已有相当一部分学者将 PIV 技术应用于物体入水问题的测量，这种能够提供高时间分辨率全场速度矢量的测试技术，为物体入水这种流体-结构物相互作用问题的研究提供了一种全新的思路，并为其数值验证问题提供了更广的解决方案。

2.2.1 实验台与试验系统

本书中相关章节主要以试验测试的手段进行物体入水砰击问题的研究,物体入水实验平台与 TR-PIV 系统如图 2.6 所示,整个试验装置主要由铝型材框架、直线下落滑轨和透明水箱构成。透明水箱长 800mm,宽 500mm,高 500mm,由铝型材框架支撑,水箱的底端距离地面 800mm。试验时水箱中水深 300mm,水箱上端设有平行的两根长 800mm 直线滑轨,滑轨中间设置有电磁装置,滑轨与铝型材框架间是刚性连接的,可以自由调节物体的初始下落高度。模型上端设有连接滑块,试验模型与连接滑块组成一个整体,能够在滑轨间自由滑动,做自由落体运动,并以垂直的速度入水。

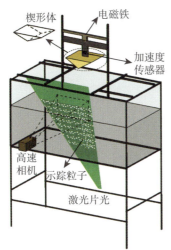

图 2.6 入水试验装置示意图

试验测试中对入水砰击过程中的物体加速度、位移以及砰击瞬态流场信息进行采集。加速度信息的获取采用 CF0320—500 型加速度传感器和东华测试技术公司的 DH5922 型数据采集器,加速度计的量程为 0~1000 m/s²,采集频率为 4000Hz,安装在楔形体的中部,如图 2.6 所示。

TR-PIV 系统主要由一台波长 532nm 的 10W Nd:YAG 连续激光器和 NAC Memrecam HX-6 高速 CMOS 相机组成。激光器和相机分别固定于两个光学平台上,相机的拍摄视角垂直于激光片光,同时配有相应的平面位移机构,用于试验测试过程中 PIV 系统部件位置的细节调整。测试区域内激光片光的厚度约为 1mm,计算机与高速 CMOS 相机连接,用于控制图像的采集和储存,相机的内存为 8GB,可根据特定工况灵活调节其空间分辨率和采集帧数,使用平均粒径约 20μm 的聚酰胺微珠 PSP-20 作为流场示踪粒子。

2.2.2　入水问题中涉及的动态图像掩膜与图像预处理

与进行常规流场矢量的 PIV 分析不同, 对物体入水过程中的流场进行 PIV 分析时, PIV 原始图像包含固体区域和气体区域, 并且整个入水砰击过程伴随着物体边界的运动和自由液面的大变形, 在流固交界面处和气液交界面处进行互相关分析时, 会产生错误的流场矢量结果。由于物体边界不断移动, 并且自由液面不断变化, 因此需要采用一种自适应图像掩膜方法, 用于图像中动态边界特征的提取和物体以及空气区域图像的自适应屏蔽, 以提高入水过程中 PIV 流场的测试精度。在 MATLAB 中读入原始 PIV 图像, 编写代码实现这种动态图像掩膜技术, 对每一个时间步的图像进行自适应边界特征提取和图像掩膜。

本书中所采用的动态图像掩膜技术是基于 Radon 变换实施的, 灰度图像的 Radon 变换是将灰度图像矩阵在某一指定角度直线方向上投影图像的强度[5], 可以作为一种图像中直线检测工具。设图像灰度分布函数为 $f(x,y)$, 其 Radon 变换的定义为

$$R(\theta,\rho) = \iint f(x,y)\delta(\rho - x\cos\theta - y\sin\theta)\,\mathrm{d}x\mathrm{d}y \tag{2-8}$$

其中, δ 是狄拉克函数, 右式积分中的第二项是图像灰度分布 $f(x,y)$ 沿着直线 $\rho - x\cos\theta - y\sin\theta = 0$ 的积分, 如图 2.7 所示, 调用 MATLAB 图像处理工具箱中的 radon.m 函数来进行 PIV 原始灰度图像的 Radon 变换计算。

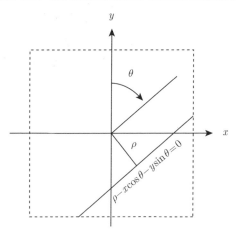

图 2.7　图像 Radon 变换的几何示意图

应用 Radon 变换进行边界特征提取的主要思想是: 将图像进行多分块划分, 分别检测每一分块图像中近似直线的边界特征, 随后将多个分块中的直线进行拟合得到整体图像中的主要边界特征。楔形体入水过程中动态图像掩膜的具体实施流程如图 2.8 所示, 以底升角为 25° 的楔形体从 30cm 高度处入水过程中第 10ms 时刻原

始 PIV 图像为例: (1) 将原始灰度图像导入 MATLAB 中; (2) 将图像转换为双精度格式图像, 进行极小值滤波去除图像射流中的大范围高灰度区域和楔形体背景中的大范围低灰度区域, 并设置连通域过滤窗口, 保留主要的边界特征, 同时检测图像维度, 并设置合适的图像分块数量 N; (3) 设置合适的检测角度范围, 对每一个分块图像分别进行 Radon 变换, 并检测变换后的极值点坐标 (θ_i, ρ_i) $(i = 1, 2, 3, \cdots, N)$; (4) 依据图像分块, 从左往右检测楔形体壁面边界特征, 设置 θ_i 是否发生变化为判别条件, 将满足条件的坐标 (θ_i, ρ_i) 还原到原始图像坐标系中, 进行线性拟合得到楔形体壁面边界特征; (5) 依据图像分块, 从右往左检测自由液面边界特征, 设置 θ_i 的变化率是否改变为判别条件, 将满足条件的坐标 (θ_i, ρ_i) 还原到原始图像坐标系中, 进行埃尔米特 (Hermite) 插值, 对自由液面边界特征进行拟合; (6) 保存所检测出的边界特征信息, 将图像掩膜区域设置为 0, 将感兴趣区域设置为 1, 形成准确的图像掩膜, 如图 2.9 所示。

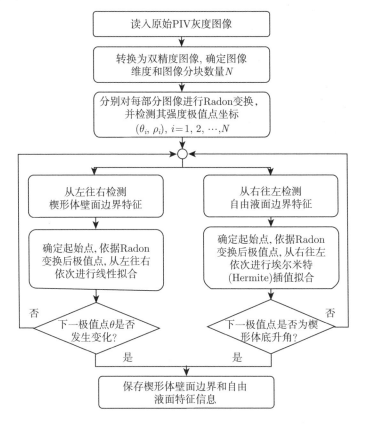

图 2.8 动态图像掩膜算法流程图

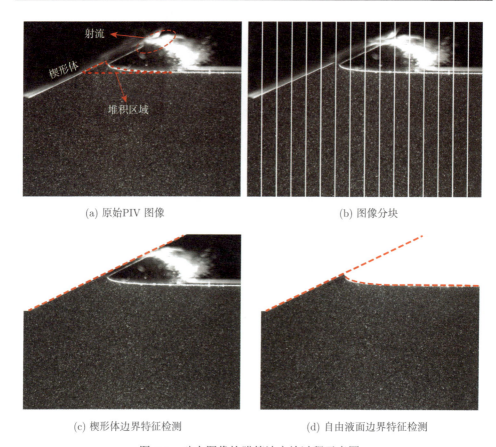

(a) 原始PIV 图像　　　　　　　　　　　　(b) 图像分块

(c) 楔形体边界特征检测　　　　　　　　(d) 自由液面边界特征检测

图 2.9　动态图像掩膜算法实施过程示意图

在对原始 PIV 图像进行掩膜处理后，需要对剩余部分的图像进行适当预处理来提升 PIV 图像的信噪比 (Signal Noise Ration，SNR)，以此来提高 PIV 测试精度。在上述提及的双精度格式转换后，在开展该实验时应该对掩膜后的图像进行动态阈值滤波和高通滤波操作。双精度格式转换是将原始 8bit 灰度图像 (灰度范围 [0,255]) 转换为 double 类型图像 (灰度范围 [0,1])，用以防止图像在后续分析过程中过高灰度信息的丢失，将图像转换为双精度格式可以很好地保全图像的所有像素信息，避免截断误差的产生。进行图像的动态阈值滤波，首先统计图像中各个像素灰度的概率分布直方图，随后设定合适阈值，将概率分布直方图中超出阈值范围的像素信息抹去。由于这种方法是基于图像灰度的概率分布进行图像分割，因此非常适用于处理入水过程中，楔形体壁面和自由液面产生不同强度的激光强反光。最后进行高通滤波，是将输入图像减去该图像的高斯低通滤波图像，用以消除低频的背景变化，有效抑制图像的背景噪声[6]。本书中对掩膜后图像进行预处理的方案为：设置图像的动态灰度分布直方图阈值为 2%，高通滤波中的高斯滤波器内核大小设置为 5pixel×5pixel。图 2.10 显示了原始 PIV 图像和应用该方案预处理后图像的信噪比,信噪比值越大表示图像质量越高,预处理后的图像仅仅保存了自由液面连续的液相流场信息,并且该部分图像的信噪比得到了极大提升,PIV 粒子图像质量得到有效改善。

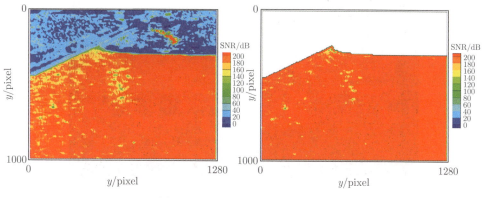

图 2.10 预处理前后图像信噪比

2.3 基于 TR-PIV/LIF 技术的激光诊断系统

2.3.1 LIF 技术基本原理

近代以来随着激光技术、数字图像技术、信号处理技术等不断发展,以激光作为流场测试光源的光学测量技术得到极大发展,PIV 技术仅仅是其中一项,其他诸如激光多普勒测速 (Laser Doppler Velocimetry,LDV) 技术、粒子图像追踪 (Particle Tracking Velocimetry,PTV) 技术、激光诱导荧光 (Laser Induced Fluorescence,LIF) 技术、压力敏感漆 (Pressure Sensitive Paint,PSP) 技术以及激光分子标记 (Laser Molecular Tagging Velocimetry,LMTV) 技术等,具有各自的测试特点与应用范围。

LIF 技术是一种非接触式流场测试技术,源于 20 世纪 70 年代,是一种主要用于液体流场中测量连续的完整浓度或温度场的光学测量技术,在流动工程,如搅拌槽中混合或加热系统,生物工程,如静脉模型中药物运输流动,以及液体动态研究,如湍流混合和室内环境等 [7−9]。LIF 技术的实现与 PIV 技术很相似,同样使用激光片光或者体光光路照射播撒有示踪物质的待测流场区域,通过数字相机捕捉流场中示踪物质的荧光或反射光信息,并还原相应的流场信息。如图 2.11 所示,两者之间的区别在于:PIV 技术需要在流场加入 PSP、玻璃微珠等示踪粒子,相机采集示踪粒子的激光反射光信息;而 LIF 技术需要在流场中加入相应的荧光染料,荧光染料中高分子化合物吸收激光光能,其电子发生能级跃迁产生相应波长的光线,即为荧光。其荧光强度会随着浓度、温度以及其他流场特性的变化而变化,若

荧光染料使用 Rhodamine 6G 则用于流场的浓度测量，若使用 Rhodamine B 则用
于流场的温度测量。

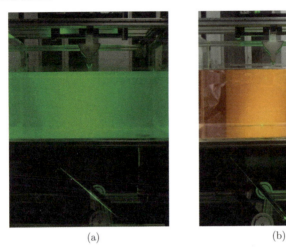

(a)　　　　　　　　　　　　　　(b)

图 2.11　532nm 激光照射下的 PIV 示踪粒子 (a) 和 LIF 荧光物质 (b)

　　由于船艏入水过程中存在自由液面的变形、破裂、掺气等复杂流动现象，本章
在应用 PIV 技术的同时结合 LIF 技术。将 LIF 技术中的荧光染料均匀融合在待测
流场中，在激光照射下，采集的图像中荧光部分即代表了液相流场分布信息，无荧
光部分即代表了空气、空腔或气泡等气相流场分布信息，以此，进行船艏入水砰击
试验过程中自由液面的边界识别和复杂船艏表面处液面破裂、卷气等复杂气液两
相流动现象的直接显示。

2.3.2　TR-PIV/LIF 测试系统

　　本章中所采用的 TR-PIV/LIF 测试系统如图 2.12 所示，在 2.2 节中所述的
TR-PIV 测试系统基础上，新增了一台高速相机和相应的镜头，一个信号同步装置，
一个 532±5 nm 带通滤镜、一个 590nm 高通滤镜，一个分光镜。值得注意的是，由
于测量环境中的荧光染剂会吸收相当一部分的激光能量，为保证示踪粒子具有足够
的光散射强度，TR-PIV 系统采用粒径约 50μm 的聚酰胺微珠 PSP-50 作为示踪粒
子，用于船艏入水砰击过程中的流场流动矢量信息捕捉，LIF 系统采用 Rhodamine
6G 作为荧光物质，用于砰击过程中的自由液面边界变形、气腔演变和掺气过程等
现象的识别。进行船艏模型入水砰击过程中精细化流场结构和流动现象的同步测
试原理是在待测流场中同时布撒浓度适宜的 PSP-50 和 Rhodamine 6G 染料，在
上述 10W Nd:YAG 连续激光器以及相应片光源形成的波长 532nm 激光片光照射
下，PSP-50 反射出与入射光波长相等的 532nm 激光反射光，而 Rhodamine 6G 会
吸收入射的波长 532nm 激光，发射出波长 625nm 左右的荧光。在两台高速相机的

镜头前分别加装 532± 5 nm 带通滤镜和 590nm 高通滤镜，则装有 532±5 nm 带通滤镜的高速相机仅能捕捉流场中的示踪粒子信息，而装有 590nm 高通滤镜的高速相机仅能捕捉流场中的荧光物质信息，从而将待测区域中不同波长光的信息区分开，到达细节流场结构和流动现象的耦合同步测试，如图 2.13 所示。

由于本章中的 LIF 技术仅仅用于复杂流动的直接显示，没有进行流场的定量测试，因此没有进行 LIF 系统的试验测试误差分析。

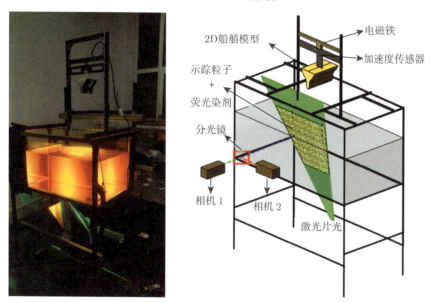

图 2.12　TR-PIV/LIF 测试系统示意图

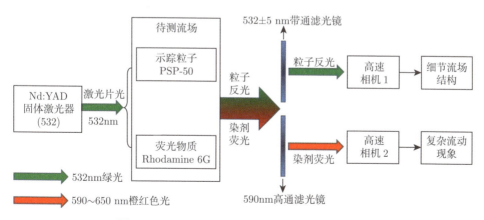

图 2.13　TR-PIV/LIF 测试系统光路传播示意图

在进行船舶模型入水砰击试验过程中，TR-PIV/LIF 测试系统的具体操作流程如图 2.14 所示:(1) 在待测流场中先后加入 PIV 示踪粒子和 LIF 荧光染剂,并保证粒子浓度和染剂浓度适宜;(2) 在两个高速相机的镜头前分别加装 532±5 nm 带通滤镜和 590nm 高通滤镜;(3) 将计算机、信号同步装置与两台高速相机相连,将两台相机设置有相同的拍摄帧数和分辨率,通过计算机控制两台相机的同步采集和同步停止;(4) 通过位移架调整分光镜位置,使分光镜平面与测试区域平面成 45° 夹角,同时调整两台相机位置,一台相机成像平面与流场测试平面平行,另一台相机成像平面与流场测试平面垂直,使得分光镜平面与两台相机成像平面之间的夹角均为 45°,两台相机的视线中心对准分光镜中心,并且相机与分光镜之间的距离需要保持一致,以保证两台高速相机接受同等强度的示踪物质反光或荧光信息;(5) 进行 TR-PIV/LIF 系统标定,由于两台相机成像平面与测试平面之间的光传播距离是相等的,在本系统中仅采用一台相机的标定信息;(6) 应用 10W 532nm 的 Nd:YAG 连续激光器照射待测流场,同时激活流场中的 PSP-50 (反射光波长约 532nm) 和 Rhodamine 6G (荧光波长约 625nm),两种光信息通过分光镜和相应滤镜作用分别到达两台高速相机的 CMOS 光感芯片中,最终进行图像采集和分析,完成船艏模型入水过程中细节流场结构和流动现象的同步测试。

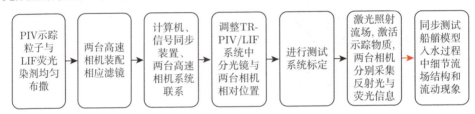

图 2.14　TR-PIV/LIF 测试系统的具体操作流程

2.3.3　TR-PIV 和 LIF 分析方案

在进行船艏模型入水过程中流场的 TR-PIV/LIF 测试时,两台相机的空间分辨率均为 1280pixel×1000pixel,采集速率为 5000Hz,图像深度为 12bit。当船艏模型底端初始接触水面时设置为 0 时刻,初始接触点设置为坐标原点,共进行三次独立重复的流场测试试验。由于船艏模型入水过程中的流动对称性,TR-PIV/LIF 测试系统中两台高速相机的视角仅仅关注入水过程中的一半流场区域。网格大小为 10mm×10mm 的标定板用于测试系统标定。流场测量区域的大小约为 200mm×159mm,即 6.27pixel/mm。当船艏模型底端到达相机下边缘时,即要脱离相机视角范围停止记录,由于船艏模型入水的初速度不同,初速度分别为 0.990m/s、2.213m/s 和 3.130m/s 时,到底端所需要的时间分别约为 100ms、53ms 和 38ms,即采集 500 张、265 张和 190 张图像对。

首先对 TR-PIV/LIF 测试系统中的 LIF 测试结果进行分析。图 2.15 为入水初速度 0.990m/s、入水深度 80mm 时的 LIF 视角图片, 由于激光片光的最佳照射范围有限, 视角中荧光强度分布不均, 需要对原始 LIF 图像进行一系列后处理。经过图像精度转换、维纳滤波去噪、图像对比度增强、基于 Canny 算子的图像边界检测并设置适宜图像连通区域阈值, 将原始图像变换为可视度和对比度良好的 LIF 视角图像, 能够较好地区分船艇型线轮廓、自由液面以及射流部分。随后将该图像进行二值化, 形成图像掩膜, 用于后续 PIV 分析中感兴趣粒子图像区域的提取, 以提高粒子图像中气液和液固边界处图像的互相关性, 如 2.2.2 小节所述。

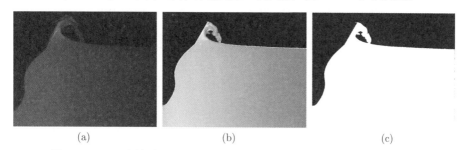

图 2.15 LIF 变换过程, 原始图像 (a)、增强后图像 (b) 和图像掩膜 (c)

随后对 TR-PIV/LIF 测试系统中的 PIV 测试结果进行分析。与第 3 章中进行楔形体入水过程中流场的 PIV 分析类似, 采用同样的图像预处理方案。如图 2.16 所示, 将上述由 LIF 图像形成的图像掩膜加载至 PIV 粒子图像中, 由于该图像掩膜中并没有去除射流区域或气腔区域等不包含粒子的区域, 因此需要进一步对射流区域或气腔区域进行掩膜, 在由 LIF 图像形成的图像掩膜上再设置粒子密度检测算法, 设置 8pixel×8pixel 检测窗口大小, 若该窗口中粒子密度小于 4 则认为该窗口不属于感兴趣区域, 并令该窗口中心点的像素值为 0。最后应用 PIVlab 对上述掩膜后的 PIV 图像进行流场矢量计算, 使用基于快速傅里叶变换 (FFT) 的多重网格迭代技术, 设置有 64pixel×64pixel, 32pixel×32pixel, 16pixel×16pixel 多重判读窗口, 相邻窗口重叠率为 50%, 最终得到的流场网格数据大小为 159×124, 矢量单元网格大小为 8pixel×8pixel, 对应空间分辨率约为 1.27mm×1.27mm。

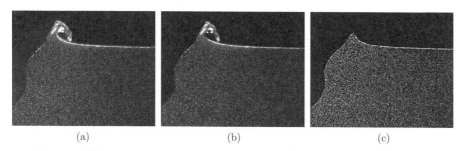

图 2.16 原始 PIV 图像 (a)、基于 LIF 掩膜后图像 (b) 和最终掩膜后图像 (c)

2.4　船艉流场测量系统与 SPIV 测试方法

虽然国际上已经展开了很多关于船舶绕流场的 PIV 测量试验研究，且通过 3 届精细流场 ITTC 专题委员会形成了相关测量规程与指导性文件。但是实际应用过程中的测量技术、测量设备等一般掌握在国际几大水池机构，且试验测量方法、具体操作流程等鲜有文献翔实地介绍与论述。因此，非常有必要建立一套完整的拖曳水池 PIV 精细流场测量方法，相关方法也可以供相关研究人员与潜在研究人员参考。

2.4.1　基本试验设备

1. 拖曳水池

船舶艉部精细流场测量是在哈尔滨工程大学拖曳水池环境完成的，为了使本书研究中形成的精细流场数据更具有参考性，在这里对水池具体参数进行概述。哈尔滨工程大学拖曳水池：长×宽×深 = 108m×7m×3.5m，拖车稳速范围：0.1~6.5 m/s，精度：0.3%，如图 2.17 所示。

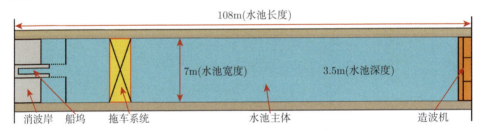

图 2.17　拖曳水池示意图及其主要参数

2. 四自由度适航仪

尾流场相关试验研究过程中，应用四自由度适航仪来实现待测模型与拖车主桥的连接。四自由度适航仪 (日本)：型号：GEL—421—1；量程：阻力 ≤150N，可测升沉 ±200mm；纵荡 ±400mm；横摇角 ±50°；纵摇角 ±50°；精度：0.1%[10-13]；为了降低船舶航行过程中自由度运动对船艉 PIV 拍摄区域图像的影响，在进行 PIV 拍摄之前进行船舶升沉和纵摇自由度测量，测量后微调压载到相应浮态并锁闭船舶的自由度运动，如图 2.18 所示。

2.4.2　SPIV 测量系统

本书船舶艉部绕流场测量的试验研究中应用的 2D-3C SPIV 测量系统为丹麦 Dantec Dynamics 为哈尔滨工程大学船模拖曳水池实验室定制的拖曳水下 PIV 测

量系统, 包含一个模块化组合的可完全浸没于水下的雷体、流线型翼型支架、激光系统、控制与采集系统和粒子播撒系统等, 通过不同功能模块的组合方式 PIV 测量系统可以形成非对称与对称式两种结构方案, 如图 2.19 所示。

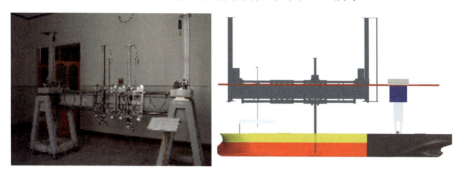

图 2.18 四自由度适航仪及模型连接示意图

图 2.19 两种 PIV 系统水下雷体布置方案 (左: 非对称结构; 右: 对称结构)

尾流场试验研究中应用的为非对称组合方式。其中, 图像采集系统由 2 组丹迪公司的 FlowSense 4M Mk II 12 位精度 CCD 相机组成, 相机安装有 85mm 和 50mmf/1.8 的佳能镜头, 每个相机被安装在具有旋转功能的平台上以便实现 Scheimpflug 状态。激光系统由一台 Litron 激光公司提供的 200mJ, 15Hz 的钇铝石榴石双腔脉冲激光器、一组导光臂、一套全反射镜、一组柱面镜等组成。详细的 PIV 水下雷体布置如图 2.20 所示。其中, A: 激光器发出的线激光经过柱面镜形成的激光片光, B: 激光全反射镜舱段, C: 激光柱面镜舱段, D; 激光导光臂, E: 水动力流线型支臂, F: 流场测量范围区域, G: 相机反射镜舱段, H: 水环境开口窗, I: 50mmf/1.8 的佳能镜头, J: 具有旋转功能的以便实现 Scheimpflug 状态的平台, K: 相机连接电缆, L: 相机电缆导臂, M: 85mmf/1.8 的佳能镜头, N: FlowSense 4MMk II 12 位精度 CCD 相机, 相机 1 反射镜舱段的反射镜夹角为 56°, 相机 2 反射镜舱的反射镜夹角为 19°, 相机 1 轴线与和图像视线的角度为 68°, 相机 2 轴线和图像视线的角度为 38°。

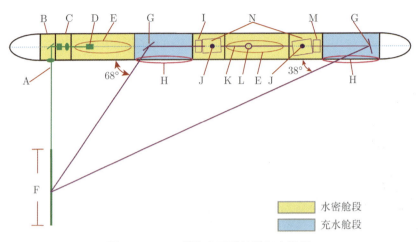

图 2.20　PIV 系统水下雷体详细布置图

　　PIV 系统的基本参数：CCD 分辨率：2048pixels×2048pixels；激光器脉冲能量：200mJ；激光光束持续时间：4ns；激光波长：532~1064 nm；片光厚度：0.6mm；PIV 示踪粒子：聚酰胺示踪粒子 (PSP-50)；PIV 测量试验数据分析软件：Dynamic Studio V 6.0[10−13]。

2.4.3　SPIV 测量系统标定

　　尾流场试验中应用的 2D-3C SPIV 测量系统的标定过程应用一个 400mm×310mm 的丹麦 Dantec Dynamics 多层级点阵式标定靶在拖曳水池环境完成。多层级点阵标定靶的点阵分成两部分，其中一半数量的点阵处于测量切面所在位置，另一半数量的点阵处于远离或靠近拍摄系统的平面层级，多层级点阵式标定靶避免了单层级点阵标定靶在标定过程中的移动影响。在进行测量区域标定之前，需要进行测量切面位置标定即多层级点阵式标定靶需要安装在测量区域所在的激光片光切面位置，具有反射镜功能的标定工具用来显示激光片光切面与标定靶中心线的对正情况，以便进行位置微调，多层级标定靶与测量切面标定工具示意图如图 2.21 所示。

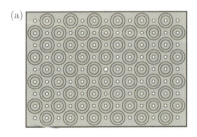
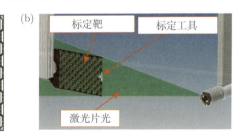

图 2.21　多层级点阵式标定靶与标定工具示意图

完成切面标定后，进行测量区域标定，如图 2.22 所示。平面测量区域标定过程中，用 LED 绿光灯均匀照亮标定靶且同一时刻 PIV 图像采集系统应用单帧模型进行标定图像采集。

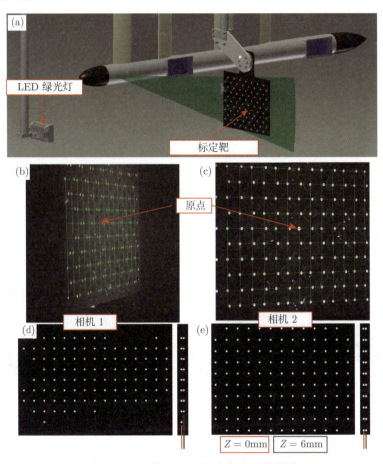

图 2.22　区域标定与不同相机标定靶图像

由于测量环境为单一水环境且不存在光路或图像路径跨介质现象，所以描述真实空间物体坐标系的长度 (mm) 与 CCD 图像空间图像坐标系的长度 (pixels) 的对应关系应用 Dynamics Studio 直接线性变换 (Direct Linear Transform, DLT) 方法完成 [14]，DLT 模型的矩阵表示如下：

$$\left[\begin{array}{c} k_x \\ k_y \\ k_0 \end{array}\right] = \left[\begin{array}{cccc} A_{11} & A_{12} & A_{13} & A_{14} \\ A_{21} & A_{22} & A_{23} & A_{24} \\ A_{31} & A_{32} & A_{33} & A_{34} \end{array}\right] \cdot \left[\begin{array}{c} X \\ Y \\ Z \\ 1 \end{array}\right] \quad (2\text{-}9)$$

其中, $x = \dfrac{k_x}{k_0}$, $y = \dfrac{k_y}{k_0}$; X, Y, Z 表示真实空间物体坐标系 (mm); x, y 表示 CCD 图像空间图像坐标系 (pixels).

立体标定中产生的仿射变换函数, 在 2D-3C SPIV 的相机 1 与相机 2 的 2D-2C 速度进行 2D-3C 速度矢量重构中起着重要的作用。为了提高现有立体标定的精度, 在标定后应用 Dynamics Studio 的标定细化方法 [14] 进行标定修正。标定修正后的相机 1 与 2 图像如图 2.23 所示。其中, 红色框区域为相机 1 的图像区域, 天蓝色框区域为相机 2 的图像区域, 绿色框区域为全部视野范围, 深蓝色框区域为相机 1 与 2 共同视野范围, 也是最终测量的流场测量区域范围。

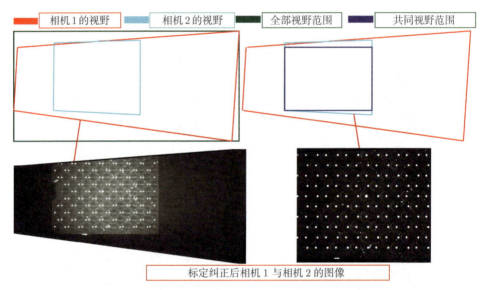

图 2.23　标定纠正后的相机 1 与 2 图像

2.4.4　示踪粒子播撒

示踪粒子既要足够的小在不干扰流场的前提下跟随流体的流动, 又要足够大以至于相机可以清晰的捕捉其运动状态。试验中应用的示踪粒子为 Dantec 公司提供的白色聚酰胺示踪粒子, 聚酰胺具有较好的光反射性, 粒子的尺寸分布范围为 30~70 μm, 平均直径为 50μm, 粒子的形状为近似球型。粒子的熔点为 175℃, 折射率为 1.5。粒子密度为 1.03g/cm³, 与水体的密度近似且在速度测量过程中可以忽略粒子的浮力与下沉影响。拖曳水池由于水体巨大, 粒子播散既要保证粒子浓度又要保证试验成本需求。通过自主研发适用于拖曳水池环境的粒子播撒装置, 实现了拖曳水池大范围水体环境的高跟随性高均匀度的示踪粒子布散。在试验过程中采用试航航次结束的倒行过程进行粒子浓度补充。通过粒子播撒装置进行粒子播撒后，经检测保证了每个审讯区的粒子数量不少于 20~30 个。粒子播撒装置如图 2.24 所示，粒子播撒装置具有深度可调节、宽度范围广等特点。

图 2.24 拖曳水池粒子播撒装置

2.4.5 PIV 测速原理、试验设置和测量流程

应用 PIV 技术进行速度测量，其基本原理为通过 PIV 测量系统的图像采集系统在已知极短时间间隔内对激光照亮的示踪粒子进行位移记录来间接的测量粒子观测区域的瞬态速度分布，PIV 测速原理与互相关流程图如图 2.25 所示。

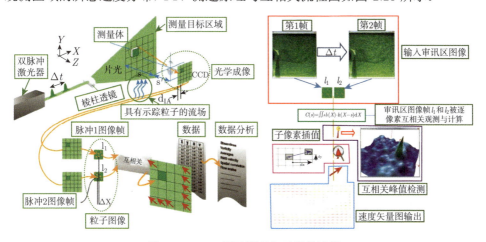

图 2.25 PIV 测速原理与互相关流程

船舶尾流场 SPIV 测量过程中，待测船模通过升沉杆与适航仪相连，适航仪固定于拖车主桥上，SPIV 测量系统与 3 方向位移装置相连，3 方向位移装置固定于拖车侧桥。船舶与 SPIV 测量系统相对静止，试验过程中拖车以速度 U 行进，布置于拖车侧桥的 SPIV 测量系统进行船舶尾流场的测量，为了降低激光反射与船舶升沉纵摇运动的影响，船模舾部进行亚光黑处理且适航仪进行自由度锁闭[15]。船

舶尾流场流动特性的 SPIV 测量流程有：(1) 待测流场区域水体表面与水下清洁；
(2) 待测模型测量区域无反光处理；(3) SPIV 测量系统 2D 切面、2D 平面标定；(4) 待测流场区域示踪粒子布散；(5) SPIV 测量系统图像采集与速度场处理。其中，SPIV 测量系统图像采集与速度场处理过程包含：a. 双相机 2D 图像采集；b. 图像去噪等图像处理；c. 基于自适应互相关算法的 2D-2C 速度场处理；d.2D-2C 速度场 2D-3C 重构[15]。船舶尾流场 SPIV 测量示意图，如图 2.26 所示。

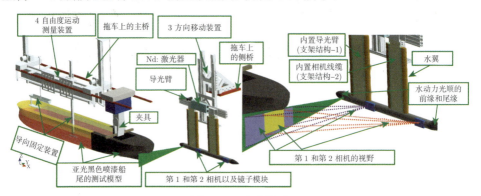

图 2.26　试验设置

2.4.6　图像处理与速度场分析

SPIV 试验中的图像处理与速度场分析中 2D-3C 图像处理与速度场分析流程图，如图 2.27 所示。

SPIV 试验中的图像处理与速度场分析应用 Dantec Studio V6.0 软件进行批处理分析。试验的流场测量区域范围 (视场) 大约为 320mm×280mm(宽 × 高)。SPIV 测量系统水下雷体轴线和测试模型之间的距离为 1215mm。SPIV 测试中的图像采样频率为 7.5Hz。由于相机性能的限制 (FlowSense 4MMk II 12 位 CCD 相机)，7.5Hz 是水下 SPIV 系统可达到的最高采集频率。应用自适应互相关方法进行速度矢量的计算，自适应相关方法[16] 的初始查询区为 128pixel×128pixel，最终查询区为 32pixel×32pixel。在图像互相关的分析过程中应用 128pixel×128pixel, 64pixel× 64pixel 和 32pixel×32pixel 询问窗口实现图像的相关性分析。在相关分析过程中相邻询问窗口为 50%重叠。局部邻域验证将各个向量与邻域向量区域 (大小 3pixel× 3pixel) 中的局部向量进行比较，并且去除任何伪向量并由通过区域中存在的向量的局部插值计算的向量替换。时间平均速度图像中的一个速度矢量的最终分辨率为 2.45mm。示踪粒子的两帧连续拍照 (激光出光) 之间的时间间隔为 400μs。此激光出光间隔确保测量面内的最大粒子位移不超过 1/4 查询区，且穿越测量平面的最大粒子位移不超过 1/4 激光片光厚度[14,17−19]。

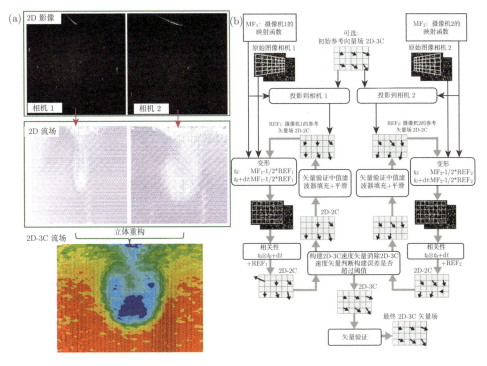

图 2.27　2D-3C 图像处理与速度场分析

2.4.7　2D 平面 3 方向速度梯度场分析

矢量图中的矢量都在规则离散的网格中，所以速度梯度通过比较邻近矢量估计得出。在 2D 平面 3 方向速度梯度场分析过程中主要使用中心差分格式完成，如果只有一个有效的相邻矢量可以通过一个向前或向后的差分格式来替代，这种替代方法是沿着矢量图的边缘进行应用，在垂直于边界的方向只有一个相邻矢量。由于本书 2D-3C SPIV 测量系统测量得到的速度场为具有 3 个方向速度分量的 2D 平面，平面数据梯度在船舶行进方向 (x 轴向) 不能被计算，则观测点 (m, n) 处速度分量 U 在 y 方向的速度梯度求解如下：

$$\frac{\partial U}{\partial y}\left(m, n\right)_{\mathrm{central}} \cong \frac{U_{m+1,n} - U_{m-1,n}}{y_{m+1,n} - y_{m-1,n}} = \frac{U_{m+1,n} - U_{m-1,n}}{2\Delta y} \tag{2-10}$$

这是一个中心差分格式，由此产生的梯度对应于 3 个邻近速度拟合的二阶多项式 (即抛物线) 的斜率，因此中心差分方法求解的速度梯度具有二阶精确。

如果只有两个有效邻近矢量，可以使用一个向后或向前的差分格式来替代：

$$\frac{\partial U}{\partial y}(m,n)_{\mathrm{Forward}} \cong \frac{U_{m+1,n}-U_{m,n}}{y_{m+1,n}-y_{m,n}} = \frac{U_{m+1,n}-U_{m,n}}{\Delta y}$$

$$\frac{\partial U}{\partial y}(m,n)_{\mathrm{Backward}} \cong \frac{U_{m,n}-U_{m-1,n}}{y_{m,n}-y_{m-1,n}} = \frac{U_{m,n}-U_{m-1,n}}{\Delta y} \tag{2-11}$$

向前和向后的差分格式对应拟合两邻近速度的一阶多项式斜率 (即线性)，因此向前和向后差分格式求解的速度梯度具有一阶精确。如果没有有效的邻近矢量，速度梯度可以设置为零，但是被标记为无效的状态代码 "Rejected"。

观测点 (m,n) 处速度分量 V 在 y 方向的速度梯度求解如下：

$$\frac{\partial V}{\partial y}(m,n)_{\mathrm{central}} \cong \frac{V_{m+1,n}-V_{m-1,n}}{y_{m+1,n}-y_{m-1,n}} = \frac{V_{m+1,n}-V_{m-1,n}}{2\Delta y} \tag{2-12}$$

$$\frac{\partial V}{\partial y}(m,n)_{\mathrm{Forward}} \cong \frac{V_{m+1,n}-V_{m,n}}{y_{m+1,n}-y_{m,n}} = \frac{V_{m+1,n}-V_{m,n}}{\Delta y}$$

$$\frac{\partial V}{\partial y}(m,n)_{\mathrm{Backward}} \cong \frac{V_{m,n}-V_{m-1,n}}{y_{m,n}-y_{m-1,n}} = \frac{V_{m,n}-V_{m-1,n}}{\Delta y} \tag{2-13}$$

观测点 (m,n) 处速度分量 W 在 y 方向的速度梯度求解如下：

$$\frac{\partial W}{\partial y}(m,n)_{\mathrm{central}} \cong \frac{W_{m+1,n}-W_{m-1,n}}{y_{m+1,n}-y_{m-1,n}} = \frac{W_{m+1,n}-W_{m-1,n}}{2\Delta y} \tag{2-14}$$

$$\frac{\partial W}{\partial y}(m,n)_{\mathrm{Forward}} \cong \frac{W_{m+1,n}-W_{m,n}}{y_{m+1,n}-y_{m,n}} = \frac{W_{m+1,n}-W_{m,n}}{\Delta y}$$

$$\frac{\partial W}{\partial y}(m,n)_{\mathrm{Backward}} \cong \frac{W_{m,n}-W_{m-1,n}}{y_{m,n}-y_{m-1,n}} = \frac{W_{m,n}-W_{m-1,n}}{\Delta y} \tag{2-15}$$

观测点 (m,n) 处速度分量 U 在 z 方向的速度梯度求解如下：

$$\frac{\partial U}{\partial z}(m,n)_{\mathrm{central}} \cong \frac{U_{m+1,n}-U_{m-1,n}}{z_{m+1,n}-z_{m-1,n}} = \frac{U_{m+1,n}-U_{m-1,n}}{2\Delta z} \tag{2-16}$$

$$\frac{\partial U}{\partial z}(m,n)_{\mathrm{Forward}} \cong \frac{U_{m+1,n}-U_{m,n}}{z_{m+1,n}-z_{m,n}} = \frac{U_{m+1,n}-U_{m,n}}{\Delta z}$$

$$\frac{\partial U}{\partial z}(m,n)_{\mathrm{Backward}} \cong \frac{U_{m,n}-U_{m-1,n}}{z_{m,n}-z_{m-1,n}} = \frac{U_{m,n}-U_{m-1,n}}{\Delta z} \tag{2-17}$$

观测点 (m,n) 处速度分量 V 在 z 方向的速度梯度求解如下：

$$\frac{\partial V}{\partial z}(m,n)_{\mathrm{central}} \cong \frac{V_{m+1,n}-V_{m-1,n}}{z_{m+1,n}-z_{m-1,n}} = \frac{V_{m+1,n}-V_{m-1,n}}{2\Delta z} \tag{2-18}$$

$$\frac{\partial V}{\partial z}(m,n)_{\mathrm{Forward}} \cong \frac{V_{m+1,n}-V_{m,n}}{z_{m+1,n}-z_{m,n}} = \frac{V_{m+1,n}-V_{m,n}}{\Delta z}$$

$$\frac{\partial V}{\partial z}(m,n)_{\mathrm{Backward}} \cong \frac{V_{m,n}-V_{m-1,n}}{z_{m,n}-z_{m-1,n}} = \frac{V_{m,n}-V_{m-1,n}}{\Delta z} \tag{2-19}$$

观测点 (m, n) 处速度分量 W 在 z 方向的速度梯度求解如下:

$$\frac{\partial W}{\partial z}(m, n)_{\text{central}} \cong \frac{W_{m+1,n} - W_{m-1,n}}{z_{m+1,n} - z_{m-1,n}} = \frac{W_{m+1,n} - W_{m-1,n}}{2\Delta z} \tag{2-20}$$

$$\frac{\partial W}{\partial z}(m, n)_{\text{Forward}} \cong \frac{W_{m+1,n} - W_{m,n}}{z_{m+1,n} - z_{m,n}} = \frac{W_{m+1,n} - W_{m,n}}{\Delta z}$$

$$\frac{\partial W}{\partial z}(m, n)_{\text{Backward}} \cong \frac{W_{m,n} - W_{m-1,n}}{z_{m,n} - z_{m-1,n}} = \frac{W_{m,n} - W_{m-1,n}}{\Delta z} \tag{2-21}$$

其中, m、n 为观测点所处的格子的位置坐标, U、V、W 为 x、y、z 三方向速度的速度分量。

2.5　分析中涉及的速度与湍流特征参数概述

2.5.1　速度参数

船舶尾流场的试验测量过程中, 采集得到的 n 组瞬态速度 u、v、w 的项平均处理方式如下:

$$u_i = \frac{1}{n} \sum_{n=1}^{n} u_{i,n} \tag{2-22}$$

全场速度大小 L 和测量截面速度大小 S 如下:

$$L = \left(u^2 + v^2 + w^2\right)^{1/2} \tag{2-23}$$

$$S = \left(v^2 + w^2\right)^{1/2} \tag{2-24}$$

平均动能如下:

$$\text{AKE} = 1/2\,(uu + vv + ww) \tag{2-25}$$

瞬态动能如下:

$$\text{IKE} = 1/2\,(u_n u_n + v_n v_n + w_n w_n) \tag{2-26}$$

其中, $i=1, 2, 3$ 分别表示测量得到的轴向、展向和垂向的速度分量。公式 (2-23)~(2-25) 中的 u、v 和 w 表示时间平均后的轴向、展向和垂向的速度分量。公式 (2-26) 中的 u_n、v_n 和 w_n 表示第 n 个测量样本编号的的轴向、展向和垂向的瞬态速度分量。

2.5.2　湍流特征参数

由于船体的湍流边界层和艉部的 3D 流动分离等特征, 船舶的艉部绕流场十分复杂, 且具有强烈的湍流特性, 船舶艉部伴流场的湍流特征参数通过 n 组瞬态速度与平均速度相互处理得到。

速度均方根 $\bar{u}_{i\text{-RMS}}$ 和脉动速度 $\bar{u}_i$，定义如下：

$$\bar{u}_{i\text{-RMS}} = \bar{u}_i' = \sqrt{\frac{1}{n} \sum_{i=1}^{n} (u_{i,n} - u_i)^2} \tag{2-27}$$

雷诺应力张量的 6 个分量参数 $\overline{u_i' u_j'}$，定义如下：

$$\overline{u_i' u_j'} = \frac{1}{n} \sum_{n=1}^{n} (u_{i,n} - u_i)(u_{j,n} - u_j) \tag{2-28}$$

湍动能表示单位质量水流脉动运动的平均量，定义如下：

$$\text{TKE} = 1/2 \left(\overline{u'u'} + \overline{v'v'} + \overline{w'w'} \right) \tag{2-29}$$

湍流强度 (湍流度)，定义如下：

$$I = \frac{l'}{L} \tag{2-30}$$

式中，l' 为湍流脉动速度的均方根，$l' = \sqrt{\frac{1}{3} \left(\overline{u'u'} + \overline{v'v'} + \overline{w'w'} \right)} = \sqrt{\frac{2}{3} \text{TKE}}$，$L$ 为全场速度大小，定义见公式 (2-23)，其中，$i, j = 1, 2, 3$ 分别表示测量得到的轴向 $\overline{u'}$、展向 $\overline{v'}$ 和垂向 $\overline{w'}$ 的速度脉动分量。公式 (2.27)~(2.28) 的 $u_{i,n}$，$u_{j,n}$ 表示第 n 个测量样本的的轴向、展向和垂向的瞬态速度分量。

2.5.3　旋涡特征参数

船舶艉部伴流场的旋涡特性参数通过速度梯度的相互不同求解处理得到。

某一点速度剪切张量 $\bar{\tau}$，定义如下：

$$\bar{\tau} = \left(\frac{\partial W}{\partial y} + \frac{\partial V}{\partial z} \right) \mathbf{i} + \left(\frac{\partial U}{\partial z} + \frac{\partial W}{\partial x} \right) \mathbf{j} + \left(\frac{\partial V}{\partial x} + \frac{\partial U}{\partial y} \right) \mathbf{k} \tag{2-31}$$

其中，等式右边的每一项对应平行于 yz，zx，和 xy 平面的剪切速度特性。由于本书 2D-3C SPIV 测量系统测量得到的速度场为具有 3 个方向速度分量的 2D 平面，平面数据梯度在船舶行进方向 (x 轴向) 不能被计算，所以仅平行于 yz 平面的剪切速度特性可以被显示：

$$\text{Shear}_{VW} = \frac{\partial W}{\partial y} + \frac{\partial V}{\partial z} \tag{2-32}$$

某一点的涡度或涡量定义为局部旋转或 3D 速度场的卷曲，定义如下：

$$\boldsymbol{\omega} = \text{rot}(\boldsymbol{U}) = \text{curl}(\boldsymbol{U}) = \boldsymbol{\nabla} \times \boldsymbol{U} = \left(\frac{\partial W}{\partial y} - \frac{\partial V}{\partial z} \right) \mathbf{i} + \left(\frac{\partial U}{\partial z} - \frac{\partial W}{\partial x} \right) \mathbf{j} - \left(\frac{\partial V}{\partial x} - \frac{\partial U}{\partial y} \right) \mathbf{k}$$
$$\tag{2-33}$$

其中，等式右边的每一项对应围绕 x, y, 和 z 轴的旋转速度特性。由于本书 2D-3C SPIV 测量系统测量得到的速度场为具有三个方向速度分量的 2D 平面，平面数据梯度在船舶行进方向 (x 轴向) 不能被计算，所以仅围绕 x 轴的涡度或涡量 (Vorticity (x)) 可以被显示：

$$\text{Vorticity}(x) = \omega_x = \frac{\partial W}{\partial y} - \frac{\partial V}{\partial z} \tag{2-34}$$

旋转强度 (Swirling Strength)[12,20,21] 被定义为速度梯度张量 $\boldsymbol{J}$ 的复杂特征值虚部部分，定义如下：

$$\boldsymbol{J} = \boldsymbol{\nabla U} = \left[\begin{array}{ccc} \partial U/\partial x & \partial U/\partial y & \partial U/\partial z \\ \partial V/\partial x & \partial V/\partial y & \partial V/\partial z \\ \partial W/\partial x & \partial W/\partial y & \partial W/\partial z \end{array} \right] \tag{2-35}$$

由于平面数据梯度在船舶行进方向 (x 轴向) 不能被计算，把它们设为零可以简化特征值计算，所以虚部的平方值可以计算为

$$\lambda_{ci}^2 = \frac{1}{4}\left(\frac{\partial V}{\partial y}\right)^2 + \frac{1}{4}\left(\frac{\partial W}{\partial z}\right)^2 - \frac{1}{2}\frac{\partial V}{\partial y}\frac{\partial W}{\partial z} + \frac{\partial W}{\partial y}\frac{\partial V}{\partial z} \tag{2-36}$$

这是图标返回的漩涡强度。局部最小负值漩涡强度可以用来识别涡核，而正值表示流场，剪切力流动可能会被显示但没有旋转运动。强调此方法需要通过设置只返回负值并且设所有正值为零。

Lambda-2 涡结构识别判据 [22] 是基于速度梯度张量 $\boldsymbol{J}$ 定义的：

$$\boldsymbol{J} = \boldsymbol{\nabla U} = \left[\begin{array}{ccc} \partial U/\partial x & \partial U/\partial y & \partial U/\partial z \\ \partial V/\partial x & \partial V/\partial y & \partial V/\partial z \\ \partial W/\partial x & \partial W/\partial y & \partial W/\partial z \end{array} \right] \tag{2-37}$$

最左边一列包含 x 方向的梯度只能对立体数据计算。船舶尾流场的 PIV 测量数据为 2D-3C 速度场，平面数据梯度在船舶行进方向 (x 轴向) 不能被计算，下面的平面数据输入中这些梯度将被设为 0，将速度张量分为对称和不对称部分 $\boldsymbol{S}$ 和 $\boldsymbol{R}$，分别表示变形率和旋转率张量：

$$\boldsymbol{S} = 1/2\left(\boldsymbol{J} + \boldsymbol{J}^{\mathrm{T}}\right) = \frac{1}{2}\left[\begin{array}{ccc} 2 \cdot \partial U/\partial x & \partial V/\partial x + \partial U/\partial y & \partial W/\partial x + \partial U/\partial z \\ \partial V/\partial x + \partial U/\partial y & 2 \cdot \partial V/\partial y & \partial W/\partial y + \partial V/\partial z \\ \partial W/\partial x + \partial U/\partial z & \partial W/\partial y + \partial V/\partial z & 2 \cdot \partial W/\partial z \end{array} \right] \tag{2-38}$$

$$\boldsymbol{R}=1/2\left(\boldsymbol{J}+\boldsymbol{J}^{\mathrm{T}}\right)=\frac{1}{2}\begin{bmatrix} 0 & -\partial V/\partial x+\partial U/\partial y & -\partial W/\partial x+\partial U/\partial z \\ \partial V/\partial x-\partial U/\partial y & 0 & -\partial W/\partial y+\partial V/\partial z \\ \partial W/\partial x-\partial U/\partial z & \partial W/\partial y-\partial V/\partial z & 0 \end{bmatrix}$$

$$(2\text{-}39)$$

由此计算得到的对称张量 $\boldsymbol{S}^2+\boldsymbol{R}^2$ 的本征值。张量是实的并且对称的 3 个特征值也是实的，而且它们可以被排序所以 $\lambda_1 \geqslant \lambda_2 \geqslant \lambda_3$。如果观测的点是涡旋的一部分，那么至少两个特征值将是负的，对于 Lambda-2 涡结构识别判据只需要 $\lambda_2 < 0$。Lambda-2 的局部负值的最小值可以用来识别涡核，而正值表明了流场的区域，可能会出现剪切但没有旋转运动。强调这一点需要考虑设置返回方法：只返回负值并且设置所有正值为零。

第二不变量 (2nd invariant)Q [23,24]：3×3 的速度梯度矩阵 $\boldsymbol{J}$ 的第二不变量 Q 也可用于识别涡结构，3×3 矩阵的第二不变量 Q 定义如下：

$$Q = \left(\frac{\partial U}{\partial x}\frac{\partial V}{\partial y} - \frac{\partial V}{\partial x}\frac{\partial U}{\partial y}\right) + \left(\frac{\partial V}{\partial y}\frac{\partial W}{\partial z} - \frac{\partial W}{\partial y}\frac{\partial V}{\partial z}\right) + \left(\frac{\partial U}{\partial x}\frac{\partial W}{\partial z} - \frac{\partial W}{\partial x}\frac{\partial U}{\partial z}\right) \quad (2\text{-}40)$$

第二不变量 Q 的直接邻近部分为正并且在核心处有最大值。由于平面数据梯度在船舶行进方向 (x 轴向) 不能被计算，把它们设为 0，表达式简化为 2×2 梯度矩阵的行列式：

$$Q = \left(\frac{\partial V}{\partial y}\frac{\partial W}{\partial z} - \frac{\partial W}{\partial y}\frac{\partial V}{\partial z}\right) \quad (2\text{-}41)$$

2D 和 3D 的速度矢量输入相同，第二不变量 Q 的局部最大正值可以用来识别涡核，而负值表示流场区域，可能会有剪切但没有旋转运动。要强调此方法需要通过设置只返回正值并且设所有负值为零。

参 考 文 献

[1] Jiménez J. Near-wall turbulence[J]. Physics of Fluids, 2013, 25(10): 101302.

[2] 李相银, 等. 激光原理技术及应用 [M]. 哈尔滨: 哈尔滨工业大学出版社, 2004.

[3] Theunissen R. Adaptive image interrogation for PIV: application to compressible flows and interfaces[D]. TU Delft, Delft University of Technology, 2010.

[4] Raffel M, Willert C E, Kompenhans J. Particle image velocimetry: a practical guide[M]. Springer Science & Business Media, 2007.

[5] Bracewell R N. Two-dimensional imaging[M]. Englewood Cliffs: Prentice Hall, 1995.

[6] Oxlade A R, Valente P C, Ganapathisubramani B, et al. Denoising of time-resolved PIV for accurate measurement of turbulence spectra and reduced error in derivatives[J]. Experiments in Fluids, 2012, 53(5): 1561-1575.

[7] Dewey Jr C F. Qualitative and quantitative flow field visualization utilizing laser-induced fluorescence[C].In AGARD Appl. of Non-Intrusive Instr. in Fluid Flow Res. 7 p (SEE N77-11221 02-31). 1976.

[8] Walker D A. A fluorescence technique for measurement of concentration in mixing liquids[J]. Journal of Physics E: Scientific Instruments, 1987, 20(2): 217.

[9] Ferrier A J, Funk D R, Roberts P J W. Application of optical techniques to the study of plumes in stratified fluids[J]. Dynamics of Atmospheres and Oceans, 1993, 20(1-2): 155-183.

[10] 吴铁成, 郭春雨, 骆婉珍, 龚杰, 余文轩. 基于水下 SPIV 的船体与推进器流场测量应用与研究 [A]. 第十四届全国水动力学学术会议暨第二十八届全国水动力学研讨会文集 (下册)[C]. 中国力学学会、《水动力学研究与进展》编委会、中国造船工程学会、吉林大学: 上海《水动力学研究与进展》杂志社, 2017: 7.

[11] 吴铁成. 船舶精细流场数值模拟及基于 PIV 的试验研究 [D]. 哈尔滨工程大学, 2015.

[12] 吴铁成, 郭春雨, 骆婉珍, 赵大刚, 余文轩. 基于 SPIV 的船舶标称伴流场受装载状态影响的试验研究 [J]. 中国造船, 2018, 59(03): 98-107.

[13] 吴铁成, 郭春雨, 骆婉珍, 魏绍鹏, 张海鹏. 拖曳水池随车 PIV 在船舶绕流场测量中的应用与研究 [A]. 中国造船工程学会船舶力学学术委员会测试技术学组. 聚焦应用支撑创新—— 船舶力学学术委员会测试技术学组 2016 年学术会议论文集 [C]. 中国造船工程学会船舶力学学术委员会测试技术学组: 中国船舶科学研究中心《船舶力学》编辑部, 2016: 7.

[14] Dantec Dynamics, Dynamic Studio User Guide. 2015.

[15] 郭春雨, 吴铁成, 骆婉珍, 龚杰. 肥大型 U 尾船舶标称伴流特性 SPIV 试验研究 [J]. 华中科技大学学报 (自然科学版), 2018, 46(06): 71-75.

[16] Westergaard, Madsen, Marassi and Tomasini, Accuracy of PIV signals in theory and practice[C]. 5th International Symposium on Particle Image Velocimetry, Busan, Korea. September 22-24, 2003: 3301.

[17] Markus Raffel, Christian E. Willert, Fulvio Scarano, Christian J. Kähler, Steven T. Wereley, Jürgen Kompenhans, Particle image velocimetry: a practical guide, Third Edition[M]. Springer International Publishing AG, part of Springer Nature 2018. 156.

[18] Willert C E, Gharib M. Digital particle image velocimetry[J]. Exp. Fluids, 1991, 10(4): 181-193.

[19] Keane R D , Adrian R J. Optimization of particle image velocimeters: II. Multiple pulsed systems[J]. Measurement Science and Technology, 1991, 2(10): 963-974.

[20] 骆婉珍, 郭春雨, 吴铁成, 苏玉民. 基于 SPIV 的船体附着冰对尾流场影响试验研究 [J]. 中国科学: 技术科学, 2017, 47(07): 738-748.

[21] Adrian, Christensen Liu. Analysis and interpretation of instantaneous turbulent velocity fields[J]. Exp in Fluids, 2000: 275-290.

[22] Jeong, Hussain. On the identification of a vortex[J]. Fluid Mech, 1995, 285: 69-94.

[23] Hunt, Wray, Moin. Eddies, stream, and convergence zones in turbulent flows[C]. Center
      for Turbulence Research Report CTR-S88, 1988: 193.

[24] Chong, Perry, Cantwell. A general classification of three-dimensional flow fields[J].
      Phys. Fluids A 2, 1991: 765.

第3章　标准流场验证与试验不确定度和收敛性研究

标准流场的验证与试验不确定度和收敛性是 PIV 测量试验研究的一项重要研究内容。为了更好的服务于船舶与海洋工程水动力性能中流场特性分析，基于精细流场的船舶和海洋结构设计评估以及数值代码和新发展理论等的高精度验证需求。进一步确定 PIV 流场测量试验中测量系统测量结果的"好"与"精确"程度尤为重要。近年来，PIV 技术的不确定性分析一直是 PIV 界关注的焦点，PIV 的不确定性与 PIV 技术本身一样仍是一个不断发展的领域。本章节主要针对本书中重点论述的 2D-2C PIV 和 2D-3C SPIV 测量研究中的试验误差源、测量不确定度、标准流场验证等进行阐述。

3.1　PIV 流场测量过程中主要误差源

对于任何测量而言，物理量的测量结果难以避免的与真值存在误差，物理量测量的可信程度需要测量数值的不确定度来定量表示，测量不确定度的分析是试验测试的一个重要环节。对于常规的 PIV 而言，系统定量的不确定分析仍然是一个难题。对于拖曳水池环境的 SPIV 而言，试验不确定度与收敛性分析研究的机构与方法更少。第 28 届国际拖曳水池协会 ITTC(International Towing Tank Conference, ITTC) 的质量体系组 (Quality Systems Group of the 28th ITTC) 发布了 PIV 测量不确定度分析指南，指南概述了一种 PIV 测量不确定度的分析方法，并对 PIV 本身以及 PIV 在水动力试验过程中与其他试验设备耦合的实际误差源进行了概述。此方法适用于 2D-PIV，虽然也声明适用于 2D-3C PIV，但是并没有给出明确的 2D-2C 速度场进行 2D-3C 构建过程中的不确定度计算公式与方法 [1]。IIHR 的 F. Stern 教授团队，应用 ASME PTC 19.1—2005 Standard (ASME 2005) 方法进行了拖曳水池的测量不确定度与收敛性分析 [2]，意大利水池 (CNR-INSEAN) 的 Felli 等基于 Prasad 的方法并针对非对称布置的拖曳水池 SPIV 测量系统制定了适合拖曳水池 SPIV 的不确定度与收敛性分析方法 [3]。

3.1.1　PIV 测量试验相关的多层级误差源

由于 2D-3C SPIV 测量系统的组成部分具有 2D-2C PIV 部分，关于 PIV 测量试验相关的多层级误差源论述主要以 2D-3C SPIV 为研究对象，针对 SPIV 而言，其测量过程中有多个层级的误差源需要考虑，概述如下：

(1) 最初层级 (0 层级) 的误差来源是 PIV 技术固有的误差源: 这些固有误差包括标定过程引起的标定误差、相机的视角与透视误差, 以及由于图像对之间的互相关峰值抑制而产生的误差。这些固有误差即使在最理想的条件下也不可避免, 根据特定的 PIV 测量系统的配置引起的内部光学路径结构可能会使 PIV 系统的固有误差有所不同。

(2) 第一层级 (1 层级) 的误差来源是 PIV 试验的实际设置中的固有的误差源: 这些固有误差包括非最优流场跟随性的示踪粒子引起的误差、激光片光的非恰当重叠、水下拖曳物体的适航仪器刚度不足引起的非理想安装状态导致的误差。以上这些试验设置误差是由于拖曳水池环境或空泡水洞环境下 PIV 试验的复杂程度引起的。试验设置引起的误差大小很大程度上取决于人为进行试验设置过程中的严谨性以及试验方案的可行性, 合理的试验方案与良好的安装规程可以最大程度的降低此类误差。

(3) 第二层级 (2 层级) 的误差来源是特殊的流场流动特性引起的固有的误差源: 这些固有误差体现为特殊的流场流动特性中较大的速度梯度引起的测量平面区域内 (in-plane) 与垂直于测量平面方向 (out-of-plane) 的片光厚度内 PIV 示踪粒子双帧图像的询问区域内的丢失。这些误差是由于被测流场的特殊性质引起的。

基于误差与不确定度分析角度的 SPIV 流程图, 如图 3.1 所示。其中, 待测流场部分的潜在误差 (A) 体现为流场特性中的非定常性、高速度梯度、高湍流级别因素以及非 PIV 测量系统设备因素 (提供来流环境的相关设备精度); 示踪粒子部分的潜在误差 (B) 体现为示踪粒子的跟随性因素; 试验设置部分的潜在误差 (C) 体现为试验各系统过程中的模型对准、PIV 测量系统对准以及模型与设备的固定程度, 示踪粒子播撒过程中的粒子均匀度、密度、大小、圆度以及流场干扰性因素, 激光片光校准过程中的片光位置、片光对正程度、激光强度、厚度以及激光反射等因素, 图像观测与采集过程中的透镜畸变和透视失真、相机分辨率、数值精度以及采样参数等因素; 标定部分的潜在误差 (D) 体现为标定靶的精度、标定位置以及测量切面与标定位置的对正、标定函数等因素; 生成粒子图像部分的潜在误差 (E) 体现为粒子图像的尺寸、粒子的浓度、粒子对焦情况、粒子的均匀度以及粒子位移等因素; 速度矢量计算部分的潜在误差 (F) 体现为迭代方案、窗口的改变与变形以及亚像素分析等因素; 生成速度矢量部分的潜在误差 (G) 体现为极大错误速度矢量、互相关峰值比率以及峰值锁定等因素; 速度矢量确认部分的潜在误差 (H 和 I) 体现为离群值识别标准、二次速度的选择以及峰值锁定等因素; 速度矢量空间重构部分的潜在误差 (J) 体现为立体重构方程等因素; 速度后处理部分的潜在误差 (K) 体现为插值与光顺、统计运算以及衍生计算等因素; 最终流场应用部分的潜在误差 (L) 体现为统计收敛性、与 CFD 或已知数据对比等因素。

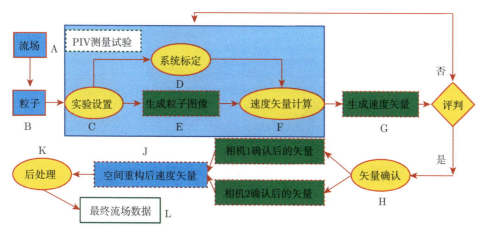

图 3.1 基于不确定度分析角度的 SPIV 流程图

3.1.2 SPIV 试验中 PIV 测试系统本身的误差源

SPIV 测量研究过程的 PIV 测试系统本身的主要误差贡献来源主要有以下三部分:

(1) 由 SPIV 系统中双相机测量得到的 2D 切面粒子位移图像到 2D 切面 2C 速度场矢量场这一过程中的 PIV 标准算法提供的误差贡献来源。

(2) 由 SPIV 系统中双相机测量得到的两组 2D 切面 2C 速度矢量按照标定规则进行立体重构形成 2D 切面 3C 速度场过程中,由多层级标定过程中得到的立体重构方程提供的误差贡献来源。

(3) 在标定过程中,要进行激光片光与标定靶的对正操作,即便是应用标定工具进行对正校正,但是也不可能达到 100% 重合状态。这种由于激光片光与标定靶之间未完全对正引起的误差称为错误配准误差。Van Doorne 和 Westerweel 在文献 [4] 中表述,由于激光片光与标定靶未完全对正,处于不同的空间区域的 2 组相机拍摄到的粒子图像形成的 2D 切面 2C 速度场进行空间 2D 切面 3C 速度场重构过程中带来的这种错误配准误差是所有可能误差源中贡献最大的误差源。即便在标定过程中非常注意,也难以避免这一误差。为了尽可能的降低或消除这一误差,Willert[5] 和 Wieneke[6] 发展了一种标定修正方法。这个标定修正过程是基于 2 个相机获取的图像之间的相互关系来评估所谓的视差图,该视差图用于校正标定系数以便对正激光片光的实际位置,如图 3.2 所示。目前,这种标定修正方法是一种公认的彻底消除误配误差的方法,本书中相关 SPIV 测量系统在标定后也应用此方法进行了标定修正,因此,本书中的结果可以认为不受这种误差的影响。

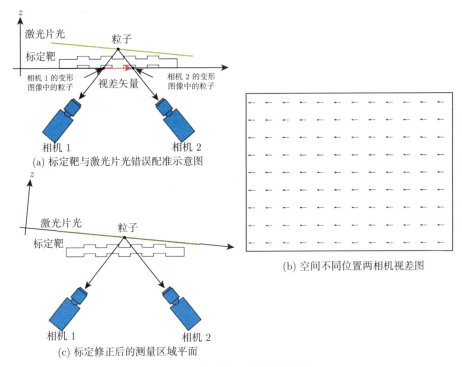

(a) 标定靶与激光片光错误配准示意图

(b) 空间不同位置两相机视差图

(c) 标定修正后的测量区域平面

图 3.2　标定修正方法示意图

3.2　物体入水 TR-PIV 测试试验误差分析

本节结合国际拖曳水池协会 ITTC 和日本可视化协会 (the Visualization Socity of Japan，VSJ)[7,8] 相关推荐方法，对物体入水过程中的 TR-PIV 测试进行相应的误差分析。

PIV 流场测量原理如下：

$$u = M(\Delta X/\Delta t) + \delta u \tag{3-1}$$

式中，ΔX 表示基于互相关分析检测出的粒子图像位移，Δt 表示连续图像之间的时间间隔，M 表示放大因子，δu 表示由于粒子滞后和 3D 真实空间转变为 2D 图像空间引起的速度测试误差。

分析上述各项误差源，整体的 PIV 测试误差 u_c 计算模型如下：

$$u_c^2 = \left(\frac{\partial u}{\partial M}\right)^2 M^2 + \left(\frac{\partial u}{\partial \Delta X}\right)^2 \Delta X^2 + \left(\frac{\partial u}{\partial \Delta t}\right)^2 \Delta t^2 + (\delta u)^2 \tag{3-2}$$

为此需要给出本书中进行物体入水流场 PIV 测试时的各项设置详细参数，如表 3.1 所示。

表 3.1 物体入水流场 PIV 测试参数表

流动信息		粒子信息	
测量形式	2D 流动	示踪粒子	聚酰胺颗粒
测量区域	165mm×130mm	粒子直径	20μm
平均流速	1000mm/s	粒子密度	1.03g/cm³
标定信息		激光信息	
物长 l_r	10mm	激光类型	连续激光
像长 L_r	76.3 pixels	功率	10W
图像放大系数 M	0.13106mm/pixel	激光面厚度	2mm
镜头	50mm/f1.4 尼康镜头	功率不稳定性	3%
相机信息		PIV 分析算法	
相机	NAC Memrecam HX-6	互相关算法	基于 FFT 的多重网格迭代算法
采集芯片	1280pixel×1000pixel	数据类型	时间解析
频率	5000Hz	最小判读窗口	16pixel×16pixel
物距	500mm	亚像素插值方法	三点高斯插值

试验中标定平面与实际测试平面即激光照射平面之间的夹角为 θ，且一般较小，则放大因子 M 的计算公式为：$M = l_r \cos\theta/L_r \approx l_r(1 - \theta^2/2)/L_r$，$l_r$ 为标定板单元格长度，L_r 为单元格成像后的像素长度。依据上述计算模型，放大因子 M 的误差因素如下：

$$\frac{\partial M}{\partial l_r} = \frac{1}{L_r} = 0.013106/(1/\text{pixel}) \tag{3-3}$$

$$\frac{\partial M}{\partial L_r} = -\frac{l_r}{L_r^2} = 0.001717/(\text{mm/pixel}^2) \tag{3-4}$$

$$\frac{\partial M}{\partial \theta} = -\frac{l_r}{L_r}\theta = 0.001231(\text{mm/pixel}) \tag{3-5}$$

之后依据放大因子 M，粒子检测位移与实际位移关系为：$X = x/M$，其误差包括：

$$\frac{\partial X}{\partial x} = \frac{1}{M} = 7.63/(\text{pixel/mm}) \tag{3-6}$$

$$\frac{\partial X}{\partial M} = \frac{x}{M^2} = 11.6436/(\text{pixel}^2/\text{mm}) \tag{3-7}$$

在实际相机拍摄粒子图像过程中，激光强度的变化会使粒子成像发生变化，粒子成像大小随激光强度变化成距离倒数平方关系，即 $l_0/l_2 = \text{Constant} I_0/r^2$，当激光强度波动 3%，粒子直径误差为 0.015，位移距离误差为 0.03 倍粒子成像直径。进行互相关峰值检测时，采用多重网格迭代算法和三点高斯亚像素插值时，峰值检测误差为 0.1pixel。另外，在进行 2D 流场测试时，由于镜头的小孔成像原理，第三方向速度也会被检测，以最边缘流场为例，边缘处的视场角可表示为 arctan$(0.5 \times 165/1280) \approx 3.69°$，由于水折射率为 1.33，该角度降低为 2.78°，引入由视场角引起的测试误差公式为

$$u_m = u + w \cdot \tan\alpha \tag{3-8}$$

式中，u_m 为试验测量速度，u 为实际流动速度，α 为边缘最大视场角。设第三方向速度 w 为平均流速的 5%，则所得由视场角引起的误差为 2.43mm/s。PSP-20 与水的密度比为 1.03 能够保证较好的流动跟随性。物体入水 PIV 试验中所使用的相机为日本 NAC Memrecam HX-6 高速 CMOS 相机，其最快帧率可达到 450kHz，而试验中采集帧率为 5kHz 能够保证较好的控制精度，这里控制精度设置为 10ns，其采集芯片中的暗电流和电子噪声等引起的成像误差可忽略不计。

根据误差 u_c 计算模型，可以给出各项参数的误差引入以及最终测试结果的综合误差，如表 3.2 和表 3.3 所示，敏感性为误差计算模型中相应误差的偏导数。综合各项误差源，利用计算模型得到试验测试误差为 40.32mm/s，平均流速为 1000mm/s，则相对测试误差为 4.54%，表明本书中物体入水 PIV 测试结果具有良好的可靠性和说服力。

表 3.2　误差引入表

间接参数	范畴	来源	基本参数误差	敏感性	速度误差	参数综合误差
M	标定	X_0	0.7pixel	0.001717/(mm/pixel^2)	0.0012019/(mm/pixel)	0.00530191/(mm/pixel)
		标定板精度误差	0.05mm	0.013106/(1/pixel)	0.0006553/(mm/pixel)	
		镜头畸变	2pixel	0.001717/(mm/pixel^2)	0.003434/(mm/pixel)	
		标定平面与测试平面偏角 θ	0.0087rad	0.001231/(mm/pixel)	0.0000107097/(mm/pixel)	
X	图像采集	功率波动	0.0003mm	7.63/(pixel/mm)	0.002289/pixel	0.11533/pixel
		M	0.00111996/(mm/pixel)	11.6436/(pixel^2/mm)	0.01304/pixel	
	互相关	匹配失效	0.1pixel	1	0.1/pixel	
Δt	采集	时间误差	10ns	1	10ns	10ns
δu	实验测试	粒子运动	0.5mm/s	1	0.5mm/s	2.93mm/s
		3D 速度	2.43mm/s	1	2.43mm/s	

表 3.3 测试综合误差

间接参数	来源	间接参数误差	敏感性	误差贡献
M	相机成像	0.00530191/(mm/pixel)	4034.51/(pixel/s)	21.39mm/s
X	图像位移	0.11533/pixel	346.5/(mm/(pixel·s))	39.96mm/s
Δt	时间间隔	10ns	5000000/(mm/s^2)	0.05mm/s
δu	实验因素	2.93mm/s	1	2.93mm/s

3.3 船艉流场测量精度标准流场验证

本节应用拖曳水池拖车的已知航速和国际普遍认可的 KCS 船标准数据进行船舶尾流场测量精度标准流场验证研究，研究主要分为无结构物均匀流标准流场验证和 KCS 船标准流场验证两部分。

3.3.1 无结构物均匀流 SPIV 试验标准流场验证研究

1. 拖车与拖曳航速精度

对于已知拖曳航速的无结构物均匀流 SPIV 试验的标准流场验证研究来说，无结构物均匀流状态下，拖车航行时对拖曳水池的水体无干扰且水体相对于拖车具有的轴向速度 U 为拖曳航速，展向速度 V 和垂向速度 W 为 0m/s，无量纲速度为 $u/U{=}1, v/U{=}0, w/U{=}0$。拖车的拖曳航速在无结构物均匀流 SPIV 试验研究中作为具有"真值"性质的标准流场。因此，有必要给出拖曳航速的精度。

拖车系统由拖车运行与操纵系统、西门子直流调速电控模块和工控机控制和监视的直流电机等组成。拖曳航速测量由光学编码器、脉冲计数器和数据采集计算机组成。由船舶水池拖车系统说明书得到，拖曳航速的给定精度：0.1%；稳速精度：0.1%；表显精度：±1mm/s。拖曳航速的精度表明其可以作为无结构物均匀流 PIV 试验的标准流场验证研究中的"真值"。

2. 无结构物均匀流 SPIV 试验

无结构物均匀流测量验证研究中，以拖车的拖曳航速作为参考值，参考值 $u/U = 1, v/U$ 与 w/U 均为零。通过 SPIV 测量系统测量值与参考值进行测量验证性分析，评估 PIV 试验中平均速度、湍流参数中雷诺应力张量、湍动能等测量误差。试验设置示意图和试验图如图 3.3 所示。

表 3.4 中显示了无结构物均匀流测量验证研究中的工况参数。

3. 速度场分布

图 3.4 为已知拖曳航速的无结构物均匀流 SPIV 试验平均速度场测量结果 (测量结果由 $Y/R = 0$ 对称显示，下同)。测量速度与拖曳航速 U 进行无量纲处理。其

中，图 (a) 为无量纲轴向速度 u/U 测量结果，图 (b) 为无量纲展向速度 v/U 测量结果，图 (c) 为无量纲垂向速度 w/U 测量结果，图 (d) 为无量纲合速度 L/U 测量结果。图 3.5 为测量区域 $Z/R = 0.00$ 处沿展向平均速度分布，对平均速度分布进行量化表达。由图 3.4 和图 3.5 中平均速度场测量结果显示，无结构物均匀流 PIV

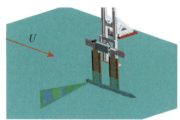

图 3.3　已知拖曳航速的无结构物均匀流 SPIV 试验

表 3.4　SPIV 精细流场测量工况

参数	无结构物均匀流
测量截面	无模型条件下的原螺旋桨盘面
SPIV 雷体浸没深度/m	0.3
流体介质	水
拖曳航速/m/s	$U = 1.15$
展向速度/m/s	$V = 0$
垂向速度/m/s	$W = 0$
水面状态	静水面
测试设备	2D-3C SPIV

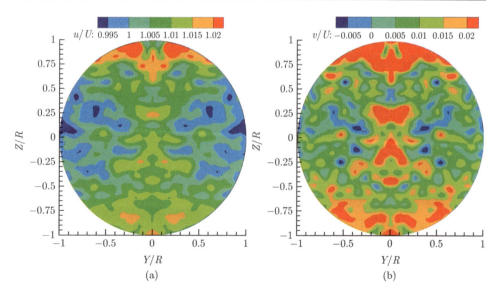

(a)　　　　　　　　　　(b)

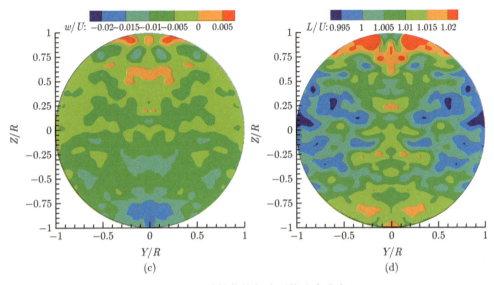

图 3.4 无结构物均匀流平均速度分布

试验的测量结果与已知的拖车无量纲拖曳航速 $u/U = 1$, $v/U = 0$, $w/U = 0$ 吻合良好, 平均速度测量误差整体小于 2.5% 且与韩国首尔国立大学相关试验测试精度相当[9]。

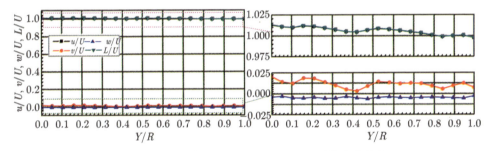

图 3.5 测量区域 $Z/R = 0.00$ 处沿展向平均速度分布

4. 脉动速度与湍流度分布

图 3.6 为已知拖曳航速的无结构物均匀流 PIV 试验湍流脉动速度分布测量结果。测量脉动速度与拖曳航速 U 进行无量纲处理。其中, 图 (a) 为无量纲轴向脉动速度 u_{RMS}/U 测量结果, 图 (b) 为无量纲展向脉动速度 v_{RMS}/U 测量结果, 图 (c) 为无量纲垂向脉动速度 w_{RMS}/U 测量结果, 图 (d) 为无量纲合脉动速度 L_{RMS}/U 测量结果。图 3.7 为测量区域 $Z/R = 0.00$ 处沿展向湍流脉动速度分布, 对湍流脉动速度分布进行量化表达。图 3.8 为湍流强度测量结果。图 3.9 为测量区域 $Z/R = 0.00$ 处沿展向湍流强度分布, 对湍流强度分布进行量化表达。

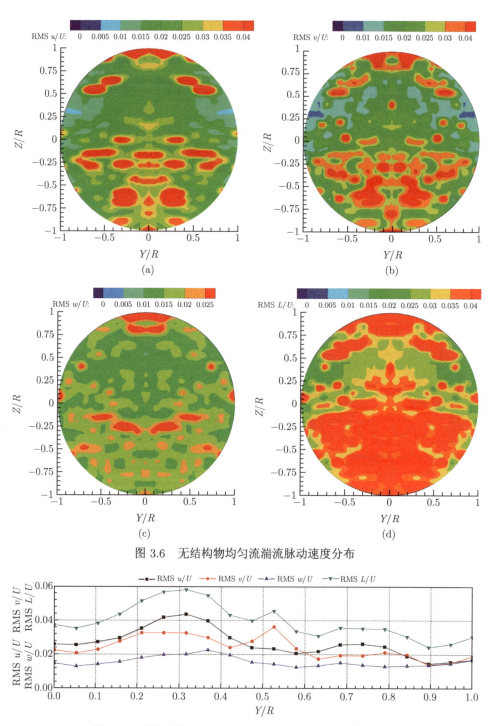

图 3.6　无结构物均匀流湍流脉动速度分布

图 3.7　测量区域 $Z/R = 0.00$ 处沿展向湍流脉动速度分布

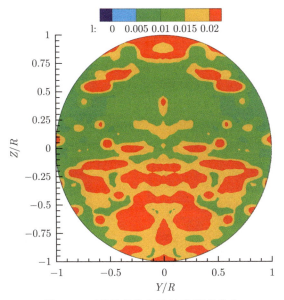

图 3.8 无结构物均匀流湍流强度分布

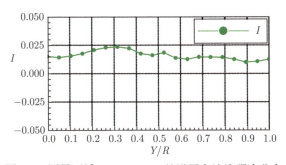

图 3.9 测量区域 $Z/R = 0.00$ 处沿展向湍流强度分布

由图 3.6 和图 3.7 中湍流脉动速度场测量结果显示,无结构物均匀流 PIV 试验的测量结果中,无量纲轴向脉动速度 u_{RMS}/U 和展向脉动速度 v_{RMS}/U 脉动值绝大部分区域小于 2.5%,个别区域处于 2.5%~4%,无量纲垂向脉动速度 w_{RMS}/U 脉动值绝大部分区域小于 1.5%,个别区域处于 1.5%~2.5%。无量纲合脉动速度 L_{RMS}/U 脉动较显著,表现为三方向脉动速度的合脉动,最大脉动值小于 6%。由湍流强度分布图 3.8 和图 3.9 显示,整体的湍流强度绝大部分区域小于 1.5%,个别区域处于 1.5%~2.5%。脉动速度和湍流度与韩国首尔国立大学相关试验测试精度相当[9]。

5. 湍动能与平均动能分布

图 3.10 为已知拖曳航速的无结构物均匀流 PIV 试验湍动能与平均动能分布

测量结果。湍动能与平均动能与拖曳航速 U^2 进行无量纲处理。图 3.11 为测量区域 $Z/R = 0.00$ 处沿展向湍动能与平均动能分布，对湍动能与平均动能分布进行量化表达。

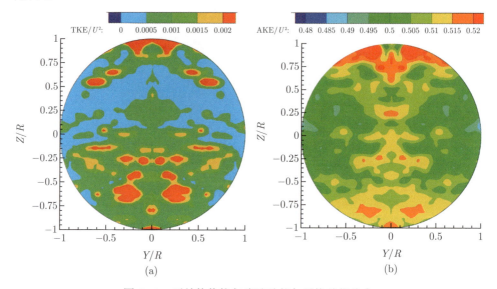

图 3.10　无结构物均匀流湍动能与平均动能分布

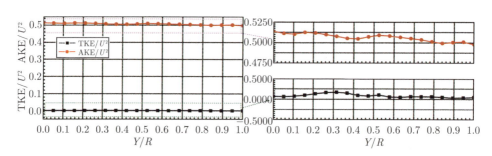

图 3.11　测量区域 $Z/R = 0.00$ 处沿展向湍动能与平均动能分布

由湍动能与平均动能分布图 3.10 和图 3.11 显示，整体的湍动能绝大部分区域小于 0.001，个别区域处于 0.001~0.002。理论上平静的拖曳水池水域湍动能很小，整体的平均动能为 0.5，个别区域处于 0.52。测量结果与物理水池实际现象吻合。PIV 测量系统具有较好的测量精度。

3.3.2　KCS 船 SPIV 试验标准流场验证研究

1. KRISO 试验概述与标准实验数据

韩国船舶与海洋工程研究所 (KRISO) 集装箱船 (KCS) 是一艘具有球鼻艏的

现代化集装箱模型, 该模型目的在于为科研人员提供流场特性的理解和 CFD 的数值验证研究之用。韩国船舶与海洋工程研究所、日本海上技术安全研究所 (NMRI)、丹麦的 FORCE Technology, 以及爱荷华 IIHR 等机构在各自的拖曳水池进行了大量的不同缩尺的 KCS 标模试验研究, 包含阻力、自航、自由表面波形、波浪中增阻与运动以及船身绕流场分布等 [10−14]。本小节主要进行哈尔滨工程大学拖曳水池的 KCS 模型的 SPIV 试验测量值与 KRISO 进行的 KCS 标模的绕流场测量值进行对比验证研究。2001 年, Kim 等 [11] 在 KRISO 的拖曳水池进行了 KCS 船螺旋桨盘面处伴流场的测量研究, 螺旋桨盘面处伴流场通过 5 孔皮托管–耙测量, 用于绕流速度场测量的皮托管–耙及其测量示意图如图 3.12 所示。

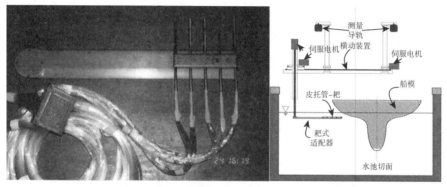

图 3.12 用于绕流速度场测量的皮托管–耙及其测量示意图

2. HEU SPIV 试验模型、工况与测试

本书所述拖曳水池 SPIV 测量能力与测试验证环节所用试验模型为韩国船舶与海洋工程研究所设计的 KCS 集装箱船。KCS 集装箱船的主尺度参数见表 3.5, 伴流场测量工况见表 3.6, 型线与模型见图 3.13。KCS 标模尾流场 PIV 试验如图 3.14 所示。

表 3.5 KCS 船主尺度参数

主尺度参数	符号	实尺度	HEU 模型	KRISO 模型
垂线间长	Lpp/m	230.0	4.3671	7.2786
型宽	B/m	32.2	0.611	1.0194
设计吃水	T/m	10.8	0.205	0.3418
方形系数	C_B	0.65	0.65	0.65
缩尺比	λ	1	52.667	31.5994

注: 由于拖曳水池尺度 (2.1.1 小节)、拖车拖带模型尺度与 PIV 测量系统布置等限制, 本研究对比测量研究模型尺度与 KRISO 模型尺度较难保持一致, 尺度不一致对流动细节具有尺度效应影响, 但对主要流动特征对比研究影响不大, 特此说明

表 3.6　SPIV 精细流场测量工况

参数	HEU 模型	KRISO 模型
测量截面	螺旋桨盘面	螺旋桨盘面
设计吃水/m	0.205	0.3418
航速/(m/s)	1.701	2.196
水面状态	静水面	静水面
测试设备	2D-3C SPIV	5 孔皮托管–耙

图 3.13 中显示了 KCS 船进行尾流场测量的局部坐标系统。

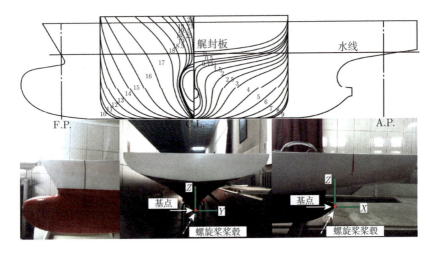

图 3.13　KCS 待测模型和流场测量中的船艉局部坐标系统

表 3.6 中显示了 KCS 待测模型船进行尾流场 PIV 测量研究的工况参数。

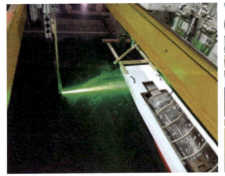

图 3.14　KCS 标模尾流场 PIV 试验

3. KCS 船艉标称伴流场分布

图 3.15 为 KCS 国际标模 SPIV 试验标称伴流场测量结果与 KRISO 的 Kim 应用 5 孔皮托管测量结果的对比图，轴向速度 V_x 与拖曳航速 V_o 进行无量纲处理。其中，左侧为 KRISO 的测量结果，右侧为 HEU 的 SPIV 测量结果。由图 3.15 标称伴流场测量对比图显示，HEU 与 KRISO 测量结果具有较好的吻合性，KCS 船标称伴流特征均被较好的捕捉。

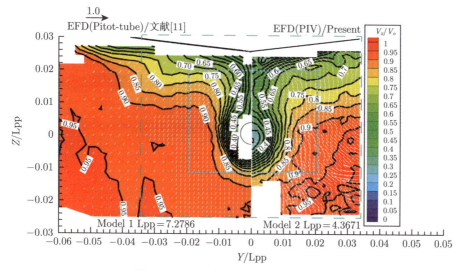

图 3.15 KCS 船标称伴流场分布云图
左: KRISO 皮托管–耙测量结果; 右: HEU PIV 测量结果

图 3.16 为测量区域 $Z/R = 0.00$ 处沿展向无量纲轴向速度 V_x/V_o 分布，对无量

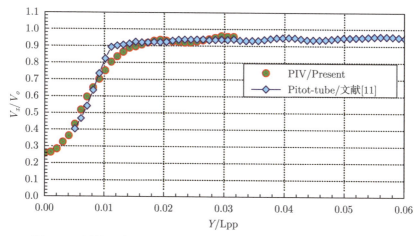

图 3.16 测量区域 $Z/R = 0.00$ 处沿展向无量纲轴向速度 V_x/V_o 分布

纲轴向速度 V_x/V_o 分布进行量化表达。KRISO 和 HEU 的测量结果均表现为：无量纲轴向速度 V_x/V_o 由船舶中纵剖面的 $Y/Lpp = 0$ 处开始由小值逐渐增加且在螺旋桨盘面区域外的远场处趋于来流速度而稳定，且 HEU 的测量结果与 Kriso 的测量结果在量化数值上也吻合良好。

图 3.17 为 KCS 船标称伴流场局部放大后的轴向速度分布图。图 3.18 为具有 KCS 船速度矢量场局部放大图的 KCS 旋涡特征比较图。由于 KRISO 的伴流场测量试验应用 5 孔皮托管–耙进行的，在桨轴处附近皮托管不能很好的装配，所以 KRISO 试验中桨轴附近流场为空。

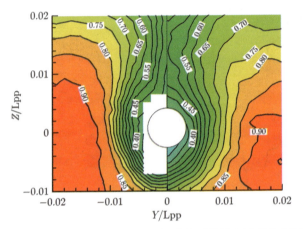

图 3.17　KCS 船标称伴流场局部放大后的轴向速度分布图

左：KRISO 皮托管–耙；右：HEU PIV

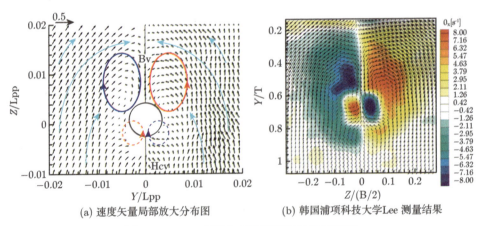

(a) 速度矢量局部放大分布图　　　(b) 韩国浦项科技大学 Lee 测量结果

图 3.18　KCS 舭涡与毂帽涡旋涡特征比较图

左：KRISO 皮托管–耙；右：HEU PIV

局部放大图进一步显示出两种流场测量结果对 KCS 船流场特征捕捉的相似性，由于 HEU 拖曳水池以及 PIV 测量系统布置的限制，试验对比研究中不能进行与 KRISO 同尺度的模型试验研究，上述对比云图中个别速度等值线的差异来自于两个水池采用的不同尺度模型带来的比尺效应引起的，但是在整体的分布趋势与量化显示中，两者整体分布基本吻合，说明了 HEU 的尾流场 PIV 测量能力与精度符合要求。

由 KCS 速度矢量局部放大分布图显示，KRISO 与 HEU 水池的 PIV 测量结果的速度矢量分布吻合很好，两者均展现出了舭涡 (Bv) 与毂帽涡 (Hcv)，且流线分布也吻合。其中，舭涡、毂帽涡等 KCS 标称伴流特征与韩国浦项科技大学 Lee 等 [15] 在循环水槽中进行的 PIV 试验得到的 KCS 船尾流场特征结果吻合。

3.4　船舶绕流场测量试验不确定度与收敛性分析

针对 3.1.2 小节中介绍的主要误差贡献中误差 (1)PIV 标准算法引起的误差源而言，与互相关算法相关的不确定性因素主要是由于偏差 (bias)、峰值锁定 (peak-locking) 和互相关噪声误差引起的。其中，相比于互相关噪声误差，前两个误差源一般可以忽略不计，互相关噪声误差可以尽可能的减少但不能消除。应用粒子图像位移的均方根来作为此类误差的显示指标。在合成图像的相关文献中 Raffel[16]、Adrian 和 Westerweel[17] 给出 0.1 像素是一个被广泛接受和评估的保守值。

针对 3.1.2 小节中介绍的主要误差贡献中误差 (2) 立体重构方程提供的误差源而言，关于立体重构方程的不确定度分析研究，基于 Prasad[18] 中提出的评估方法，针对应用的非对称布置的拖曳水池 SPIV 测量系统进行相似方法推演。对于非对称布置的拖曳水池 SPIV 测量系统，可以根据 Prasad[18] 中提出的基本评估方法，推导出三个速度分量的均方根 (Root Mean Square, RMS) 作为评估两个摄像机之间的角位移与 2D 切面 2C 速度场相关噪声水平的函数。

对于沿测量平面方向，评估方法近似表示如下：

$$\text{RMS}(\Delta X) \cong \text{RMS}(\Delta x_1, \Delta x_2) \frac{\sqrt{(\cos\theta_2)^2 + (\cos\theta_1)^2}}{|\sin(\theta_2 - \theta_1)|} \tag{3-9}$$

$$\text{RMS}(\Delta Y) \cong \frac{\text{RMS}(\Delta x_1, \Delta x_2)}{\sqrt{2}} \tag{3-10}$$

$$\text{RMS}(\Delta Z) \cong \text{RMS}(\Delta x_1, \Delta x_2) \frac{\sqrt{(\sin\theta_2)^2 + (\sin\theta_1)^2}}{|\sin(\theta_2 - \theta_1)|} \tag{3-11}$$

其中，Δx_1 和 Δx_2 是在测量平面内沿着 x 轴的位移；θ_1 和 θ_2 对是相机轴线与图像视线的夹角 (对于本书应用的 2D-3C 配置的 SPIV 测量系统，相机 1 轴线和图

像视线的角度 θ_1 为 68°，相机 2 轴线和图像视线的角度 θ_2 为 38°）；ΔX，ΔY 和 ΔZ 分别是绝对坐标系下中坐标系统，且 X 方向为 SPIV 测量系统的测量平面的外平面方向或垂直测量平面的方向，同时也是船舶行进的方向）的位移。代入本书中应用的 SPIV 测量系统的相关参数（$\theta_1 = 68°$ 和 $\theta_2 = 38°$），得到：

$$\mathrm{RMS}(\Delta X) \cong \mathrm{RMS}(\Delta x_1, \Delta x_2) \times 1.745 \tag{3-12}$$

$$\mathrm{RMS}(\Delta Y) \cong \mathrm{RMS}(\Delta x_1, \Delta x_2) \times 0.71 \tag{3-13}$$

$$\mathrm{RMS}(\Delta Z) \cong \mathrm{RMS}(\Delta x_1, \Delta x_2) \times 2.2259 \tag{3-14}$$

对于实际的 SPIV 测量试验而言，利用导出量的传播误差公式和式 (3-12)～式 (3-14) 中的估计值，可以估计 SPIV 测量试验中的瞬时速度不同分量的误差百分比。瞬时速度不同分量的误差百分比误差可以表示为

$$\frac{\mathrm{RMS}(U)}{U} \cong \left| \frac{\mathrm{RMS}(\Delta X)}{\Delta X} \right| + \left| \frac{\mathrm{RMS}(\Delta t)}{\Delta t} \right| \tag{3-15}$$

$$\frac{\mathrm{RMS}(V)}{U} \cong \left| \frac{\mathrm{RMS}(\Delta Y)}{\Delta X} \right| + \left| \frac{\mathrm{RMS}(\Delta t)}{\Delta t} \right| \tag{3-16}$$

$$\frac{\mathrm{RMS}(W)}{U} \cong \left| \frac{\mathrm{RMS}(\Delta Z)}{\Delta X} \right| + \left| \frac{\mathrm{RMS}(\Delta t)}{\Delta t} \right| \tag{3-17}$$

其中，等式右边的第一项 $\mathrm{RMS}(\Delta X)/\Delta X$ 是由于软件进行处理过程中引起的错误，这个位移的"真值"可以在式 (3-12)～式 (3-14) 中应用立体重构方程因子系数 k（$k_X = 1.745$，$k_Y = 0.71$，$k_Z = 2.2259$）乘以软件过程中 PIV 标准算法引起的误差 $\mathrm{RMS}(\Delta x_1, \Delta x_2)$ 的评估保守值 E_{soft}（$E_{\mathrm{soft}} = 0.1$）；等式右边的第二项是由激光器在发生激光脉冲过程中，在激光发射的瞬间内激光脉冲的波动而产生的电子时间抖动引起的误差 $\mathrm{RMS}(\Delta t)/\Delta t$，这一电子时间抖动错误改变了实际的测量 Δt（双腔脉冲激光器时间间隔，也是 PIV 测量过程中粒子位移的时间间隔）。对于本书 SPIV 测量中，激光器电子抖动误差为 1ns，示踪粒子在轴向速度方向的瞬态平均位移 ΔX 为 7 像素，粒子位移的时间间隔 Δt 为 400μs。

相关参数代入公式 (3-15)～式 (3-17) 中得到

$$\frac{\mathrm{RMS}(U)}{U} = \left| \frac{\leqslant 0.1745}{7} \right| + \left| \frac{2 \times 10^{-9}}{400 \times 10^{-6}} \right| = |\leqslant 0.02492| + |0.01 \times 10^{-3}| \to 2.492\% \tag{3-18}$$

$$\frac{\mathrm{RMS}(V)}{U} = \left| \frac{\leqslant 0.0701}{7} \right| + \left| \frac{2 \times 10^{-9}}{400 \times 10^{-6}} \right| = |\leqslant 0.01014| + |0.01 \times 10^{-3}| \to 1.014\% \tag{3-19}$$

$$\frac{\mathrm{RMS}(W)}{U} = \left| \frac{\leqslant 0.22259}{7} \right| + \left| \frac{2 \times 10^{-9}}{400 \times 10^{-6}} \right| = |0.03179| + |0.01 \times 10^{-3}| \to 3.179\%$$
$$(3\text{-}20)$$

得到 $\mathrm{RMS}(U)/U \leqslant 2.492\%$，$\mathrm{RMS}(V)/U \leqslant 1.014\%$，$\mathrm{RMS}(W)/U \leqslant 3.179\%$。因此，SPIV 测量中的瞬时速度场的估计误差约为平均速度的 3%。值得注意的是式 (3-12)~式 (3-14) 是近似公式，且其他不可评估的误差来源也存在。基于类似的设置以及以上说明，我们可以保守的估计本书中 SPIV 测量系统针对测量的瞬态速度场具有 4% 以内的全局不确定性，符合 Prasad[16] 进行的全局不确定度要求。

针对统计收敛性分析问题，此处进行讨论与分析 SPIV 测量试验采集的瞬态速度场总样本数、所期望的样本统计数量，以及相应的置信区间的关系。基于 Bendat 和 Piersol 的《随机数据分析和测量规程》[19,20] 可知 SPIV 测量得到的瞬态速度样本遵循正态分布，其置信区间如下：

$$\left(\bar{U}_i - \frac{z_{\alpha/2} \cdot \sigma_0}{\sqrt{n}} \bar{U}_i + \frac{z_{\alpha/2} \cdot \sigma_0}{\sqrt{n}} \right) \text{ 也写为 } \bar{U}_i \pm \frac{z_{\alpha/2} \cdot \sigma_0}{\sqrt{n}} \tag{3-21}$$

设置参数 $U_{i-\mathrm{conf}\%}$ 作为统计参数评估的精度标准，参数 $U_{i-\mathrm{conf}\%}$ 表示如下：

$$U_{i-\mathrm{conf}\%} = \frac{z_{\alpha/2} \cdot \sigma_0}{\sqrt{n}} \tag{3-22}$$

因此，置信区间还可以表示为

$$\left(\bar{U}_i - U_{i-\mathrm{conf}\%} \bar{U}_i + U_{i-\mathrm{conf}\%} \right) \text{ 也写为 } \bar{U}_i \pm U_{i-\mathrm{conf}\%} \tag{3-23}$$

其中，对于参数 $\bar{U}_i$ 而言，$i = 1, 2, 3$ 分别表示测量得到的轴向、展向和垂向的平均速度分量。参数 n 为样本统计数量，参数 σ_0^2 为 SPIV 试验测量得到的瞬态速度样本的方差，σ_0 为 SPIV 试验测量得到的瞬态速度样本的标准差。对于本书 SPIV 测量中，瞬态速度样本的方差 σ_0^2 为 0.04 与瞬态速度全局不确定度相当。瞬态速度样本的标准差 (均方根)σ_0 为 0.2。对于双尾正态分布而言，置信度为 95%($\alpha = 0.05$) 下，$z_{\alpha/2} = 1.96$。相关参数代入公式 (3-22) 得到所期望的样本统计数量与相应的测试精度 (置信区间) 的关系如下：

$$n \geqslant \frac{z_{\alpha/2}^2 \cdot \sigma_0^2}{U_{i-\mathrm{conf}\%}^2} \tag{3-24}$$

期望的样本统计数量与相应的测试精度 (置信区间) 的关系图如图 3.19 所示，当样本数 n 为 250 时，测量精度为 0.0248。本书 SPIV 测量过程中的单次拖曳航次的实际瞬态速度样本的采集数量为 250，对应的测试精度为 2.5%，置信区间为 $\bar{U}_i \pm 2.5\%$。两次拖曳航次相融合的实际瞬态速度样本的采集数量为 500，对应的测试精度为 1.8%，置信区间为 $\bar{U}_i \pm 1.8\%$。

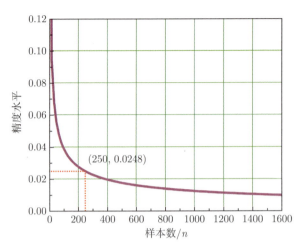

图 3.19　样本统计数量与相应的测试精度 (置信区间) 的关系图

对于统计样本的二阶统计矩 (如 SPIV 试验测量的瞬态速度的速度均方根样本) 的不确定度分析应用真实的测量得到的瞬态速度均方根 σ_0 与估计的瞬态速度均方根 s 相互的关系来评估。统计关系式如下：

$$\frac{s}{1 + \dfrac{z_{\alpha/2}}{\sqrt{2n}}} < \sigma_0 < \frac{s}{1 - \dfrac{z_{\alpha/2}}{\sqrt{2n}}} \tag{3-25}$$

本书 SPIV 测量过程中的单次拖曳航次的实际瞬态速度样本的采集数量为 250，对应的统计样本的二阶统计矩的不确定度为 17%，两次拖曳航次相融合的实际瞬态速度样本的采集数量为 500，对应的统计样本的二阶统计矩的不确定度为 12%。以上相应的测量精度级别和不确定度与意大利水池相关试验 [3] 处于同一级别，符合测量能力要求。

参 考 文 献

[1] ITTC Quality System Manual. Guideline on the Uncertainty Analysis for Particle Image Velocimetry. ITTC –Recommended Procedures and Guidelines. 7.5-01-03-03, Effective Date 2014, Revision 01.

[2] Yoon, H.S. Phase-Averaged stereo-PIV flow field and force/moment/motion measurements for Surface combatant in PMM maneuvers[J]. Department of Mechanical Engineering, The University of Iowa, 2009: 318-326.

[3] Falchi M, Felli M, Grizzi S, et al. SPIV measurements around the DELFT 372 catamaran in steady drift[J]. Experiments in Fluids, 2014, 55(11): 1844.

[4] Van Doorne CWH, Westerweel. Measurement of laminar, transitional and turbulent pipe flow[J]. Exp Fluids 2007, 42: 259-279.

[5] Willert C E. Stereoscopic digital particle image velocimetry for application in wind tunnel flows[J]. Meas Sci Technol, 1997, 8: 1465-1479.

[6] Wieneke B. Stereo-PIV using self-calibration on particle images[J]. Exp Fluids, 2005, 39: 267-280.

[7] Atsavapranee P, Day S, Felli M, et al. The specialist committee on detailed flow measurements[J]. Final Report and Recommendations to the 26th ITTC. 2011.

[8] Lecordier B, Westerweel J. The EUROPIV synthetic image generator (S.I.G.)[M]. Particle Image Velocimetry: Recent Improvements. Berlin Heidelberg: Springer, 2004, 145-161.

[9] Seo J, Seol D M, Lim T, Park S T, Han B, Rhee S H. A stereo PIV measurement of a model ship wake in a towing tank with uncertainty assessment[C]. 10th International Symposium on Particle Image Velocimetry-PIV13 delft, the Netherlands, 2016.

[10] Van S H, Kim W J, Yim G T, Kim D H, Lee C J. Experimental investigation of the flow characteristics around practical hull forms[C]. Proceedings 3rd Osaka Colloquium on Advanced CFD Applications to Ship Flow and Hull Form Design, Osaka, Japan, 1998.

[11] Kim W J, Van D H and Kim D H. Measurement of flows around modern commercial ship models[J]. Exp in Fluids, 2001, 31: 567-578

[12] Hino T. Proceedings of CFD workshop Tokyo 2005[J]. Tokyo, Japan, 2005, 45-55.

[13] Simonsen C, Otzen J, and Stern F. EFD and CFD for KCS heaving and pitching in regular head waves[J]. Proc 27th Symp. Naval Hydrodynamics, Seoul, Korea, 2013: 435-459.

[14] Zou L, Larsson L. Additional data for resistance, sinkage and trim[M]. Numerical Ship Hydrodynamics. Dordrecht: Springer, 2014: 255-264.

[15] Lee J Y, Paik B G, Lee S J. PIV measurements of hull wake behind a container ship model with varying loading condition[J]. Ocean Engineering, 2009, 36(5): 377-385.

[16] Raffel M, Willert C E, Scarano F, et al. Particle Image Velocimetry: A Practical Guide[M]. Berlin Heidelberg: Springer, 2018.

[17] Adrian L, Adrian R J, Westerweel J. Particle image velocimetry[M]. Cambridge University Press, 2011.

[18] Prasad A K. Stereoscopic particle image velocimetry[J]. Experiments in fluids, 2000, 29(2): 103-116.

[19] Bendat, Julius S. Random Data Analysis and Measurement Procedures[M]. New Jersey: Willey and Sons, Inc, 1971.

[20] Bendat J S, Piersol A G. Wiley series in probability and statistics] Random data (Analysis and measurement procedures)[J]. Nonstationary Data Analysis. 2010: 417-472.

第4章 楔形体入水砰击的流场诊断
与TR-PIV 分析

本章主要以刚性楔形体模型为研究对象,对楔形体自不同高度处下落,以不同入水初速度发生砰击时的加速度、位移以及瞬态流场进行测试,同时开展与物理试验条件相一致的数值研究,并结合楔形体入水的 Wagner [1] 理论,对楔形体入水砰击过程中的宏观运动信息、瞬态细节流场信息以及基于 PIV 重构的瞬态砰击压力与砰击载荷进行试验、数值、理论的多方位深入分析研究。

4.1 实验测试方案、数值模拟方案和理论解析

4.1.1 试验测试方案

试验所用楔形体模型由聚乳酸 (PLA) 材料经 3D 打印制成,属于刚性物体。楔形体的表面打磨光滑,并制作防水涂层,进行亚光黑处理,尽量避免激光的强反光,如图 4.1 所示。楔形体的底升角为 25°,斜边长度 200mm,宽度 200mm,楔形体与连接滑块的总重为 0.60kg,分别从距离水面 15cm、30cm 和 45cm 高度处自由落下,对应入水初速度分别为 1.715m/s、2.425m/s 和 2.970m/s。激光片光照射楔形体的中间截面位置,对于长宽比为 1:1 的楔形体,在入水过程其中间截面位置处的 3D 流动效应可忽略不计 [2]。试验时水温为室温 20°C,密度为 998.16kg/m³,运动黏性系数为 1.0037×10^{-5}m²·s,重力加速度 g 为 9.8m/s²。应用第 2 章中提及的加速度计采集物体入水过程中的加速度信息,采用 TR-PIV 系统采集入水过程中的瞬态流场信息。

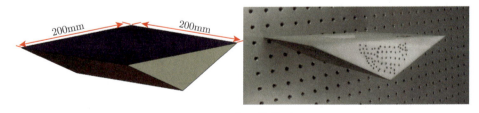

200mm 200mm

图 4.1 楔形体模型

进行楔形体入水过程中流场的 PIV 测试时,相机的空间分辨率为 1280pixel×1000pixel,采集速率为 5000Hz,图像深度为 12bit。当楔形体底端初始接触水面时

设置为 0 时刻。由于楔形体入水过程的流动对称性，PIV 相机视角仅仅专注入水过程中的一半流场区域。网格大小为 10mm×10mm 的标定板用于 PIV 系统标定。流场测量区域的大小约为 165mm×130mm，对应于 7.63pixel/mm。记录每次入水砰击过程前 20ms 的流场信息，即采集 101 张 PIV 粒子图像。

应用基于 MATLAB 平台的开源软件 PIVlab [3] 对掩膜后的 PIV 图像进行流场矢量计算，使用基于快速傅里叶变换 (FFT) 的多重网格迭代技术，设置有 64pixel×64pixel，32pixel×32pixel，16pixel×16pixel 多重判读窗口 [4]，相邻窗口重叠率为 50%，采用三点高斯亚像素插值进行互相关峰值的亚像素位置检测 [5]，最终得到的流场网格数据大小为 159×124，矢量单元网格大小为 8pixel×8pixel，对应空间分辨率约为 1.05mm×1.05mm。

4.1.2 数值模拟方案

由于物理试验是关于 yz 平面和 xz 平面是对称的，为节省计算资源，流体计算域取为物理域的四分之一大小，即：400mm×250mm×250mm。与物理试验工况相对应，楔形体底端接触水面为 0 时刻，入水初速度为 1.715m/s、2.425m/s 和 2.970m/s。使用非结构化的切割体网格进行计算域离散化，最大的线性单元尺度为 10mm，最小的线性单元尺度为 0.5mm。如图 4.2 所示计算域中边界条件的设置情况为：(1) 设置楔形体表面为无滑移壁面 $U = U_b$，$n \cdot \nabla p = 0$；(2) 设置 yz 平面和 xz 平面为对称面；(3) 设置计算域的顶面与底面为速度进口 $U = 0$，$n \cdot \nabla p = 0$；(4) 设置计算域的侧面为压力出口 $U = 0$，$n \cdot \nabla p = 0$。

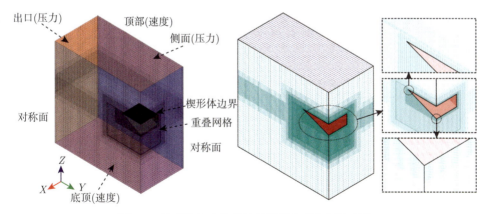

图 4.2 楔形体入水数值计算边界条件与网格划分

4.1.3 理论解析

Wagner [1] 在势流理论的基础上引入相当平板假设和液面升高 Wagner 假设，提出了刚性楔形体进入静止水面时砰击载荷的解析解。该理论模型具有良好的易

用性和准确性，至今仍被广泛用于对入水砰击载荷的估算工作 [6]。在该解析解中，砰击时楔形体的速度和加速度分别为

$$\xi'_{(t)} = \frac{V_0}{1 + \dfrac{\pi}{2}\rho \dfrac{(\pi/2)^2 \xi_{(t)}^2}{M \tan^2(\alpha)}} \tag{4-1}$$

$$\xi''_{(t)} = \frac{\pi \rho (\pi/2)^2}{M V_0 \tan^2(\alpha)} \xi_{(t)} (\xi'_{(t)})^3 \tag{4-2}$$

式中，$\xi_{(t)}$ 为楔形体进入水的深度，$\xi'_{(t)}$ 为楔形体砰击时的速度，$\xi''_{(t)}$ 为楔形体砰击时的加速度，M 为楔形体的单位宽度质量，V_0 为入水初速度，α 为楔形体底升角，如图 4.3 所示。

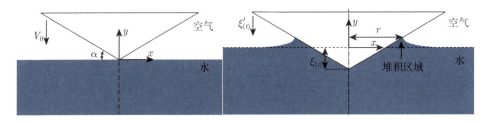

图 4.3　Wagner 解析解示意图

4.2　楔形体入水砰击试验结果与分析

4.2.1　楔形体运动响应分析

自 15cm、30cm 和 45cm 高度处，25° 底升角楔形体在入水过程中加速度响应试验与数值模拟结果，如图 4.4 所示，显示了发生砰击的前 20ms 时间内，相互独立的 3 次加速度试验测试、数值模拟，以及 Wagner 理论结果。表明独立的多次试验测试结果具有良好的一致性，且与数值结果吻合良好，但是在砰击初期，Wagner 理论会一定程度上高估楔形体的砰击加速度，这可能是由于基于势流理论的 Wagner 计算模型对实际入水过程中流动问题简化所导致的 [7]。随着下落高度由 15cm 逐渐增加至 45cm。楔形体入水过程中的加速度峰值依次为 77m/s^2、155m/s^2 和 234m/s^2，出现的时间依次约为 4.5ms、3.2ms、4ms 和 2.5ms，表明随着入水高度的不断增加，入水初速度逐渐加快，砰击的剧烈程度逐渐增加，砰击加速度峰值的发生时间逐渐向前推移。

根据 2.2.2 小节中的动态图像掩膜算法，应用 Radon 变换检测出 PIV 原始图像中的楔形体壁面特征，并应用最小二乘法对楔形体在入水过程中的位移进行拟合，如图 4.5 所示，显示了楔形体以不同初速度入水过程中，前 20ms 时间的位移

曲线, 设置自由液面位置的坐标为 0, 位移表示楔形体底端与未扰动自由液面之间的距离。图 4.5 表明了图像掩膜算法检测楔形体壁面特征位置的准确性, 并且三次独立试验具有很好的可重复性。同时, 试验测试数据与数值模拟结果吻合良好, 数值模拟结果始终略大于试验结果, 模拟与试验结果之间的误差随着时间以及下落高度的增大而逐渐增大, 在第 20ms 时刻, 15cm、30cm 和 45cm 高度处下落的楔形体位移最大误差分别约为 0.4mm、0.9mm 和 1.3mm。这可能是由于下落高度越大, 楔形体在滑轨中的运动距离越长, 滑块与滑轨之间振荡时间增长导致的, 另外空气阻力也会一定程度上增加误差。

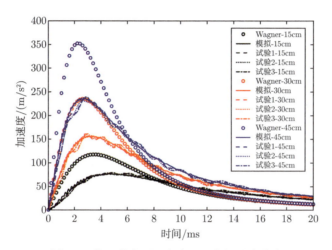

图 4.4　楔形体自不同高度处下落加速度曲线

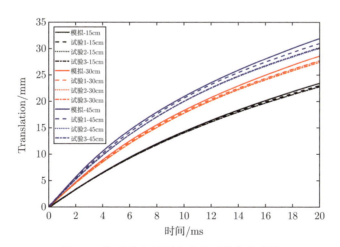

图 4.5　楔形体自不同高度处下落位移曲线

　　为了经一步量化多次重复试验之间以及数值与试验结果的误差，采用公式 (4-3)~ 式 (4-5) 进行相应计算：

$$\overline{\xi_{(t)}} = \frac{1}{3} \sum_{i=1}^{3} \xi_{(t)}^{(i)} \quad (i=1,2,3) \tag{4-3}$$

$$e_{\xi}^{i} = \frac{1}{N} \sum_{t=1}^{N} \frac{\left| \xi_{(t)}^{(i)} - \overline{\xi_{(t)}} \right|}{\overline{\xi_{(t)}}} \quad (i=1,2,3) \tag{4-4}$$

$$e_{\xi}^{\text{sim}} = \frac{1}{N} \sum_{t=1}^{N} \frac{\left| \xi_{(t)}^{\text{sim}} - \overline{\xi_{(t)}} \right|}{\xi_{(t)}^{\text{sim}}} \tag{4-5}$$

式中，上标 i 表示第 i 次重复试验，上标 sim 表示数值模拟结果，$\overline{\xi_{(t)}}$ 表示三次重复试验的平均结果，N 表示每次试验中采集的数据点个数即 100，e 表示整个入水过程前 20ms 的误差均值。计算结果如表 4-1 所示，在各个初始高度自由下落工况下，独立进行的试验具有很好的可重复性，最大的平均误差仅为 3.26%，并且表 4.1 结果与图 4.5 结果一致，初始高度越低，试验可重复性越高，与数值模拟吻合结果越好。当初始高度为 45cm 时，试验与模拟结果的平均误差达到最大，其值为 5.54%，误差仍在可接受范围内。

表 4.1　入水位移试验与模拟结果误差

初始入水高度	试验 1	试验 2	试验 3	模拟结果
15cm	0.68%	0.36%	0.33%	1.15%
30cm	3.26%	3.07%	0.11%	2.07%
45cm	2.64%	1.36%	1.91%	5.54%

4.2.2　楔形体入水过程细节流场分析

　　图 4.6~图 4.11 分别展示了楔形体自 15cm、30cm 和 45cm 高度处入水过程中 5ms、10ms、15ms 和 20ms 时刻的瞬时速度云图、流场矢量和流线图，图像坐标原点 (0,0) 位于楔形体底端与自由液面的初始接触点，其中左侧为数值模拟结果，右侧为 PIV 测试结果。在各个工况下，楔形体在入水的动态过程中，不论是速度云图分布、流场矢量、流线还是自由液面形态，PIV 测试结果均与数值模拟结果具有惊人的一致性，表明本试验所采用的试验方案以及 TR-PIV 测试系统具有很好的可靠性。并且所有的测试结果与数值结果具有很好的对称性，说明楔形体在入水砰击过程中流动的对称性，以及应用 PIV 系统对砰击过程中一半流场区域进行测试的合理性。对比数值模拟结果与 PIV 测试结果可知：(1) 楔形体以不同高度入水的所有时刻中，砰击流场中最大速度均出现在堆积区域，即射流形成的根部，并且流速沿着楔形体壁面向下迅速降低，在楔形体的底端流速达到最低；(2) 下落高度

为 15cm 时，砰击第 5ms、第 10ms、第 15ms 和第 20ms 时刻的最大流速分别约为
1.6m/s、1.9m/s、1.5m/s 和 1.5m/s；下落高度为 30cm 时，砰击第 5ms、第 10ms、
第 15ms 和第 20ms 时刻的最大流速分别约为 2.0m/s、2.2m/s、1.8m/s 和 1.7m/s；
下落高度为 45cm 时，砰击第 5ms、第 10ms、第 15ms 和第 20ms 时刻的最大流速

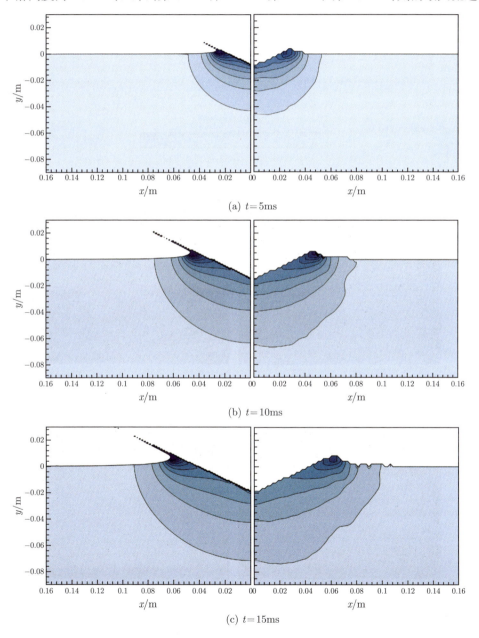

(a) $t = 5$ms

(b) $t = 10$ms

(c) $t = 15$ms

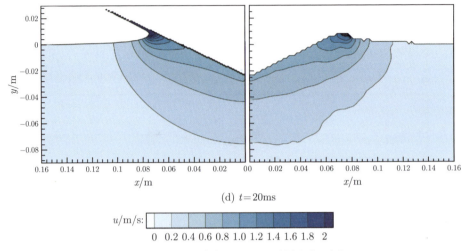

(d) $t=20\mathrm{ms}$

$u/\mathrm{m/s}:$　0　0.2　0.4　0.6　0.8　1.0　1.2　1.4　1.6　1.8　2

图 4.6　15cm 高度入水不同时刻速度云图

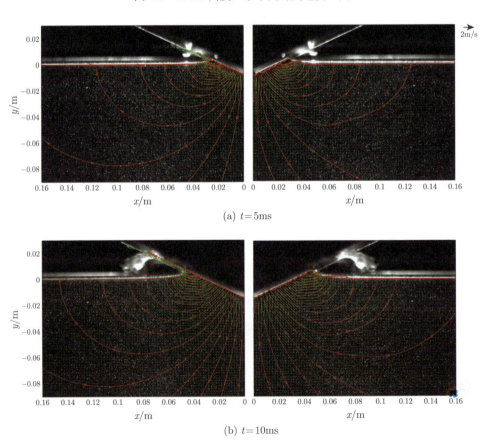

(a) $t=5\mathrm{ms}$

(b) $t=10\mathrm{ms}$

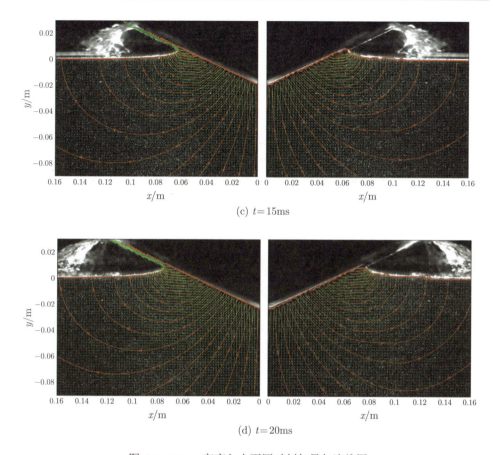

(c) $t=15\mathrm{ms}$

(d) $t=20\mathrm{ms}$

图 4.7 15cm 高度入水不同时刻矢量与流线图

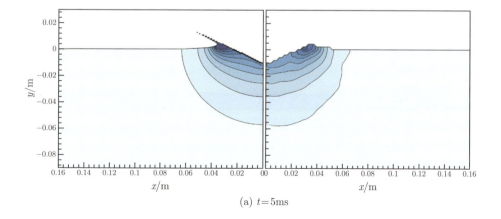

(a) $t=5\mathrm{ms}$

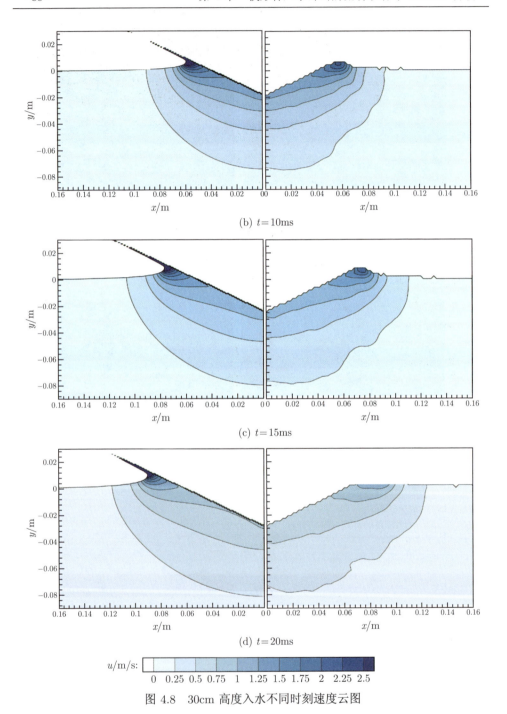

(b) $t=10$ms

(c) $t=15$ms

(d) $t=20$ms

u/m/s:

0　0.25　0.5　0.75　1　1.25　1.5　1.75　2　2.25　2.5

图 4.8　30cm 高度入水不同时刻速度云图

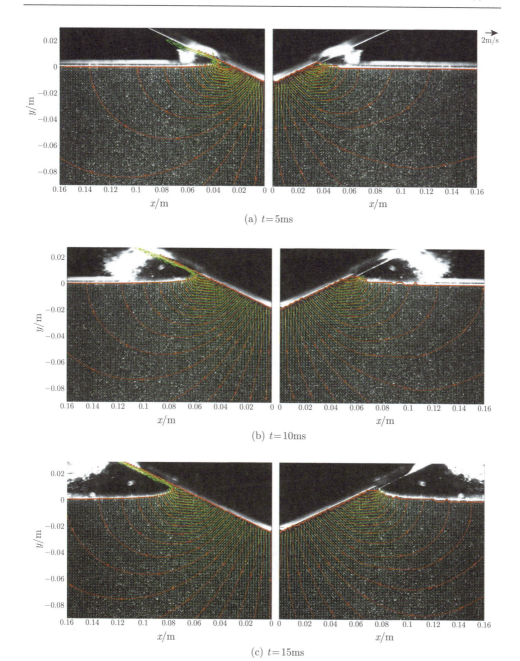

(a) $t=5\text{ms}$

(b) $t=10\text{ms}$

(c) $t=15\text{ms}$

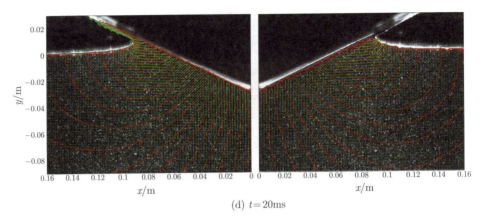

(d) $t=20\mathrm{ms}$

图 4.9　30cm 高度入水不同时刻矢量与流线图

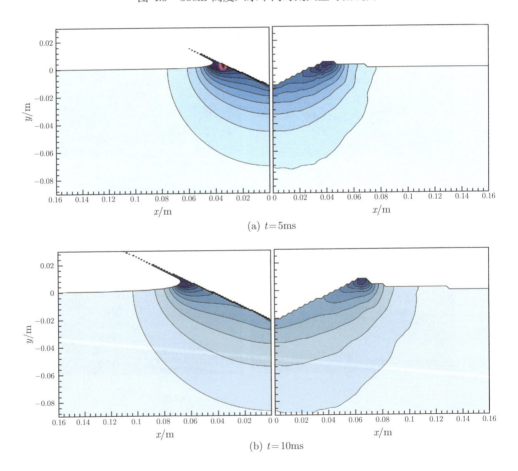

(a) $t=5\mathrm{ms}$

(b) $t=10\mathrm{ms}$

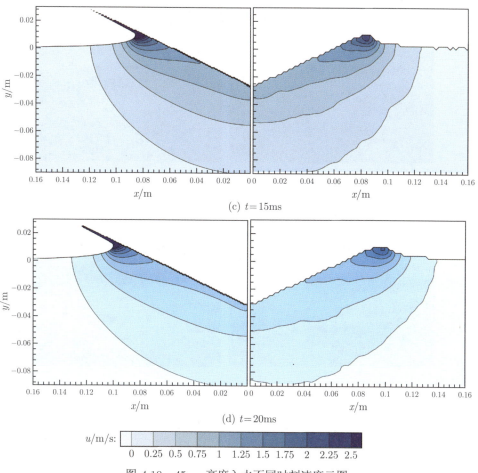

(c) $t=15$ms

(d) $t=20$ms

u/m/s: 0 0.25 0.5 0.75 1 1.25 1.5 1.75 2 2.25 2.5

图 4.10   45cm 高度入水不同时刻速度云图

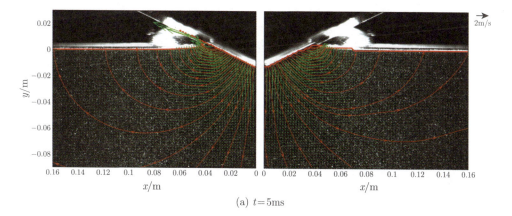

(a) $t=5$ms

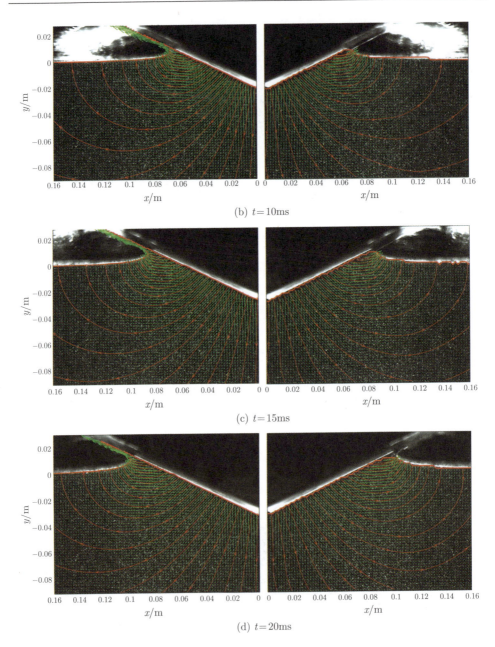

(b) $t=10\mathrm{ms}$

(c) $t=15\mathrm{ms}$

(d) $t=20\mathrm{ms}$

图 4.11　45cm 高度入水不同时刻矢量与流线图

分别约为 2.4m/s、2.3m/s、2.0m/s 和 1.9m/s。在砰击发生的前 10ms 内，堆积区域和射流形成的初期，该区域内的流速迅速增加并至峰值，在 10ms 后堆积区域和射流的流速逐渐降低并趋于平稳，表明楔形体在入水过程中主要的砰击作用发生在前 10ms, 并且随着高度增高, 入水初速度增加, 砰击作用愈发强烈, 砰击的峰值发生时刻略微前移, 这一结果与砰击过程中的加速度曲线所反应的趋势一致, 这一结果同样可以从图 4.7、图 4.9 和图 4.11 背景中 PIV 图像所展示的射流形成与发展趋势看出, 随着高度不断增加, 同一时刻射流范围越大; (3) 楔形体壁面附近以及堆积区域中的速度等值线和流线分布较密, 为速度梯度较大区域; (4)PIV 测试结果与数值结果在整体上具有很好的一致性, 在堆积区域中, 数值结果依旧能展示该区域中以及射流中的精细流动结构, 但是 PIV 测试结果相对粗糙, 由于系统光路受阻无法测试射流中的流场结构, 并且堆积区域的测试结果低于模拟结果, 主要由于这一区域中的流速较高, 相邻帧图像中的粒子运动位移过大, 并且堆积区域中的示踪粒子随着射流不断流出高速相机的视角, 导致堆积区域中的互相关峰值降低, 从而 PIV 试验会在一定程度上低估该区域中的流速, 同时该区域附近楔形体壁面和自由液面的激光反光也会导致一定的测量误差。

4.3　基于 N-S 方程的压力重构方案

4.3.1　砰击压力重构方案

在获取楔形体入水过程中全部的动态流场矢量信息后, 依据不可压缩的纳维-斯托克斯 (Navier-Stokes, N-S) 方程, 可以对入水过程中的瞬态压力场进行间接评估。由于楔形体入水过程中黏性因素影响较小 [8,9], 本小节忽略流体的黏性, 同时忽略流体的体积力, 仅仅考虑入水过程中的水动压力, 则 N-S 方程可以变为

$$\nabla p = -\rho \frac{\mathrm{D}\boldsymbol{u}}{\mathrm{D}t} \tag{4-6}$$

其中, $\boldsymbol{u}$ 为流场的速度矢量, ρ 为水的密度, $\mathrm{D}\boldsymbol{u}/\mathrm{D}t$ 为流场的质点加速度, 将该项从欧拉角度展开为

$$\frac{\mathrm{D}\boldsymbol{u}}{\mathrm{D}t} = \frac{\partial \boldsymbol{u}}{\partial t} + (\boldsymbol{u} \times \nabla)\boldsymbol{u} \tag{4-7}$$

对于平面 2D 流动, 用 u 和 v 替代速度矢量 $\boldsymbol{u}$ 在 x 和 y 方向上的速度分量, 将式 (4-7) 展开得到方程组为

$$\frac{\partial p}{\partial x} = -\rho \left(\frac{\partial u}{\partial t} + u\frac{\partial u}{\partial x} + v\frac{\partial u}{\partial y} \right) \tag{4-8}$$

$$\frac{\partial p}{\partial y} = -\rho \left(\frac{\partial v}{\partial t} + u\frac{\partial v}{\partial x} + v\frac{\partial v}{\partial y} \right) \tag{4-9}$$

由于 PIV 测试结果是离散的网格结点数据, 采用二阶精度的中心差分方法对式 (4-8) 和式 (4-9) 进行离散化差分计算, 在网格边界处采用向前和向后差分方法, 如图 4.12 所示。应用式 (4-10) 和式 (4-11) 计算得到流场的压力梯度 $\partial p^n_{(i,j)}/\partial x$ 和

$\partial p_{(i,j)}^n/\partial y$, 式中, 下标 (i, j) 表示该结点的数据位置, 上标 n 表示当前的绝对时间, Δt 为高速相机拍摄的时间间隔, Δx 和 Δy 为 PIV 分析得到流场矢量结果的 x 和 y 方向上空间步长。

$$\frac{\partial p^n}{\partial x} = \frac{p_{(i,j)}^n - p_{(i-1,j)}^n}{\Delta x}$$
$$= -\rho\left(\frac{u_{(i,j)}^{n+1} - u_{(i,j)}^n}{\Delta t} + u_{(i,j)}^n\frac{u_{(i+1,j)}^n - u_{(i-1,j)}^n}{2\Delta x} + v_{(i,j)}^n\frac{u_{(i+1,j)}^n - u_{(i-1,j)}^n}{2\Delta y}\right)$$

$$(4\text{-}10)$$

$$\frac{\partial p^n}{\partial y} = \frac{p_{(i,j)}^n - p_{(i,j-1)}^n}{\Delta y}$$
$$= -\rho\left(\frac{v_{(i,j)}^{n+1} - v_{(i,j)}^n}{\Delta t} + u_{(i,j)}^n\frac{v_{(i+1,j)}^n - v_{(i-1,j)}^n}{2\Delta x} + v_{(i,j)}^n\frac{v_{(i+1,j)}^n - v_{(i-1,j)}^n}{2\Delta y}\right)$$

$$(4\text{-}11)$$

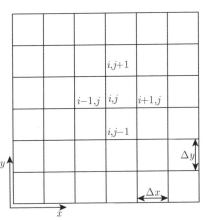

图 4.12　中心差分方法示意图

在得到流场的全局压力梯度后, 依据压力梯度进行相应的空间积分即可获得流场压力分布。如图 4.13 所示, 由于入水砰击过程中存在楔形体的运动边界和堆积区域, 根据未扰动的自由液面, 将流域划分为区域一和区域二, 首先对区域一进行压力场重构, 检测出左侧边界上自由液面位置的点 A, 不考虑大气压力令该点的压力值为 0, 使用向前积分法, 计算出边界一和边界二上的压力值。由于流场中的压力是标量场, 不会随着积分路径的变化而改变, 应用多路径积分方案[10], 采用边界一和边界二上各点的压力值, 直接向区域一内部的点 (i, j) 进行直接积分, 先求和在进行平均得到该点处的压力值, 以尽量减少积分误差。由于区域二位置处于自由液面的上方, 若依旧采用多路径积分方案, 一些积分路径会经过图像掩膜区域, 则无法计算。因此对于区域二中的压力场, 采用空间侵蚀方案进行计算[11], 得到最终的全局流场压力分布。

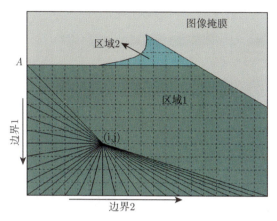

图 4.13　分块多路径积分方案示意图

4.3.2　压力重构方案准确性分析

为了验证本章中所提出分块多路径积分方案的准确性, 选择底升角 $25°$ 楔形体在初始高度 30cm 入水过程中第 10ms 时刻的瞬态流场为对象, 利用 CFD 的数值计算数据对砰击压力场进行重构, 探究不同网格间距 Δl 和时间步长 Δt 对压力重构结果的影响, 如图 4.14 所示。

为使 CFD 重构计算的区域与 PIV 系统的测试区域相吻合, 选取的 CFD 计算区域宽度为 0.12m, 即 y 坐标范围为 $-0.09\sim0.03$ m, 长度为 0.16m, 即 x 坐标范围为 $0\sim0.16$ m。CFD 计算的原始流场压力云图如图 4.14(a) 所示; 将 CFD 数值插入大小为 120×160 网格内, 对应的网格间距 $\Delta l = 1$mm, 并构造与 PIV 系统时间解析能力相同的时间步长 $\Delta t = 0.2$ms, 该设置与 PIV 实际测试结果的空间分辨率 $\Delta l = 1.048$mm 和时间分辨率 $\Delta t = 0.2$ms 具有较好的相似性, 使用所提出的压力重构方案进行流场压力重构的压力云图如图 4.14(b) 所示。由图 4.14(a) 和 (b), 对比所重构出的流场压力与 CFD 原始计算结果, 不论是在压力的结构分布和堆积区域压力峰值的预报上均具有非常良好的一致性, 表明本书所提出压力重构方案的准确性, 并验证了本章中应用 PIV 分析方案获取的瞬态砰击流场结果进行压力场重构方案可靠性。

为探究时间步长对该压力重构算法的影响, 将 CFD 数值插入大小为 120×160 网格内, 构造时间步长 $\Delta t = 0.4$ms, 进行压力重构, 如图 4.14(c) 所示; 将 CFD 数值插入大小为 120×160 网格内, 构造时间步长 $\Delta t = 0.8$ms, 进行压力重构, 如

图 4.14(d) 所示。由图 4.14(a)~(d)，惊人地发现即使较大的时间步长依旧可以很好地重构该时刻的瞬态砰击压力场，式 (4-10) 和式 (4-11) 压力梯度项中的时间步长因素对重构出的整体压力分布结构影响较小。

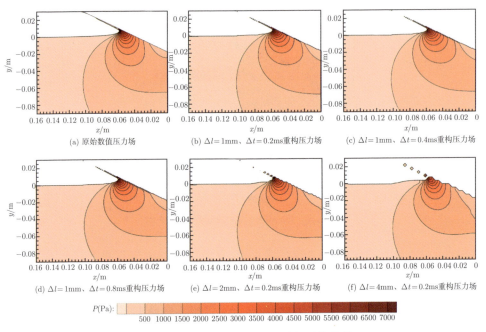

(a) 原始数值压力场　　　　　(b) $\Delta l=1$mm、$\Delta t=0.2$ms 重构压力场　　　　(c) $\Delta l=1$mm、$\Delta t=0.4$ms 重构压力场

(d) $\Delta l=1$mm、$\Delta t=0.8$ms 重构压力场　　(e) $\Delta l=2$mm、$\Delta t=0.2$ms 重构压力场　　(f) $\Delta l=4$mm、$\Delta t=0.2$ms 重构压力场

P(Pa): 500 1000 1500 2000 2500 3000 3500 4000 4500 5000 5500 6000 6500 7000

图 4.14　基于 CFD 数据的压力场重构结果

为探究空间分辨率对该压力重构算法的影响，将 CFD 数值插入大小为 60×80 网格内，构造时间步长 $\Delta t = 0.2$ms，进行压力重构，如图 4.14(e) 所示；将 CFD 数值插入大小为 30×40 网格内，构造时间步长 $\Delta t = 0.2$ms，进行压力重构，如图 4.14(d) 所示。由图 4.14(a)~(f)，使用较粗的网格同样能够很好地重构出该时刻的压力分布，式 (4-11) 和式 (4-12) 压力梯度项中的空间分辨率因素对重构出的整体压力分布结构影响较小，但是较粗的网格会在一定程度上堆积区域内压力峰值的低估，表现为图 4.14(e) 和 (f) 中堆积区域内压力等值线的分布密度相比图 4.14(a) 和 (b) 较低。

图 4.15 显示了 CFD 原始数值压力场、$\Delta l = 1$mm 和 $\Delta t = 0.2$ms 重构压力场、$\Delta l = 1$mm 和 $\Delta t = 0.4$ms 重构压力场和 $\Delta l = 1$mm 和 $\Delta t = 0.8$ms 重构压力场中楔形体壁面处的压力曲线，其横坐标位置应用 y/ξ 进行无量纲化，$y/\xi = -1$ 表示楔形体的底端，纵坐标压力应用 $2p/(\rho \cdot \xi_{(t)}'^2)$ 进行无量纲化。图 4.16 显示了 CFD 原始数值压力场、$\Delta l = 1$mm 和 $\Delta t = 0.2$ms 重构压力场、$\Delta l = 2$mm 和 $\Delta t = 0.2$ms 重构压力场和 $\Delta l = 4$mm 和 $\Delta t = 0.2$ms 重构压力场中楔形体壁面处的压力曲线，

其坐标进行同样的无量纲化。由图 4.15 和图 4.16 可知：(1) 原始数值结果的壁面压力结果与 $\Delta l = 1$mm 和 $\Delta t = 0.2$ms 重构的壁面压力结果具有良好的一致性，进一步验证了本章中应用 PIV 分析方案获取的瞬态砰击流场在楔形体壁面处的压力重构结果依旧具有良好的可靠性；(2) 无论是不同的时间步长重构结果还是不同的空间分辨率重构结果，y/ξ 在 $-1 \sim 0$ 范围内，重构压力均与原始压力差别很小，而 y/ξ 在大于 0 范围内，两者差别开始逐渐增大，可能是由于 y/ξ 在大于 0 的区域距离初始积分边界较远，积分路径较长，从而产生一定的积分误差；(3) 对于不同时间步长重构出的壁面压力峰值分别约为 8.8、8.3、7.7 和 6.5，对于不同时间步长重构出的壁面压力峰值分别约为 8.8、8.3、7.3 和 6.9，表明随着时间步长和空间分

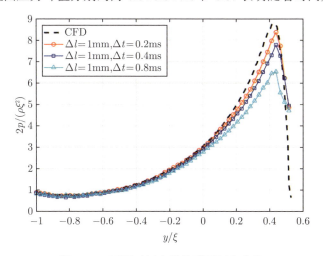

图 4.15　不同时间步长的壁面压力曲线

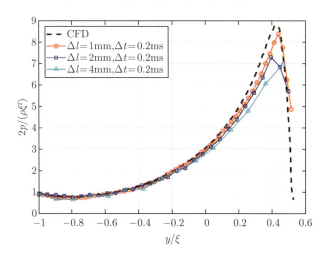

图 4.16　不同空间分辨率的壁面压力曲线

辨率的倍增, 重构的壁面压力峰值会显著降低; (4) 原始数值结果与 $\Delta l = 1mm$ 和 $\Delta t = 0.2ms$ 重构的壁面峰值压力分别为 8.8 和 8.3, 两者误差约在 5.7%, 另外即使在重构方案中选用较大的时间步长和空间分辨率, 壁面压力的重构结果在整体趋势上依旧与原始数值结果具有很好的一致性, 表明所采用的分块多路径积分方案具有一定的鲁棒性。

4.4　砰击压力场和砰击载荷结果分析

4.4.1　砰击压力场分析

本节采用 4.3 节中的压力场重构方案, 依据底升角 25° 楔形体从 15cm、30cm、45cm 高度处自由下落过程中的 TR-PIV 瞬态流场测试结果, 进行入水过程中的砰击压力场重构。图 4.17 为对应试验工况下第 5ms、第 10ms、第 15ms 和第 20ms 时刻砰击压力场的数值模拟结果, 图 4.18 为不同高度入水过程中第 5ms、第 10ms、第 15ms 和第 20ms 时刻基于 PIV 测试数据的压力场重构结果, 两者均将压力应用 $2p/(\rho' \cdot \xi_{(t)}^2)$ 进行无量纲化。

由图 4.17 和图 4.18 显示的砰击压力场可知: (1) 如预想中一样, 整个楔形体入水过程中的砰击峰值始终分布在堆积区域, 这一分布现象与流场速度峰值始终分布在堆积区域中极为相似; 同时, 楔形体壁面处砰击压力在堆积区域的顶端, 即射流形成的根部达到最大, 并且沿着楔形体壁面迅速下降, 这同样与壁面处流场分布趋势相似, 造成这种砰击压力场分布与入水流场分布在一定程度上较为相似的主要原因是, 由于堆积区域内和楔形体壁面附近流域的速度梯度较大, 并且该流域的流场矢量随时间变化较快, 由 N-S 方程计算出的压力梯度较大, 从而导致这些区域的积分结果即数值计算压力或重构砰击压力较大; (2) 在入水初期, 砰击压力场均为正值, 随着时间的不断推移, 在楔形体底端会形成一个较小的负压区域, 并且随着砰击的不断发展, 负压区域不断扩大, 负压峰值不断增加, 此外随着入水高度的不断增加, 负压出现的时间随之提前, 表现为楔形体在高度 15cm 入水的第 15ms 时刻出现负压, 在高度 30cm 入水的第 15ms 时刻出现较大的负压区域, 而在高度 45cm 入水的第 10ms 时刻出现负压; (3) 在不同高度入水过程中的不同时刻, 楔形体的无量纲砰击压力峰值变化均较为平稳, 始终约在 8.5 左右。

对比图 4.17 和图 4.18 砰击压力场的数值模拟结果和基于 PIV 测试数据的重构结果可知: (1) 基于在不同高度处自由下落过程中各个时刻的 TR-PIV 瞬态流场测试数据, 进行压力场重构的结果与数值模拟结果无论在压力场的整体分布、堆积区域内的峰值压力预报以及楔形体底端的低压区域分布均具有很好的一致性; (2) 在堆积区域中, 压力重构结果较为粗糙, 相比于数值结果会一定程度上低估压力峰值，无法像数值模拟结果一样极为精确地预报堆积区域的砰击压力分布结构，这主要是由于 PIV 技术是一种微小时间平均与微小空间平均的流场测量手段，而该区

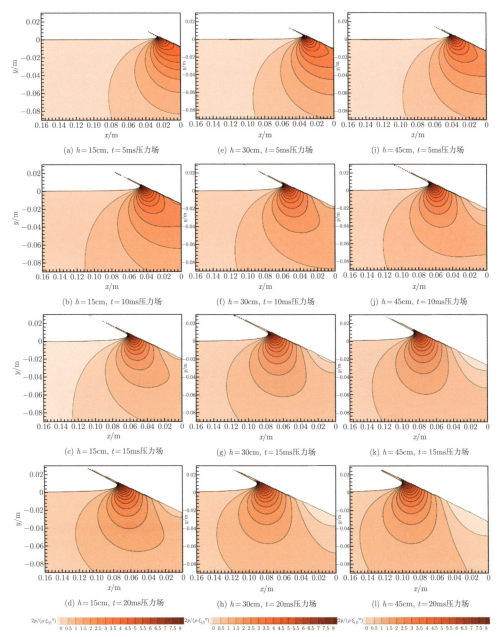

(a) $h=15$cm, $t=5$ms压力场　　(e) $h=30$cm, $t=5$ms压力场　　(i) $h=45$cm, $t=5$ms压力场

(b) $h=15$cm, $t=10$ms压力场　　(f) $h=30$cm, $t=10$ms压力场　　(j) $h=45$cm, $t=10$ms压力场

(c) $h=15$cm, $t=15$ms压力场　　(g) $h=30$cm, $t=15$ms压力场　　(k) $h=45$cm, $t=15$ms压力场

(d) $h=15$cm, $t=20$ms压力场　　(h) $h=30$cm, $t=20$ms压力场　　(l) $h=45$cm, $t=20$ms压力场

图 4.17　砰击压力场的数值模拟结果

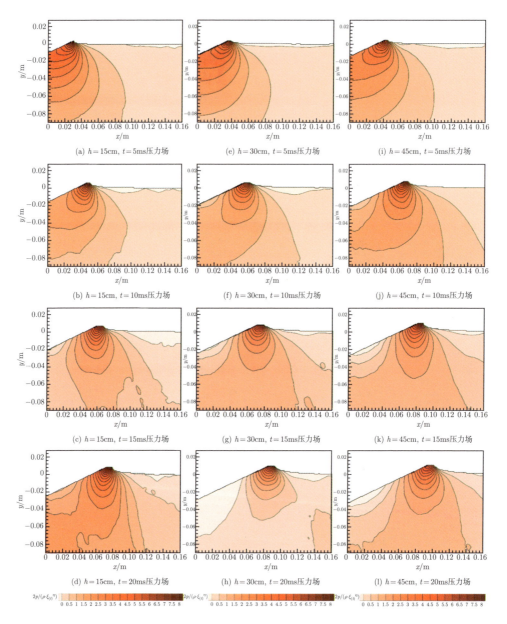

图 4.18　基于 PIV 测试数据的压力场重构结果

域的速度梯度较大，导致一定程度的流速低估，从而产生压力场重构误差，同时在
PIV 测试过程中，该区域附近楔形体壁面和自由液面处的激光强反光会增加互相
关分析误差；(3) 相比于数值模拟结果，楔形体自不同高度处下落过程中的砰击压
力场重构结果，随着时间推移，重构压力场的不确定性逐渐增加，表现为 5~20ms

四个时刻的重构砰击压力云图中压力等值线逐渐变得粗糙, 产生这种情况的主要原因是: 随着砰击的不断发展, 在 4.3 节中多路径积分方案设置的初始积分点 A 即左侧自由液面 A 点的压力值由 0 逐渐发生变化, 使积分的初值产生略微偏差; 远离边界处压力积分点的积分路径较长, 产生一定的积分累计误差, 导致在远离边界处重构压力的光滑性较差。

在楔形体入水问题研究中, 人们往往更关注砰击发生时楔形体壁面处的压力, 因此提取楔形体壁面处砰击压力场的数值模拟结果和基于 PIV 测试数据的压力场重构结果。图 4.19~图 4.21 分别显示了楔形体自 15cm、30cm 和 45cm 高度处下落的入水过程中第 5ms、第 10ms、第 15ms 和第 20ms 时刻的瞬态壁面砰击压力, 其中左侧为楔形体的壁面压力曲线, 其横坐标位置应用 y/ξ 进行无量纲化, 纵坐标压力应用 $2p/(\rho \cdot \xi^{\prime 2}_{(t)})$ 进行无量纲化, 右侧为不同时刻的壁面压力峰值。由图 4.19~图 4.21 左侧的壁面压力曲线图可知, 基于 PIV 测试数据进行全场压力重构, 在不同工况以及不同时刻下楔形体壁面处的重构结果依然能与数值模拟结果吻合良好。并且楔形体壁面处的无量纲压力曲线反应的趋势与上文中的压力云图结果一致, 砰击压力在楔形体底端较小, 并且随着下落高度的不断增加和砰击的进一步发展, 逐渐降低形成一个负压力区域。同时随着楔形体壁面位置向上, 砰击压力逐渐增加, 在靠近堆积区域处压力增幅迅速上升并在堆积区域的顶端达到砰击压力峰值。进一步说明了本章中所提出多路径压力积分方案的正确性和应用 TR-PIV 技术进行压力场重构的适用性。

图 4.19~图 4.21 右侧为不同高度入水过程中不同时刻无量纲壁面压力峰值的柱状图, 高度 15cm 入水第 5ms、第 10ms、第 15ms 和第 20ms 时刻数值模拟的壁面峰值压力约为 9.6、9.0、8.6 和 8.3, 压力重构的壁面峰值压力约为 7.5、7.2、7.1 和 7.9; 高度 30cm 入水第 5ms、第 10ms、第 15ms 和第 20ms 时刻数值模拟的壁面峰值压力约为 9.4、8.7、8.5 和 8.1, 压力重构的壁面峰值压力约为 7.0、6.5、6.3 和 6.3; 高度 45cm 入水第 5ms、第 10ms、第 15ms 和第 20ms 时刻数值模拟的壁面峰值压力约

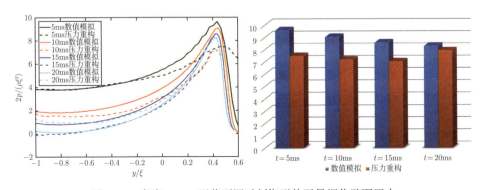

图 4.19 高度 15cm 下落不同时刻楔形体无量纲化壁面压力

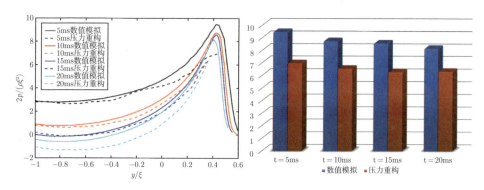

图 4.20　高度 30cm 下落不同时刻楔形体无量纲化壁面压力

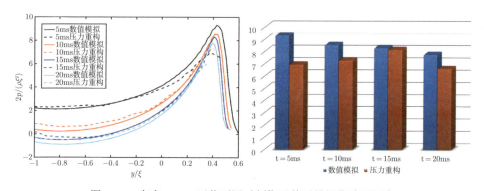

图 4.21　高度 45cm 下落不同时刻楔形体无量纲化壁面压力

为 9.3、8.5、8.3 和 7.7，压力重构的壁面峰值压力约为 7.0、7.3、8.2 和 6.6，在第 5ms 时刻数值结果与重构结果之间相差较大，但随着时间推移，两者间结果相差逐渐缩小，这主要是由于随着时间推移，砰击不断发展，使堆积区域内逐渐扩大，其内部示踪粒子不断增多、流场矢量结果逐渐增加，弱化了楔形体壁面和自由液面反光，以及粒子丢失对互相关分析的影响，同时如图 4.6、图 4.8 和图 4.10 速度云图显示，堆积区域内流速逐渐降低也增加了 PIV 测试结果的准确性，从而堆积区域内压力预报的准确性随着时间推移有一定程度的增加。

　　为进一步研究楔形体入水过程中的实际砰击压力，图 4.22～图 4.24 展示了楔形体自 15cm、30cm 和 45cm 高度处下落的入水过程中 5ms、10ms、15ms 和 20ms 时刻的瞬态壁面实际砰击压力曲线，其横坐标为 $x(\mathrm{m})$ 表示楔形体壁面的实际横向位置，0 表示楔形体底端，其纵坐标为 $p(\mathrm{Pa})$ 表示壁面处实际砰击载荷大小。与上述无量纲壁面压力曲线和压力云图一致，实际壁面砰击压力曲线的重构结果依旧与数值结果吻合良好，但是数值重构结果会在一定程度上低估堆积区域的砰击压力峰值；并且随着时间推移重构结果与数值结果的吻合性逐渐增加，砰击压力峰值预报更为精准。但是相比于无量纲砰击峰值变化较为缓慢，实际砰击压力随着时间推移迅速降低，且其下降趋势逐渐放缓。15cm、30cm 和 45cm 高度处下落的入水过程中第 5ms 和第 20ms 时刻壁面实际砰击压力峰值数值结果分别约为 9800Pa 和 2200Pa、15200Pa 和 2700Pa 以及 18700Pa 和 3100Pa，其重构结果分别约为 7700Pa 和 2150Pa、11100Pa 和 2200Pa 以及 14000Pa 和 2200Pa，表明随着初始入水高度的不断增加，入水初始时刻的砰击压力峰值迅速增加，但是在第 20ms 时刻砰击压力峰值增加不明显，说明剧烈砰击作用的发生在入水初期阶段，约在前 10ms 时间内。

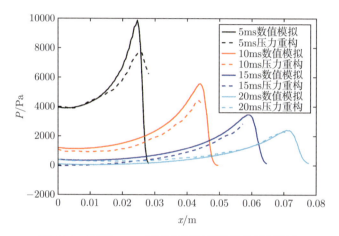

图 4.22　高度 15cm 下落不同时刻楔形体壁面压力

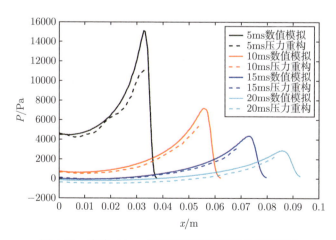

图 4.23　高度 30cm 下落不同时刻楔形体壁面压力

综上所述，依据 TR-PIV 技术获得楔形体入水过程中的瞬态流场信息，采用多路径压力积分方案进行砰击压力重构，虽会在砰击发生初始时刻和堆积区域内一定程度上低估压力，但总的来说，这种基于 PIV 技术的无接触压力评估方法具有良好的可行性，相比于传统的压力测量方式，如压力计、压力传感器等，具有无接触、流场全局、试验操作简洁等的优点，是 PIV 技术的一种拓展。此外，采用更合适的试验方案、性能更高的 PIV 相机或激光器会进一步提升砰击流场测试结果和砰击压力重构结果的准确性。

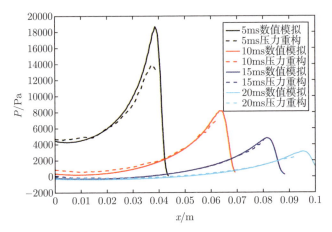

图 4.24　高度 45cm 下落不同时刻楔形体壁面压力

4.4.2　砰击载荷分析

除了砰击压力，楔形体入水过程中的单位宽度砰击载荷也可以通过基于 PIV 重构的砰击压力进行沿楔形体壁面积分而获得。图 4.25~图 4.27 分别显示了楔形体自 15cm、30cm 和 45cm 高度处整个入水过程中 Wagner 理论计算、PIV 重构和数值模拟的单位宽度砰击载荷曲线，PIV 重构的砰击载荷采用重构砰击压力的

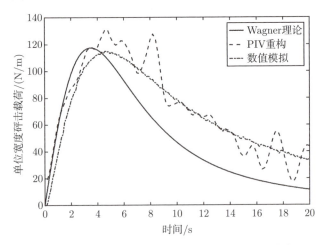

图 4.25　高度 15cm 下落单位宽度楔形体砰击载荷

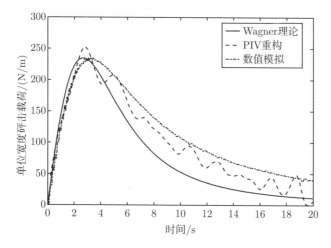

图 4.26 高度 30cm 下落单位宽度楔形体砰击载荷

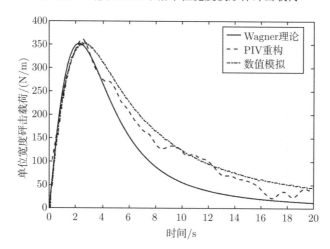

图 4.27 高度 45cm 下落单位宽度楔形体砰击载荷

向前积分方法获得。在砰击发生的前 10ms 时刻内, 产生的砰击载荷较大, 约在 5ms 左右, 砰击载荷达到峰值。在这一阶段虽然楔形体与水体接触长度较小, 但所受砰击压力极大, 使得载荷也相应较大, 这与 4.4.1 小节展示的结论较为一致。在整个砰击过程中, PIV 重构结果与数值模拟结果具有良好的一致性, Wagner 理论计算结果在前 10ms 时间内与 PIV 重构和数值模拟结果吻合良好, 但是在 10~20 ms 时间内 Wagner 理论会在一定程度上低估砰击载荷, 这可能是由于基于势流理论的 Wagner 计算模型在一定程度上的流动问题简化所导致的, 并且 Wagner 认为楔形体砰击过程中的楔形体湿长度始终为浸没长度的 $\pi/2$ 倍, 而在实际计算和试验过程中, 其湿长度会比该值小 10%~20%[12-14]。

参 考 文 献

[1]　Nila A, Vanlanduit S, Vepa S, et al. A PIV-based method for estimating slamming loads during water entry of rigid bodies[J]. Measurement Science and Technology, 2013, 24(4), 045303.

[2]　Thielicke W, Stamhuis E J. PIV lab —Towards User-friendly, Affordable and Accurate Digital Particle Image Velocimetry in MATLAB [J]. Journal of Open Research Software, 2014: 1-10.

[3]　Scarano F, Riethmuller M L. Advances in iterative multigrid PIV image processing[J]. Experiments in Fluids, 2000, 29(1 Supplement), S051-S060.

[4]　Sugii Y, Nishio S, Okuno T, et al. A highly accurate iterative PIV technique using a gradient method[J]. Measurement Science & Technology, 2000, 11(12), 1666.

[5]　Wagner H. Über Stoß—und Gleitvorgänge an der Oberfläche von Flüssigkeiten[J]. ZAMM—Journal of Applied Mathematics and Mechanics/Zeitschrift für Angewandte Mathematik und Mechanik, 1932, 12(4), 193-215.

[6]　赵林岳. 二维楔形体入水问题的解析解研究 [D]. 哈尔滨: 哈尔滨工程大学, 2012.

[7]　Panciroli R, Porfiri M. Evaluation of the pressure field on a rigid body entering a quiescent fluid through particle image velocimetry[J]. Experiments in Fluids, 2013, 54(12), 1630.

[8]　秦洪德, 赵林岳, 申静. 入水冲击问题综述 [J]. 哈尔滨工业大学学报, 2011 (S1), 152-157.

[9]　郑传彬, 朱良生, 吴家鸣. 结构物砰击入水问题研究进展 [J]. 科学技术与工程, 2008, 8(21), 5891-5897.

[10]　Liu X, Katz J. Instantaneous pressure and material acceleration measurements using a four-exposure PIV system[J]. Experiments in Fluids, 2006, 41(2), 227.

[11]　Baur T. PIV with high temporal resolution for the determination of local pressure reductions from coherent turbulence phenomena[C]. Proc. 3rd Int. Workshop on PIV-Santa Barbara, 1999, 101-106.

[12]　Shams A, Jalalisendi M, Porfiri M. Experiments on the water entry of asymmetric wedges using particle image velocimetry[J]. Physics of Fluids, 2015, 27(2): 027103.

[13]　Panciroli R, Shams A, Porfiri M. Experiments on the water entry of curved wedges: high speed imaging and particle image velocimetry[J]. Ocean Engineering, 2015, 94: 213-222

[14]　Russo S, Jalalisendi M, Falcucci G, et al. Experimental characterization of oblique and asymmetric water entry[J]. Experimental Thermal and Fluid Science, 2018, 92: 141-161.

第 5 章　2D 船艉入水流场激光诊断
与 TR-PIV 分析

在实际海况中，剧烈的砰击主要作用于不规则船舶艏部、艉部或者形状复杂的海洋结构物。由于这些位置表面曲率变化较大，砰击发生时会伴有流动分离、卷气、自由液面破碎等复杂气液两相流动，国内外在此方面相关研究主要以数值模拟手段研究为主 [1–3]。本章针对船艉入水砰击问题，以 KCS 船艉模型为研究对象，将船舶 18.5 站型线简化为 2D 船艉模型，进行具有任意边界的船艉模型入水砰击试验。由于精细流场测试系统的测量区域相比于实际船舶较为有限，这里没有探究船艉入水过程中的尺度效应问题。采用加速度测试系统和自研的基于 TR-PIV/LIF 技术的激光诊断系统，对船艉模型入水砰击过程中的加速度信息、流动现象以及细节流场结构进行试验测试。同时开展与物理试验条件相一致的数值研究，结合试验与数值手段，深入分析任意边界船艉模型入水砰击过程中的复杂流动问题。

5.1　试验测试方案和数值模拟方法

5.1.1　试验测试方案

由于集装箱船、大型水面舰船等航速较高船舶，在实际航行过程发生砰击的概率远大于散货船、油船等低航速肥大型船舶，因此本章选取韩国 KRISO[4] 设计建造的 3600TEU 集装箱船为研究对象，模型如图 5.1 所示。进行入水砰击的试验模型如图 5.2 所示，选取 KCS 船舶第 18.5 站型线，制作缩尺比为 1:200 的 2D 船艉模型。模型由 PLA 材料经 3D 打印制成，属于刚性物体。船艉模型的表面打磨光滑，并制作防水涂层，进行亚光黑处理，尽量避免激光的强反光。船艉模型的长度约为 130mm，高度约为 120mm，宽度为 160mm，船艉模型与连接滑块的总重为 0.57kg，分别从距离水面 5cm、25cm 和 50cm 高度处自由落下，对应入水初速度分别为 0.990m/s、2.213m/s 和 3.130m/s。试验时水温为室温 20℃，密度为 998.16kg/m³，运动黏性系数为 1.0037×10^{-5} m²·s，重力加速度 g 为 9.8m/s²。应用第 2 章中提及的加速度计采集船艉模型入水过程中的加速度信息，采用基于 TR-PIV/LIF 技术的激光诊断系统观测入水过程中的流动现象以及细节流场结构。

图 5.1   KCS 船舶模型

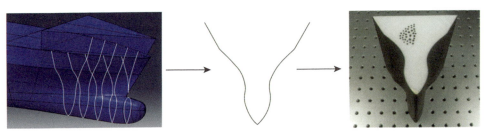

图 5.2   2D 船艏模型示意图

5.1.2   数值模拟方法

由于物理试验是关于 yz 平面和 xz 平面是对称的，为节省计算资源，流体计算域取为物理域的四分之一大小，即：$400\text{mm} \times 250\text{mm} \times 250\text{mm}$。与物理试验工况相对应，船艏模型底端接触水面为 0 时刻，入水初速度为 0.990m/s、2.213m/s 和 3.130m/s。使用非结构化的切割体网格进行计算域离散化，最大的线性单元尺度为 10mm，最小的线性单元尺度为 0.25mm。船艏入水数值计算边界条件及网格划分情况如图 5.3 所示，计算域中边界条件的设置情况为：(1) 设置船艏模型表面为无滑移壁面 $U = U_b$，$n \cdot \nabla p = 0$；(2) 设置 yz 平面和 xz 平面为对称面；(3) 设置计算域的顶面与底面为速度进口 $U = 0$，$n \cdot \nabla p = 0$；(4) 设置计算域的侧面为压力出口 $n \cdot \nabla U = 0$，$n \cdot \nabla p = 0$。

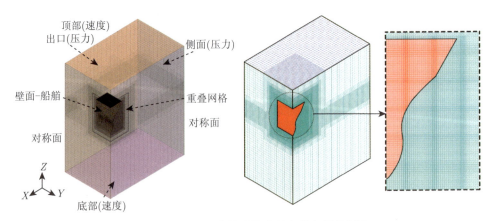

图 5.3   船艏入水数值计算边界条件与网格划分

5.2 船舶入水过程中宏观现象分析

5.2.1 船舶模型运动响应分析

自 5cm、25cm 和 50cm 高度处自由下落，相互独立的 3 次船舶模型入水过程中加速度响应试验与数值模拟结果，如图 5.4 所示，显示了船舶模型脱离测试区域前的加速度结果，初速度分别为 0.990m/s、2.213m/s 和 3.130m/s 时，记录的时间分别约为 100ms、53ms 和 38ms。表明独立的多次试验测试结果具有良好的一致性，且与数值结果吻合良好。随着初速度不断增加，船舶入水过程中的二次砰击现象越发显著，当初速度为 0.990m/s 时，二次砰击时的加速度约为 10m/s²，发生时间约在 40～60 ms，如标注 A 所示；当初速度为 2.213m/s 时，二次砰击时的加速度约为 30m/s²，发生时间约在 15～30 ms，如标注 B 所示；当初速度为 3.130m/s 时，二次砰击时的加速度约为 60m/s²，发生时间约在 10～20 ms，如标注 C 所示。当速度较低为 0.990m/s 时，船舶底端外凸部分与水体的砰击作用并不剧烈，初次砰击现象不明显，从初次砰击到二次砰击中间有一个缓慢的过渡过程；当速度较高为 2.213m/s 和 3.130m/s 时，船舶底端外凸部分迅速与水体作用，产生一个较大的初次砰击加速度，随后产生流动分离导致加速度有一个小的下降趋势，接着分离的流动与船舶外飘部分作用，产生剧烈的二次砰击现象，加速度迅速增加。这种砰击作用是船舶砰击时最典型的现象，其砰击作用最为剧烈，危害性也最大。此外，当初速度增高时，加速度曲线波动随之增大，运动的不稳定性增加。

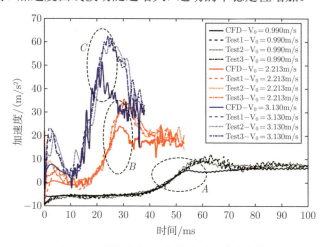

图 5.4 不同初速度船舶模型加速度曲线

根据 2.3.3 小节中的 LIF 图像处理算法，图像掩膜的底端位置即为 2D 船舶模型的底端位置，以此检测船舶模型在入水砰击过程中的运动位移，并应用最小二乘法进行拟合。如图 5.5 所示，显示了船艏模型以不同初速度入水过程中，0~100 mm 范围内的位移曲线，设置自由液面位置的坐标为 0，位移表示船艏模型底端与未扰动自由液面之间的距离。图 5.5 表明了这种应用 LIF 技术检测船艏模型位置的准确性，并且三次独立试验具有很好的可重复性。同时试验测试数据与数值模拟结果吻合良好。值得注意的是，当时船艏模型入水初速度为 0.990m/s 时，在砰击初期，位移检测的试验结果与数值结果之间的吻合十分良好。随着砰击的不断发展，位移约在 60mm 后，试验与数值结果之间的差距逐渐增大，可能是由于试验观测结果中的射流区域范围比数值模拟的射流区域范围逐渐变大，而射流区域大小直接反应了流体从物体吸收能量的大小，因此要达到相同的深度，试验结果反应的砰击作用时间比数值结果较长，如图 5.6(h)~(l) 所示。

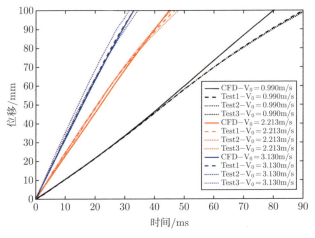

图 5.5　船艏位移曲线

为了进一步量化多次重复试验之间以及试验与数值结果的误差，应用第 3 章中提及的方法，采用公式 (4-3)~ 式 (4-5) 计算。计算结果如表 5.1 所示，在各个初始高度自由下落工况下，船艏以不同初速度入水过程中独立进行的试验具有很好的重复性，当速度较大为 3.130m/s 时，运动的不稳定性较大，最大的平均误差约为 4.95%。初始高度越低，试验可重复性越高，但与数值模拟结果之间反而误差增加，当入水初速度为 0.990m/s 时，试验与模拟结果的平均误差达到最大，其值为 6.58%，误差仍在可接受范围内，与图 5.5 展示的结果一致。

表 5.1　船艏入水位移试验与模拟结果误差

入水初速度	试验 1	试验 2	试验 3	模拟结果
0.990m/s	0.37%	0.25%	0.20%	6.58%
2.213m/s	2.92%	3.52%	1.59%	2.51%
3.130m/s	4.25%	4.95%	3.55%	2.85%

5.2.2 船艏模型入水过程中流动现象分析

首先，对激光诊断系统中的 LIF 测试结果进行处理，分析船艏入水过程中的流动现象。图 5.6~图 5.8 分别为船艏模型以 0.990m/s、2.213m/s 和 3.130m/s 初速度

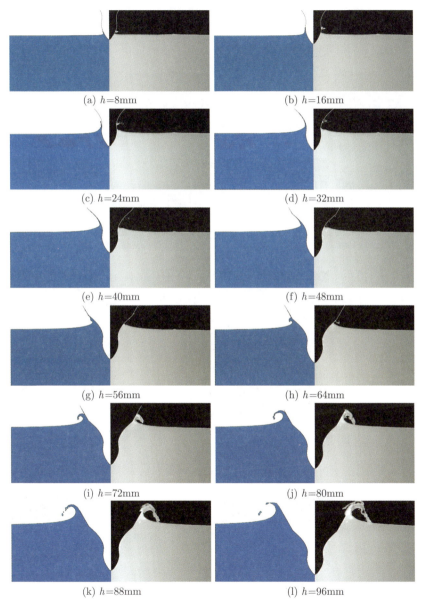

(a) h=8mm

(b) h=16mm

(c) h=24mm

(d) h=32mm

(e) h=40mm

(f) h=48mm

(g) h=56mm

(h) h=64mm

(i) h=72mm

(j) h=80mm

(k) h=88mm

(l) h=96mm

图 5.6 初速度 0.990m/s 船艏模型不同入水深度时自由液面形态

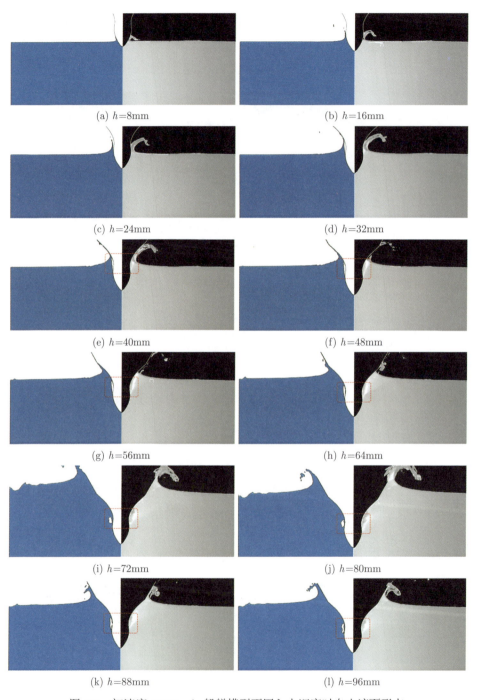

(a) h=8mm

(b) h=16mm

(c) h=24mm

(d) h=32mm

(e) h=40mm

(f) h=48mm

(g) h=56mm

(h) h=64mm

(i) h=72mm

(j) h=80mm

(k) h=88mm

(l) h=96mm

图 5.7　初速度 2.213m/s 船艏模型不同入水深度时自由液面形态

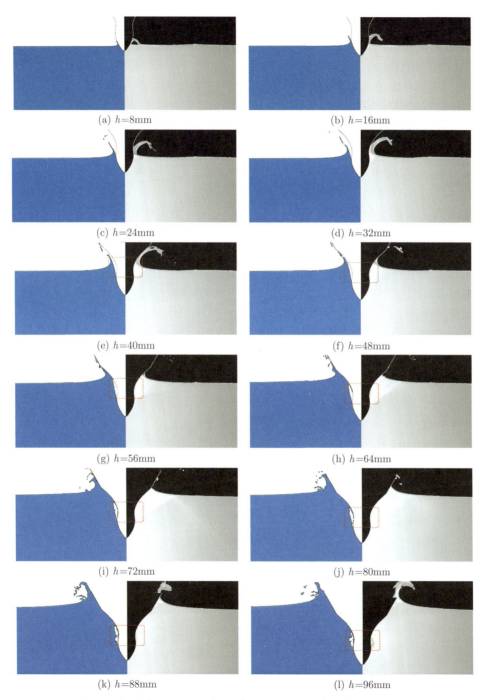

(a) h=8mm

(b) h=16mm

(c) h=24mm

(d) h=32mm

(e) h=40mm

(f) h=48mm

(g) h=56mm

(h) h=64mm

(i) h=72mm

(j) h=80mm

(k) h=88mm

(l) h=96mm

图 5.8 初速度 3.130m/s 船艇模型不同入水深度时自由液面形态

入水过程中的自由液面变化示意图, 依次展示了入水深度由 8mm 逐渐增至 96mm
时结果, 每个子图中的左侧为数值模拟结果, 右侧为 LIF 测试结果。总的来看, 本
章所采用基于 TR-PIV/LIF 技术的激光诊断系统能够很好捕捉船艇模型在入水砰
击过程中的自由液面形态, 甚至是流动分离、卷气等复杂流动现象。同时 LIF 测试
结果与数值模拟结果具有很好的一致性, 说明本章中自由液面的试验捕捉手段和
数值模拟方案具有良好的可信度。

　　对比船艇模型以不同初速度入水过程中的自由液面变化示意图可知: (1) 当初
速度较低为 0.990m/s 时, 船艇模型在整个下落过程中水体随着船艇型线逐渐攀升,
并形成射流, 没有流动分离现象发生; (2) 当初速度较高为 2.213m/s 和 3.130m/s
时, 在砰击初期, 水体随着球艏底端外凸的型线迅速上升, 并在球艏边界处发生
流动分离形成水射流, 水射流逐渐脱离模型表面迅速向上发展, 如图 5.7(e) 和图
5.8(e) 中红线标注所示; (3) 随着砰击进一步发展, 射流逐渐扩大, 并且射流与模
型表面之间空腔不断扩大, 气体被卷入船艇型线内凹壁面与射流之间, 形成鲜明的
气腔, 如图 5.7(f)~(h) 和图 5.8(f)~(h) 中红线标注所示; (4) 由于船艇外飘处的型
线迅速向外扩张, 射流与外飘部分再次接触, 发生二次砰击现象, 这是船艇砰击最
典型的现象, 其砰击作用最为剧烈, 危害性也最大; (5) 在二次砰击发生后, 水体
再次与船艇壁面接触, 卷入的空气形成一个闭合的气腔随着船艇模型不断下落而
向下发展, 并有逐渐扩散的趋势, 如图 5.7(i)~(l) 和图 5.8(i)~(l) 中红线标注所示。
对比初速度 2.213m/s 和 3.130m/s 时的自由液面演变形态可知: 在相同位移状态
下, 初速度较小时空腔提前闭合, 二次砰击也提前发生, 初速度较大时空腔闭合和
二次砰击发生较为延后, 但是卷入的空气量较大, 形成的闭合气腔轮廓较大, 如图
5.7(f) 和图 5.8(f) 所示。

5.3　船艇入水过程中细节流场分析

　　随后, 对激光诊断系统中的 TR-PIV 测试结果进行处理, 分析船艇入水过程
中的细节流动结构。图 5.9~图 5.11 分别为船艇模型以 0.990m/s、2.213m/s 和
3.130m/s 初速度入水过程中的流场速度云图、矢量与流线图, 依次展示了入水深
度由 16mm 逐渐增至 96mm 时结果, 每个子图中的左侧为速度云图的数值模拟和
TR-PIV 测试结果, 右侧为矢量、流线的数值模拟和 TR-PIV 测试结果。由于初速
度较高时, 船艇入水过程中形成的气腔中并不包含示踪粒子, 该部分的流动测试结
果无法展示。总的来说, 在整个船艇模型入水砰击过程中, 流场速度云图、矢量与
流线图的数值结果与试验测试结果吻合良好。所应用的数值模拟方案能够精准地
捕捉船艇入水过程中的射流、卷气等复杂现象, 试验测试结果能够展现液相流场的
流动细节, 本章所采用基于 TR-PIV/LIF 技术的激光诊断系统在捕捉船艇入水过

程中的自由液面形态同时，也能够很好的展现流场全局的流动结构。

当入水初速度较低为 0.990m/s 时，无卷气现象发生，由图 5.9 可知：(1) 在入水初期，如图 (a) 所示，流场中速度峰值呈两极分布，在船艏底端和射流区域顶端流速均较大，底端的高速度区域主要是由于船艏向下运动而推动液体向下，导致 y 方向上流速较高，而射流区域顶端主要是由于该部分船艏型线外凸与抛物面类似，排挤液体向外，导致 x 方向上流速较高，与抛物面形物体入水过程中的速度分布类似；(2) 船艏持续下落，如图 (b) 所示，船艏底端流速依旧较大，而射流区域的流速显著降低，这是由于入水初速度较低，并且受船艏内凹的壁面引导，射流区域无法直接从物体获取能量，进一步向外发展的趋势被抑制，逐渐向内凹壁面流动，形成一个速度较低的回流；(3) 船艏外飘部分开始与射流区域相互作用，如图 (c) 所示，外张的船艏向下运动压迫液体，使射流区域中上半部分液体沿着外飘部分向上运动，导致射流区域流速逐渐增大，同时使射流区域中下半部分液体沿着内凹壁面向下运动，与船艏底端附近向上的流动交汇，逐渐向右流动，如矢量与流线图所示，在内凹壁面附近形成一个流动鞍点，即图中标注显示的流速接近于 0 的低速度区域；(4) 随着砰击进一步发展，如图 (d)~(f) 所示，外飘部分持续与液体作用，射流区域流速逐渐增加，同时该部分的速度等值线分布较密，速度梯度也相应增加，此外，内凹部分向下流动液体受该处无滑移壁面剪切作用，形成一个高速度梯度的剪切层，其流速逐渐增加，在内凹壁面附近形成一个高速度区域，而先前形成的流动鞍点受剪切层增厚逐渐向外扩散，其纵向位置稳定在船艏底端外凸与内凹型线交界处。

当入水初速度较高为 2.213m/s 和 3.130m/s 时，砰击过程中均发生流动分离、卷气等现象，由图 5.16 和图 5.17 可知：(1) 在入水初期，如图 5.10 和图 5.11(a) 所示，其流场速度分布、流动结构特征与低初速度时的分布结果较为一致；(2) 如图 5.16 和图 5.17(b) 所示，其流动结构特征依旧与低初速度时较为相似，但是在船艏底端外凸与内凹型线交界处发生了流动分离，射流区域液体不再受内凹壁面影响，保持原有的趋势向外向上流动，这可能是由于初速度较高情况下，射流区域流速较大导致的，初速度为 0.990m/s、2.213m/s 和 3.130m/s，在入水深度 32mm 时，其射流区域流速分别约为 0.3m/s、0.8m/s 和 1.4m/s；(3) 如图 5.10 和图 5.11(c) 所示，射流区域顶端初始接触船艏外飘部分，发生流动分离的射流与船艏内凹壁面之间卷入的空气被封闭，形成一个闭合的空腔，受外飘部分作用，射流顶端区域流速迅速增加，但由于射流底端是气腔，相比于较低初速度同等入水深度状态，液相中没有流动鞍点产生；(4) 如图 5.10 和图 5.11(d)~(f) 所示，外飘部分进一步与液体相互作用，射流区域中上半部分液体沿着外飘部分向上运动，其流速逐渐增大，同时射流区域中下半部分液体受船艏外张曲面向下挤压，向下运动，与气腔顶端附近的向上运动液体相汇合，在气腔顶端形成流动鞍点，随着砰击的深入发展，闭合的气

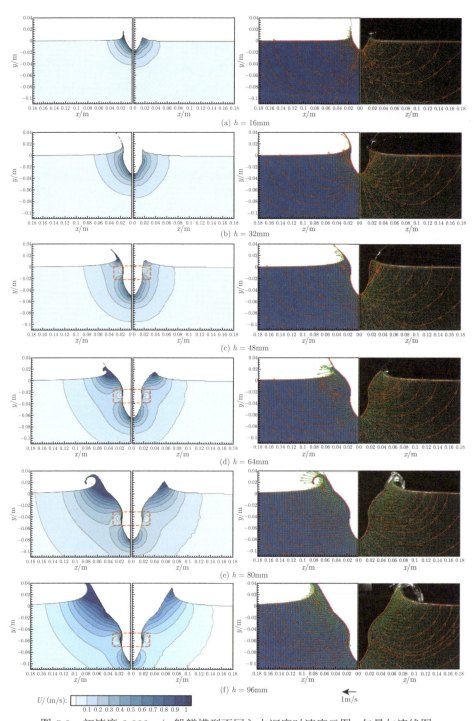

图 5.9　初速度 0.990m/s 船艋模型不同入水深度时速度云图、矢量与流线图

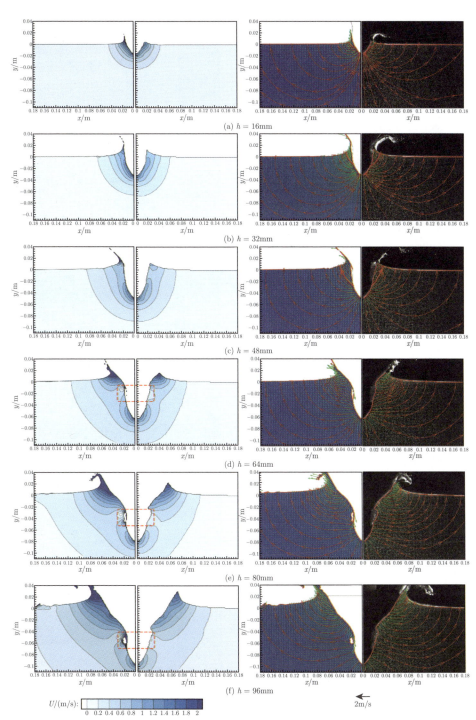

图 5.10 初速度 2.213m/s 船艏模型不同入水深度时速度云图、矢量与流线图

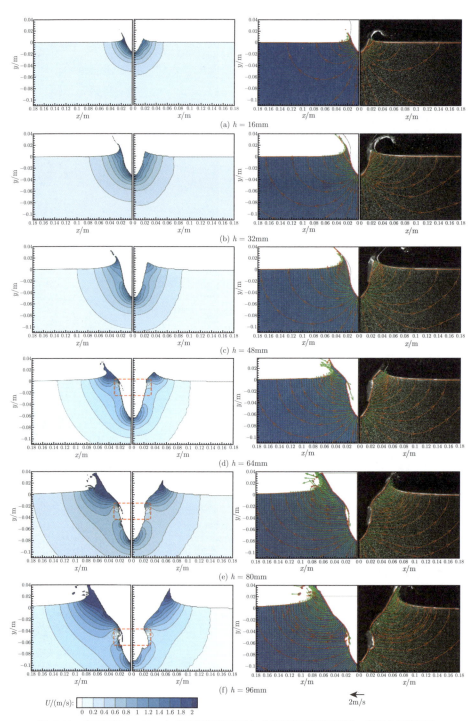

图 5.11　初速度 3.130m/s 船艏模型不同入水深度时速度云图、矢量与流线图

腔在船艏和周围液体的夹带下,向下运动,稳定在船艏内凹壁面附近,同时受船艏外张曲面挤压向下流动的液体与气腔顶端附近向上流动的液体相汇合,在气腔顶端形成流动鞍点,液体向外流动的同时作用并挤压闭合的气腔,气腔的顶端逐渐被压缩,类椭圆形的气腔逐渐向圆形发展。

图 5.12 展示了不同初速度时船艏模型底端流速的 TR-PIV 测试结果,三次独立重复的测试结果具有很好的一致性,表明了本章中基于 TR-PIV/LIF 技术的激光诊断系统在流场细节流动结构测试方面具有很好的可靠性和精确性。随着入水初速度由 0.990m/s 增至 3.130m/s,船艏模型到达 96mm 所需的时间依次约为 90ms、50ms 和 35ms。在砰击发生的初期,约在 0~2 ms 时间范围内,船艏底端的流速会被严重低估,这主要是由于船艏底端初始接触液体时,浸没水中的部分较小,排开的示踪粒子较少,导致 PIV 分析时船艏底端查询窗口内有效粒子对不足,使互相关峰值降低,产生相应的测试误差。在初速度较高为 2.213m/s 和 3.130m/s时,砰击初始阶段,船艏底端外凸部分与水体作用形成较为稳定射流,初始阶段速度波动较为稳定。随后射流不断发展,并与外飘部分接触,发生显著的二次砰击现象,其开始作用时间分别约为 16.2ms 和 18.0ms,随后船艏速度迅速下降。值得注意的是,多次重复的试验结果均反应在二次砰击发生前,有一个显著的速度升高趋势,如图中标注 A 和 B,这主要是由于初次砰击形成的射流脱离内凹壁面的约束,仅仅船艏底端较小部分与水体接触,在初始动能和重力作用下,船艏底端流速显著升高。而在初速度较低为 0.990m/s 时,船艏底端流速变化趋势较为平缓,无明显的二次砰击现象,其速度逐渐下降是由于模型的动能和重力势能逐渐被水体吸收所导致的。

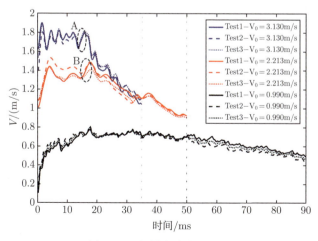

图 5.12 船艏底端流速曲线

图 5.13 展示了初速度为 0.990m/s 船艏模型不同入水深度时壁面处流速,其中

左侧为速度曲线，横坐标显示的速度范围为 0~1.5 m/s，右侧为不同入水深度时的液体流域边界形态，横坐标显示的长度范围为 0~0.1 m，速度曲线图与边界形态图共用一个纵坐标，表示船艏模型高度，范围为 0~0.14 m，令船艏模型的底端位于坐标原点。该速度曲线图与图 5.9 展示的全场流动特征较为一致，在砰击初始发生时刻，壁面速度在船艏底端和射流区域成两极分布；随着砰击的不断发展，船艏内凹壁面对应纵坐标范围约为 0.036~0.046 m，对附近流域的剪切作用增强，内凹壁面处流速逐渐增大；由于船艏与水体持续作用，船艏模型蕴含的能量传递至液体，并逐渐降低，射流顶端流速有逐渐降低趋势；此外，纵坐标约在 0.084m 处的外飘部分折边线处，随着射流进一步发展，受折边线影响有一个显著的流速升高现象。

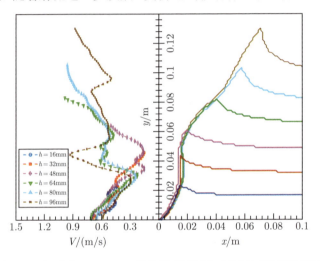

图 5.13   初速度 0.990m/s 船艏模型不同入水深度时壁面处流速

图 5.14 和图 5.15 展示了初速度为 2.213m/s 和 3.130m/s 船艏模型不同入水深度时壁面处流速，其左侧速度曲线横坐标显示的速度范围为 0~2.5 m/s，当初速度较高发生卷气情况下，不同初速度在相同入水深度状态下展示的速度分布趋势较为一致。该速度曲线图同样与图 5.10 和图 5.11 展示的全场流动特征较为吻合，可知：(1) 由于初速度较大，整个砰击过程中流速均成两极分布，在船艏底端和射流区域顶端流速分别达到最大；(2) 由于内凹壁面处是闭合的气腔，水体不再受内凹壁面的剪切作用，取而代之的是受船艏外张曲面挤压向下运动的液体与气腔顶端向上运动的液体相汇合，在气腔顶端交汇形成一个速度较低的流动鞍点，并且鞍点随着气腔被压缩，而逐渐向下运动；(3) 射流区域顶点流速，与初速度较低为 0.990m/s 时所显示的趋势一致，随着砰击深入发展，射流区域流速有逐渐降低趋势，射流顶端不再是流速最大位置，初速度为 2.213m/s 入水深度为 64mm、80mm、96mm 时，射流顶端流速分别为 2.1m/s、2m/s 和 1.85m/s，当时初速度为 3.130m/s 时，射流

顶端流速分别为 2.1m/s、2.05m/s 和 2.05m/s；(4) 在外飘部分折边线处，与较低初速度一样，受折边线影响有一个显著的流速升高现象。

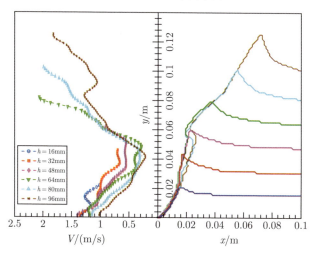

图 5.14　初速度 2.213m/s 船艏模型不同入水深度时壁面处流速

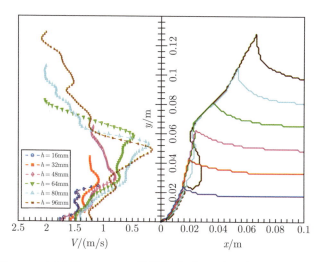

图 5.15　初速度 3.130m/s 船艏模型不同入水深度时壁面处流速

　　为了深入分析船艏入水砰击过程中的流动结构变化机理，选取入水深度由 16mm 增至 64mm 时间段，即高速状态下砰击初始发生至空腔闭合的发展过程，图 5.16 和图 5.17 分别展示了这一个过程中不同入水深度状态下的速度分量 u 和 v 的分布情况。图 5.16(a)~(h) 和 (i)~(l) 对应的入水初速度分别为 0.990m/s、2.213m/s 和 3.130m/s，和预想中的一样，在整个砰击过程中，船艏底端外凸部分向外排挤水

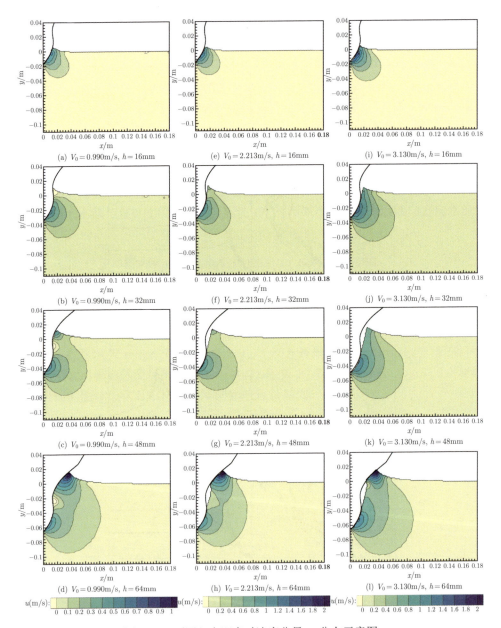

图 5.16　不同入水深度时速度分量 u 分布示意图

体, 产生较大的正方向速度分量 u; 当入水速度较低时, 速度分量 u 较低的射流受内凹壁面引导, 沿着内凹壁面形成一个回流, 表现为 x 方向上的负速度; 而当入水速度较高时, 射流顶端的速度分量 u 较高, 逐渐脱离内凹壁面, 随着初速度增至 3.130m/s, 射流顶端的速度分量 u 进一步增加, 使射流在 x 方向上位移更远, 导致卷入的空气也越多，形成闭合的气腔越大；当射流顶端与船艏外飘部分接触时，受外张的壁面向外挤压作用，使在原本较低的速度分量 u 迅速增加，其等值线分布也较密，反应了较大的速度梯度。

图 5.17 为不同入水深度时速度分量 v 分布示意图，如图所示，在砰击初期，船

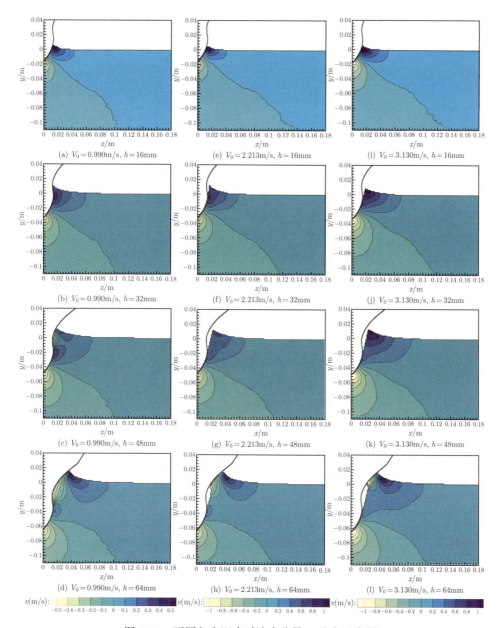

图 5.17 不同入水深度时速度分量 v 分布示意图

艏不断向下运动,底端附近流域的速度分量 v 在 y 负方向上达到最大,并且沿着船艏壁面向上,速度分量 v 逐渐由负转正,并在射流区域顶端速度分量 v 在 y 正方向上达到最大;当射流顶端与船艏外飘部分接触时,受外张的壁面向下挤压作用,射流区域的流动被明显分成两股,一股继续沿着外张壁面迅速向上发展,速度分量 v 迅速增加,另一股则沿着内凹壁面产生向下的回流,速度分量 v 迅速降低并至负值,使得外飘部分附近流域速度分量 v 的梯度变化极大,而图 5.16 显示该区域内的速度分量 u 的梯度也较大,可以预测在外飘结构处发生的二次砰击压力极大。

5.4　船艏入水过程中砰击压力重构

最后,依据船艏模型入水过程中的 TR-PIV/LIF 耦合流场测试结果,采用第 3 章中基于不可压缩 N-S 方程的分块多路径压力积分方案对船艏入水过程中砰击压力场进行重构。图 5.18 为船艏模型以 0.990m/s 初速度入水过程中的砰击压力分布,依次展示了入水深度由 16mm 逐渐增至 96mm 时的结果,每个子图中的左侧为砰击压力的数值模拟结果,右侧为基于 TR-PIV 的重构结果,将压力应用 $2p/(\rho\xi'^2_{(t)})$ 进行无量纲化。无论是砰击压力的整体分布,还是复杂船艏表面处的压力动态变化,基于 TR-PIV/LIF 瞬态流场测试数据进行砰击压力重构结果与数值模拟结果吻合十分良好,说明本章中所采用的数值、试验与压力重构方案,对表面曲率复杂的船艏入水过程中的砰击压力评估具有很好的可靠性。

当初速度较低,没有发生流动分离和卷气现象时,由图可知: (1) 在砰击初始阶段,如图 (a) 所示,与速度峰值呈两极分布截然不同,压力峰值分布在船艏底端,并沿着壁面向上迅速降低,在射流区域达到最低; (2) 船艏持续下落,如图 (b) 所示,压力峰值依旧分布在船艏底端,但在内凹壁面处的低速回流区域,产生了一个较大的负压力区域; (3) 当水体与外飘部分开始相互作用时,如图 (c) 所示,受外飘部分压迫的射流区域内压力迅速增加,同时使外凸与内凹壁面交界处的低压区域缩小,船艏底端的压力依旧保持一个较大的值; (4) 砰击进一步发展,如图 (d) 所示,外飘附近处流域内的压力迅速增至最大,产生了整个砰击过程中的压力峰值; (5) 射流区域逐渐越过船艏折边线位置,如图 (e) 所示,此时初始状态下船艏模型蕴含的大部分能量被大范围水体吸收,在船艏附近呈现大范围的低压区域,全场的压力峰值逐渐降低,有趣的是,压力峰值并不在射流区域内,这与楔形体入水过程中的压力分布结果截然不同,压力峰值依旧处在折边线下的外飘附近流域,同时船艏底端的砰击压力也相对较大; (6) 砰击作用接近尾声,如图 (f) 所示,全场压力峰值进一步降低,值得注意的是在折边线处附近和由船艏外凸壁面运动引起的强剪切层周围流域出现低压区域,这主要是由于当地流速增大导致的压力降低,与图 5.9 中展示的 PIV 测试结果相一致。

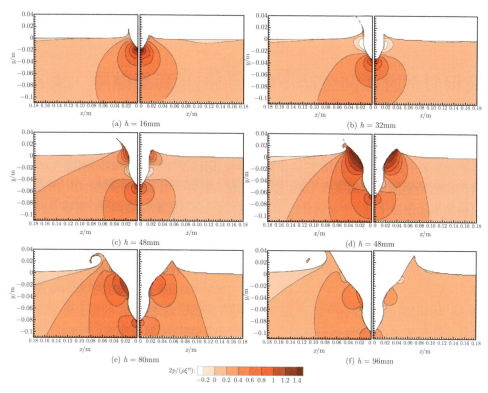

(a) $h = 16\text{mm}$ (b) $h = 32\text{mm}$

(c) $h = 48\text{mm}$ (d) $h = 48\text{mm}$

(e) $h = 80\text{mm}$ (f) $h = 96\text{mm}$

$2p/(\rho\xi^n)$: −0.2 0 0.2 0.4 0.6 0.8 1 1.2 1.4

图 5.18 初速度 0.990m/s 船舶模型不同入水深度时砰击压力云图

对于船舶入水问题，我们往往更关注速度较高、发生流动分离与卷气等复杂现象时的砰击作用情况。图 5.19 和图 5.20 为船舶模型以 2.213m/s 和 3.130m/s 初速度入水过程中的砰击压力分布，依次展示了入水深度由 16mm 逐渐增至 96mm 时结果，每个子图中的左侧为液体左侧边界处的压力曲线，黑色曲线表示无量纲化的水动压力 p，红色表示曲线表示无量纲化的绝对压力 p_a，右侧为基于 TR-PIV 的重构结果，去除了远场流域的压力信息，仅显示横坐标范围 0～0.1 m 和纵坐标范围 0.04～ −0.1 m 内的结果，将压力应用 $2p/(\rho\xi'^2_{(t)})$ 进行无量纲化。

当初速度较高，船舶入水过程中伴随着流动分离和卷气现象时，由图 5.19 和图 5.20 可知：(1) 在砰击初始阶段，如图 (a) 所示，由于初速度较大，会在船舶底端产生较大的砰击压力，速度为 2.213m/s 和 3.130m/s 时的无量纲峰值水动压力约为 1.5 和 1.2，其全场的砰击压力分布与低速情况下较为一致；(2) 图 (b) 展示的结果同样与低速时结果较为相似，在船舶外凸部分附近的高速度区域，压力呈现负值，紧接着流动发生分离；(3) 如图 5.19 和图 5.20(c) 所示，相同入水深度状态下，当速度为 2.213m/s 时，由于射流速度分量 u 较低，在 x 方向上位移较短，从而提前接触外飘部分，使射流顶端的压力迅速增加，当速度为 3.130m/s 时，射流尚未接触外飘部分, 其压力较低; (4) 砰击进一步发展, 如图 (d) 所示, 速度分量 v 较大的射流与 x 方向上扩张的船艏外飘结构相互作用, 如图 5.10、图 5.11 和图 5.17 展示的 PIV 测试结果, 一部分水体沿着外飘迅速向上发展, 一部分水流受外飘挤压向下运动, 在整个外飘部分产生极大的瞬态砰击压力, 正如 5.3 节中所预想的一样, 同时在外飘部分较大砰击压力分布中, 全场的砰击压力峰值既不位于射流顶端, 也不位于闭合气腔的顶端, 而位于向下与向上运动水流的交界处, 不同速度下无量纲峰值水动压力约为 1.6 和 1.5, 这种二次砰击作用严重影响船艏结构的安全性。极

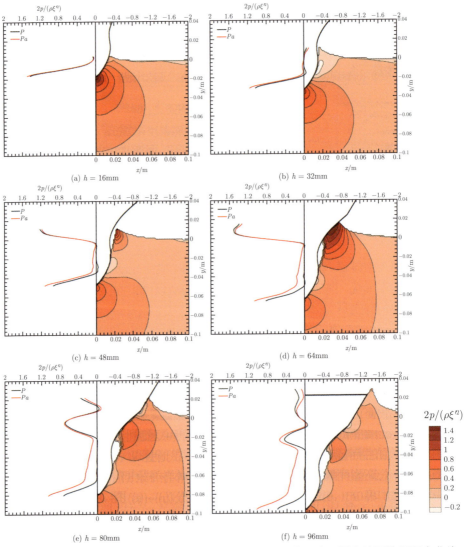

图 5.19   初速度 2.213m/s 船艏模型不同入水深度时砰击压力云图和液面边界压力曲线

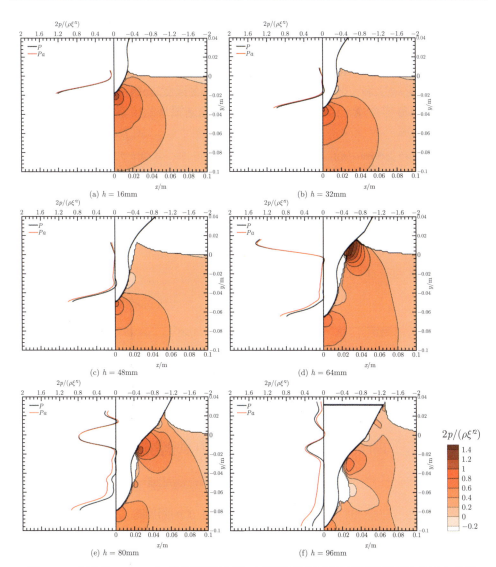

图 5.20　初速度 3.130m/s 船舶模型不同入水深度时砰击压力云图和液面边界压力曲线

端的二次砰击作用发生后，船舶速度逐渐降低：(5) 如图 (e) 所示，射流区域逐渐越过船舶折边线位置，外飘附近流域的压力依旧较大，由于船舶折边线向上倾斜，受外飘部分压迫的水体在其交界处的流动约束减弱，相应流速增加导致压力降低，产生一个负压区域，如图 5.12 展示的速度结果一致，但在随后的射流区域中压力又逐渐回升，这部分的速度和压力分布与大底升角楔形体入水过程中的射流区域流动特征较为一致；(6) 在入水尾声阶段，如图 (f) 所示，船舶附近呈现大范围的低压区域，同时折边线以上部分的射流区域压力逐渐降低，并呈现不稳定的趋势；

(7) 值得注意的是，在整个砰击过程中，气腔周围的水动压力近乎为 0，说明船艏入水过程中，内凹壁面部分所受的砰击载荷较小。

为进一步研究船艏入水过程中的实际砰击压力分布，图 5.21 和图 5.22 展示了初速度为 2.213m/s 和 3.130m/s 船艏模型不同入水深度时液面边界压力曲线，横坐标表示船艏模型高度，范围为 0~0.13 m，令船艏模型的底端位于横坐标零点，纵坐标表示入水过程中砰击的实际水动压力。由图 5.21 和图 5.22 可知：(1) 砰击发生初始时刻，底端压力最大，随着入水初速度增加，其底端砰击压力也随之增加，分别约为 3500Pa 和 5800Pa，随着砰击不断发展，底端压力逐渐降低；(2) 随着位置升高，压力迅速下降，约在 0.018m 处将至最低，并在船艏底端外凸与内凹型线交界处产生负压；(3) 在整个砰击过程中，相当一部分外凸与内凹区域的砰击压力

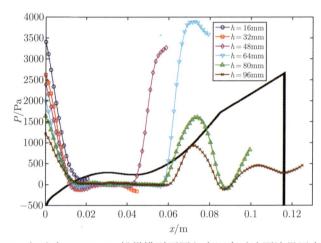

图 5.21　初速度 2.213m/s 船艏模型不同入水深度时液面边界压力曲线

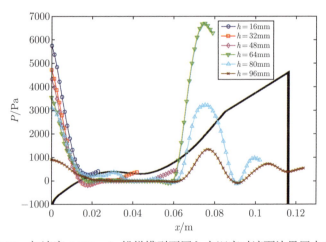

图 5.22　初速度 3.130m/s 船艏模型不同入水深度时液面边界压力曲线

均较小,受砰击影响较小,低压区域范围分别约为 0.02~0.42 m 和 0.02~0.06 m;
(4) 在船舶外飘部分发生二次砰击的瞬态砰击压力极大,由低压区域到发生砰击的外飘部分压力值迅速上升,当入水深度为 64mm 时,砰击压力均达到最大分别约为 4000Pa 和 6800Pa;(5) 二次砰击发生后,外飘部分的压力始终保持一个较大水平,同时随着位置升高压力开始逐渐降低,但射流越过折边线 (约位于 0.085m) 后压力将至最低点,随后又在射流区域中逐渐回升;(6) 在砰击尾声阶段,折边线以上部分的射流不再是稳定形成的阶段,压力逐渐降低,并出现波动。

参 考 文 献

[1] Kapsenberg G K. Slamming of ships: where are we now? [J]. Philosophical Transactions of the Royal Society of London A: Mathematical, Physical and Engineering Sciences, 2011, 369(1947): 2892-2919.

[2] 卢炽华, 何友声, 王刚. 船体砰击问题的非线性边界元分析 [J]. 水动力学研究与进展, 1999, 14(2):169-175.

[3] Abrate S. Hull slamming[J]. Applied Mechanics Reviews, 2011, 64(6): 060803.

[4] Kim J, Park I R, Van S H. RANS computations for KRISO container ship and VLCC tanker using the WAVIS code[C]. Proceeding of CFD Workshop Tokyo. 2005: 542-547.

[5] Dewey Jr C F. Qualitative and quantitative flow field visualization utilizing laser-induced fluorescence[C]. In AGARD Appl. of Non-Intrusive Instr. in Fluid Flow Res. 7 (SEE N77-11221 02-31). 1976.

[6] Walker D A. A fluorescence technique for measurement of concentration in mixing liquids[J]. Journal of Physics E: Scientific Instruments, 1987, 20(2): 217.

[7] Ferrier A J, Funk D R, Roberts P J W. Application of optical techniques to the study of plumes in stratified fluids[J]. Dynamics of Atmospheres and Oceans, 1993, 20(1-2): 155-183.

第 6 章　船舶尾流场 2D 切面速度分布
与湍流特性研究

由于船体湍流边界层、3D 流动分离以及自由表面兴波诱导的水质点轨圆运动等因素的相互耦合,船舶绕流场以及艉部伴流场极其复杂,且具有明显的船型、艉部型式依赖性。另外,湍流是流体与数学届的世纪难题。湍流被流体力学家定义为流体的一种连续的不稳定的流动状态或连续的不规则的流动形式。船舶的艉部几何往往具有较为复杂的曲度型式,水流流经此几何形状突变区域往往形成复杂的湍流尾流场。螺旋桨安装在船艉区域且处于此复杂流场之中,螺旋桨的推进性能、振动、噪声以及空化性能等均严重依赖复杂的艉部流动情况。目前关于船舶尾流场测量的相关研究中,船舶尾流场的湍流特性相关研究不多。对于复杂的、具有较大难度的湍流特性问题,特别是本章节中拟研究的船舶尾流场湍流特性问题而言,精细流场的直接测量手段是最直观、最真实的揭示流动特性的方法。湍流的连续的不稳定的流动状态或连续的不规则的流动形式中往往包含复杂的旋涡结构、流动分离、雷诺应力、湍流特性等流动特征,粒子图像测速技术作为先进的现代流场测量技术可以同时多点的进行复杂流场中完整速度场的测量。

本章采用基于粒子图像测速技术的试验研究方法对 76 K 巴拿马散货船的标称伴流场速度分布与湍流特性进行详细的测量与分析。应用拖曳水下 SPIV 测量系统,进行不同航速下的船舶标称伴流场测量,对轴向速度、展向速度、垂向速度、平面速度大小、总速度大小、速度矢量、流线、平均动能以及典型速度样本编号处的瞬态速度特性进行详细的分析,测量的湍流特性参主要有湍流脉动速度、湍流度、湍动能、雷诺正应力、雷诺剪切应力等。除了对以上湍流特性参数进行详细分析外,还对伴流场湍流各向异性进行分析进行了分析。对伴流场的速度特征与湍流特性进行精细的解读,相关研究为进一步理解肥大型 U 尾船舶桨盘面伴流特征与基于伴流的桨、节能装置适伴流设计提供数据基础。

6.1　试验模型与试验工况

6.1.1　试验模型、坐标系统与试验工况

本章设计装载状态、不同航速等工况下船舶尾流场的流动机理与湍流特性研究分析中所用试验模型为某一 76 K 巴拿马散货船。76 K 散货船的主尺度参数见

表 6.1，尾流场测量工况见表 6.2，型线与模型见图 6.1。

表 6.1　76 K 散货船主尺度参数

主尺度参数	符号	实尺度	HEU 模型
垂线间长	L_{PP}/m	217.0	4.82
型宽	B/m	32.25	0.72
型深	T/m	20.10	0.45
方形系数	C_B	0.86	0.86
螺旋桨半径	R/m	3.375	0.75
缩尺比	λ	1	45

表 6.2　PIV 精细流场测量工况

参数	设计状态
测量截面	螺旋桨盘面；CT 扫掠切面详见 7.1.1 小节
吃水/m	0.28
流体介质	水
航速/(m/s)	0.383、0.69、0.997、1.15
水面状态	静水面
测试设备	2D-3C SPIV

图 6.1 中显示了 76 K 巴拿马散货船设计装载状态下的船模试验模型图以及进行尾流场测量的局部坐标系示意图。设计装载状态工况时，螺旋桨浸没在水线以下一定深度。

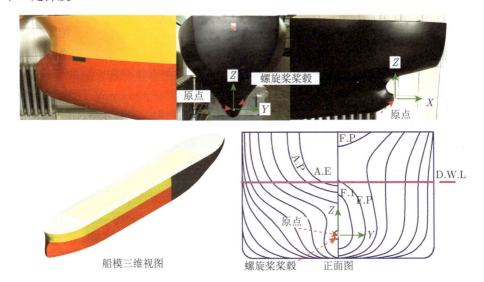

图 6.1　76 K 巴拿马散货船模型和流场测量中的局部坐标系统

6.1.2　U 或 V 型式船艉部形状定义

国际公开发表文献以及哈尔滨工程大学船舶拖曳水池实验室的 PIV 试验等研究表明：三大主力船型中油船与散货船通常具有较大的方形系数且艉部型式为 U 尾型式，此类船型的 3D 流动分离特性更显著，标称伴流特性通常表现为钩状伴流特征，且具有舭涡和桨轴假毂涡双涡特征。湍动能与雷诺应力也表现为 U 状分布，且分布范围与数值较大；集装箱船方形系数较油船、散货船小，且艉部型式通常为 V 状，集装箱船标称伴流特征中几乎无钩状速度特征，湍动能与雷诺应力较油船散货船范围与数值均更弱。由于伴流场的船型、艉部型式依赖性，且船艉型式对船舶艉部伴流场分布形式、湍流特性、漩涡分布等具有直接的决定作用，此小节对 U 型与 V 型式的船舶艉部形状的定义进行描述 [1]。图 6.2(a) 所示为全 SPIV 测量区域与螺旋桨盘面区域定义示意图，其中矩形蓝色虚线框为全 SPIV 测量区域，红色圆形实线框为螺旋桨盘面区域，螺旋桨盘面区域也是本章节重点研究区域；图 6.2(b) 和 (c) 为船艉 U 或 V 型式定义与 76 K 船艉部型式，其中 P-1 为桨轴中心处，L-1 为艉柱前 0.1Lpp 处横剖线图，L-2 为桨轴中心线高度与横剖线相切的线，a 为桨轴中心到横剖线距离，b 为桨轴中心到切线与船体中线交点距离。则有

$$\theta = \arctan\left(\frac{a}{b}\right) \tag{6-1}$$

其中，$\theta \leqslant 11°$ 为极端 U 状；$11° < \theta < 26°$ 为缓和 U 状；$26° < \theta < 37°$ 为缓和 V 状；$\theta \geqslant 37°$ 为极端 V 状；本章 $\theta_{76K} = 25°$ 则 76 K 船模为典型的缓和型 U 尾船舶。

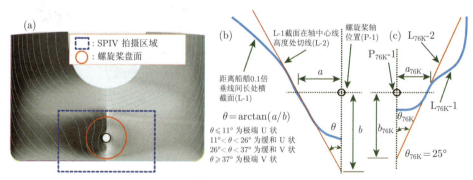

图 6.2　(a) 76 K 船艉部型式与测量区域划分；(b) 和 (c) 船艉 U 与 V 型式定义

6.2 不同航速标称伴流时均速度场分析

6.2.1 伴流场时均速度分布云图

本节对不同航速下标称伴流场的时间平均特性进行了分析。图 6.3 为不同航速下标称伴流场的全范围 PIV 试验轴向平均速度场与流线测量结果。图 6.4 为螺旋桨盘面区域内的不同航速下时间平均速度场分布图。

图 6.3 中的轴向速度与拖曳航速 U 进行无量纲处理，Y 轴与 Z 轴坐标与船舶垂线间长 Lpp 进行无量纲处理。图 6.4 中的轴向速度 u，展现速度 v，垂向速度 w，分别与拖曳航速 U 进行无量纲处理，Y 轴与 Z 轴坐标与螺旋桨半径 R 进行无量纲处理。图 6.3 和图 6.4(a)～(d) 分别为航速 $U = 0.383$ m/s，0.690 m/s，0.997 m/s，1.150 m/s 下的测量结果。图 6.4 中的测量结果为无量纲轴向速度 u/U 和流线。图 6.4 中的测量结果为无量纲轴向速度 u/U，展向速度 v/U，垂向速度 w/U 测量结果和速度矢量与流线分布图。不同航速下 76 K 巴拿马散货船的标称伴流场的分布形式整体相似，不同航速下伴流特征中都具有钩状伴流与双涡结构 (钩状伴流特征与双涡结构在设计航速小节进行详细分析)，另外，虽然都具有钩状速度轮廓，但是不同航速表现为不同的钩状宽度与高度。无量纲展向速度 v/U，垂向速度 w/U 测量结果中，垂向速度 w/U 在不同航速下分布趋势基本一致受航速影响较小，展向速度 v/U 在低航速下分布的光顺性较高航速相对混乱一些。

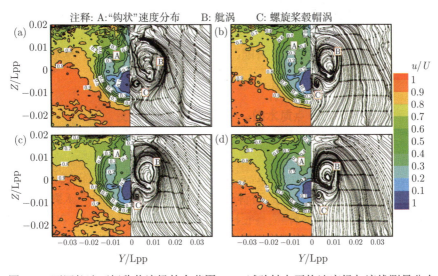

图 6.3 不同航速下标称伴流场的全范围 PIV 试验轴向平均速度场与流线测量分布

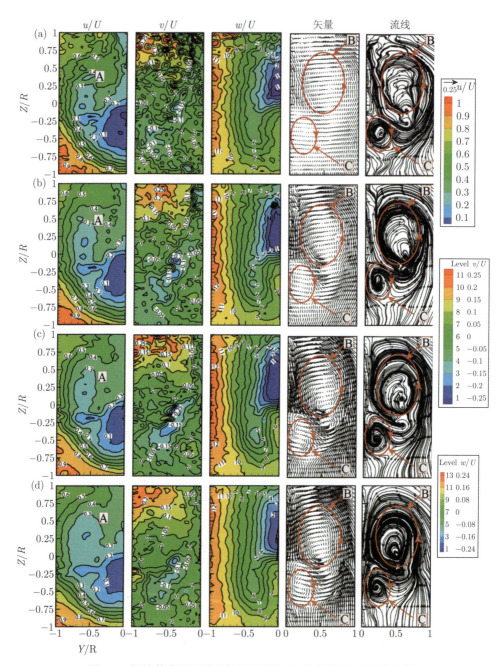

图 6.4　螺旋桨盘面区域内的不同航速下时间平均速度场分布图

6.2.2　时均速度场沿展向分布

图 6.5 为 $Z/R = 0.00$ 处沿展向不同航速下无量纲轴向速度 u/U 的分布情况，测量结果表现为：无量纲轴向速度 u/U 由船舶中纵剖面的 $Y/\mathrm{Lpp} = 0$ 处开始到 $Y/\mathrm{Lpp} = 0.035$ 处呈现出先增加后减小在增加最后在船侧远场处趋于平缓的分布形式，这种分布形式是受轴向速度 u/U 的钩状速度分布特性 (如图 6.3，图 6.4) 中标注 A 所示) 影响所产生的。

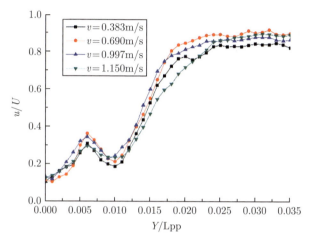

图 6.5　$Z/R = 0.00$ 处沿展向不同航速下无量纲轴线速度 u/U 分布

6.2.3　不同半径范围内轴向伴流分数分布

通过拖曳水池环境的船舶标称伴流场 PIV 测量试验可以获得桨盘面不同半径处和不同周向角处的轴向速度场，通过桨盘面面积积分可以求取与螺旋桨设计有着紧密联系的平均轴向伴流分数。轴向伴流分数可表示为

$$\overline{\omega} = \frac{\displaystyle\iint\limits_{0}^{2\pi R}\iint\limits_{0} \omega_x\left(r,\theta\right)r\mathrm{d}r\mathrm{d}\theta}{\displaystyle\iint\limits_{0}^{2\pi R}\iint\limits_{0} r\mathrm{d}r\mathrm{d}\theta}$$

其中，R 为螺旋桨半径，由伴流分数定义 $\omega_x = 1 - u/U$，其中 ω 为伴流分数，u/U 为 PIV 轴向测量速度与船舶航速比值。不同半径范围内不同航速下平均轴向伴流分数分布，如图 6.6 所示。

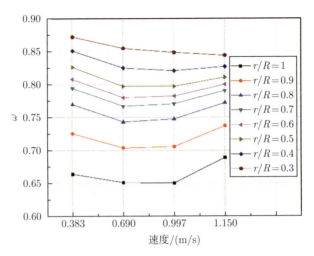

图 6.6   不同半径范围内不同航速下平均轴向伴流分数分布

6.2.4   不同半径处轴向伴流分数 ω 周向分布

本节通过对轴向伴流分数在不同螺旋桨半径 $(r/R = 0.3, 0.4, 0.5, 0.6, 0.7, 0.8,$ $0.9, 1.0)$ 的 $360°$ 周向分布来进一步分析螺旋桨盘面区域内轴向伴流分数在周向的分布情况。图 6.7 为螺旋桨盘面区域不同半径处沿周向轴向伴流分数 ω 分布情况且相应的数据间隔为 $10°$，其中，$0°$ 周向角在螺旋桨盘面的正上方且周向角为顺时针方向增加逐渐达到 $180°$。由于流场的对称性 $180° \sim 360°$ 范围的数据可以由 $0° \sim 180°$ 镜像得到。在半径 $r/R = 0.3 \sim 0.6$ 周向分布区域，不同航速下不同半径处的轴向伴流分数 ω 周向分布趋势基本一致，不同航速间的数值波动较小。在半径 $r/R = 0.7 \sim 0.9$ 周向分布区域，周向分布取点的曲线处于速度梯度变化较大的区域。不同航速下不同半径处的轴向伴流分数 ω 周向分布趋势仍然基本一致，但是不同航速间的数值波动增大。

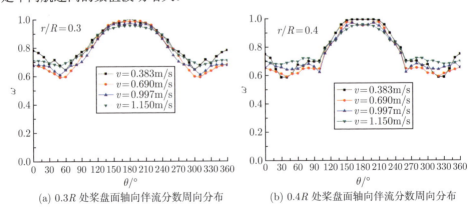

(a) $0.3R$ 处桨盘面轴向伴流分数周向分布   (b) $0.4R$ 处桨盘面轴向伴流分数周向分布

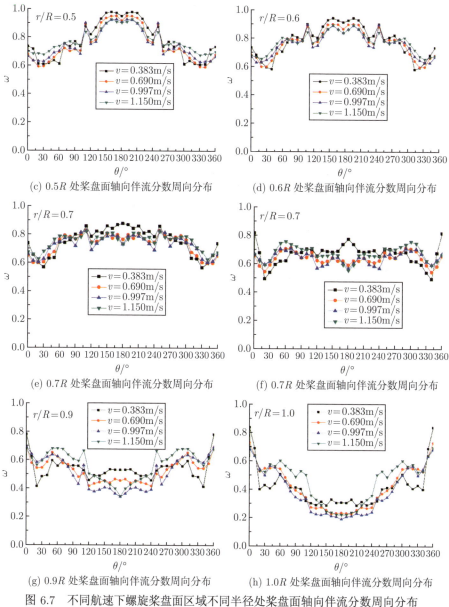

图 6.7 不同航速下螺旋桨盘面区域不同半径处桨盘面轴向伴流分数周向分布

6.3 设计工况下标称伴流时均速度场分析

6.3.1 时均速度场分布云图

前面小节对不同航速下标称伴流时间平均速度场分布情况进行了分析，其中涉及到伴流特征中的钩状速度等值线、舭涡和毂帽涡双涡结构等没有进行详细说明与分析，以上伴流特征在本节进行详细的研究与分析。本节对设计工况下的标称伴流场的时间平均特性进行了分析。图 6.8 为设计工况下全 SPIV 测量区域内的时间平均速度场分布图。轴向速度与拖曳航速 U 进行无量纲处理，Y 轴与 Z 轴坐标与螺旋桨半径 R 进行无量纲处理。其中，图 (a) 为无量纲轴向速度 u/U 测量结果，图 (b) 为流线分布图，图 (c) 为涡量场分布图与速度矢量分布图，图 (d) 为 Lamda-2 涡结构判据分布图与速度矢量分布图。

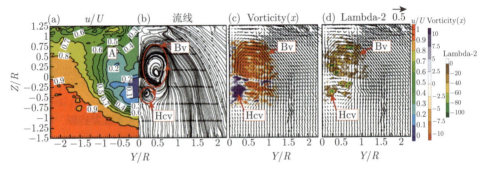

图 6.8　设计工况下全 SPIV 测量区域内的时间平均速度场分布图

图 6.9 为设计工况下螺旋桨盘面区域内的时间平均速度场分布图。轴向速度 u，展现速度 v，垂向速度 w，测量截面速度大小 S 以及全场速度大小 L 分别与拖曳航速 U 进行无量纲处理，平均动能 AKE 与拖曳航速的平方 U^2 进行无量纲处理，Y 轴与 Z 轴坐标与螺旋桨半径 R 进行无量纲处理。其中，图 6.9(a)~(h) 为无量纲轴向速度 u/U，速度矢量，无量纲展向速度 v/U，无量纲垂向速度 w/U，无量纲截面速度大小 S/U，流线，无量纲全场速度大小 L/U 以及无量纲平均动能 AKE/U^2 测量结果。由 6.1 节与图 6.1 所示，本章节的研究对象 76 K 巴拿马散货船为缓和型 U 尾部船舶。船舶行进过程中，来流流经船舶平行中体后进入 U 形尾部区域产生了强烈的舭涡 (如图 6.8，图 6.9(b) 和 (f) 中标注 Bv 所示)。桨盘面区域的伴流分布情况受舭涡影响十分明显，螺旋桨盘面区域的无量纲轴向速度 u/U 与全场速度大小 L/U 受舭涡影响后，相应的轴向与全局速度大小分布图展现出钩状等值线分布特征 (如图 6.8，图 6.9(a)，1 中标注 A 所示)，且对应的钩状轮廓线为 $u/U = 0.3$ 和 $L/U = 0.3$。

船舶标称伴流特性中的钩状等值线分布特征最初是由 Lee 和 Kim[2-4] 在风洞和拖曳水池环境对 KVLCC 与 KVLCC2 模型分别应用热线风速仪与皮托管–耙进行绕流场测量时提出的。KVLCC 和 KVLCC2 具有典型的所谓钩状速度轮廓分布形式。钩状速度轮廓的形成是因为船体舭部形成的高旋转能量的舭涡将低动能水流 (图 6.9(h)) 夹带传递到螺旋桨盘面船体中纵切面附近，形成低速钩状速度轮

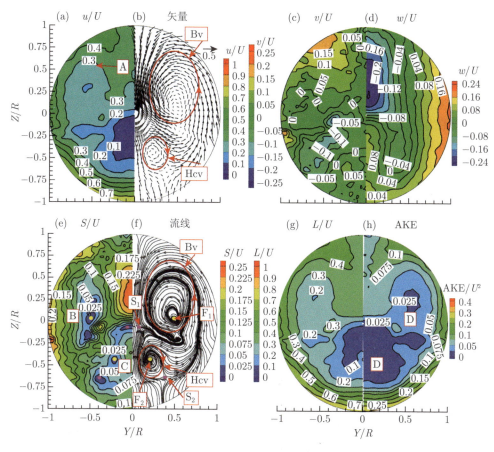

图 6.9 设计工况下螺旋桨盘面区域内的时间平均速度场分布图

廓。这个分布特征是一种拟钩状物体物的表示方式。在高旋转能量的舭涡下面且贴近船舶中纵剖面处,我们可以发现一个与舭涡旋转方向相反的二次旋涡,因为此二次涡是由船舶艉部桨轴处螺旋桨假毂位置泻出,称此旋涡为螺旋桨假毂毂帽涡。图 6.8 中的流线、涡量与涡结构 Lambda-2 判据,以及图 6.9 中速度矢量与流线图均清晰地捕捉与展现了舭涡与毂帽涡的双涡伴流特征。Lee 和 Kim 在对 KVLCC 与 KVLCC2 的绕流场研究中提到舭涡与毂帽涡的双涡结构虽然对船舶的旋涡阻力有不利影响,但是可以对推进器产生积极的旋转效应。图 6.8(b) 和 (c) 显示关键的双涡结构均分布在螺旋桨螺旋桨盘面区域以内 $(-1 < Y/R < -1, -1 < Z/R < 1)$,图 6.9(c) 和 (d) 显示出,无量纲展向速度 v/U 和无量纲垂向速度 w/U 的正负与舭涡和毂帽涡的旋转方向一致,且无量纲垂向速度 w/U 具有较规则的分布形式,在 $0 < Y/R < -1, 0 < Z/R < 1$ 范围为层状分布,在 $0 < Y/R < -1, -1 < Z/R < 0$ 范围为相似 U 状分布。图 6.9(e) 无量纲截面速度大小 S/U 显示出,舭涡的旋转涡核

(标注 F_1) 位置为 $Y/R = \pm 0.5$，$Z/R = 0.05$，毂帽涡的旋转涡核 (标注 F_2) 位置为 $Y/R = \pm 0.215$，$Z/R = -0.425$。图 6.9(f) 流线分布显示出，流线被舭涡和毂帽涡分成了逆时针流动与顺时针流动区域两部分。另外，除了双涡结构的涡核焦点外，可以发现螺旋桨盘面还有两个鞍点 (标注 S_1 和 S_2)，鞍点 1(S_1) 是由于桨盘面区域的上行水流与下行水流汇合所形成且为汇合处的截面速度大小 S/U 为 0 的点，鞍点 1 的位置为 $Y/R = \pm 0.1$，$Z/R = -0.05$。鞍点 2(S_2) 是由于桨盘面区域的上行水流与下行水流相遇汇合后向左与向右形成分离水流所形成且为分离处的截面速度大小 S/U 为 0 的，鞍点 2 点的位置为 $Y/R = \pm 0.4$，$Z/R = -0.65$。图 6.9(h) 平均动能分布图显示出受舭涡与毂帽涡影响，螺旋桨盘面区域的伴流场的钩状区域具有明显的低动能特性。

6.3.2　时均速度场沿展向分布

图 6.10 为螺旋桨盘面区域 $Z/R = 0.00$ 处沿展向无量纲轴向速度 u/U，展向速度 v/U，垂向速度 w/U，截面速度大小 S/U，全场速度大小 L/U 以及无量纲平均动能 AKE/U^2 分布情况，是对时间平均速度场分布进行的量化表达。

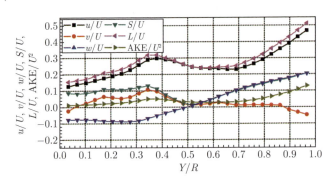

图 6.10　设计工况下螺旋桨盘面区域 $Z/R = 0.00$ 处沿展向无量纲时间平均速度与平均动能分布

测量结果表现为：无量纲轴向速度 u/U 和全场速度大小 L/U 由船舶中纵剖面的 $Y/R = 0 \sim 1$ 呈现出凹形分布形式，由于轴向速度 u/U 和全场速度大小 L/U 的钩状速度分布特性 (如图 6.8，图 6.9(a)，(g)，(h) 中标注 A 所示)，在数值整体逐渐增加的细节上表现为受钩状分布影响的先增加后逐渐降低最后逐渐增加到最大值。无量纲展向速度 v/U 由 $Y/R = 0$ 处开始开始逐渐增加到 $Y/R = 0.35$ 处达到最大值，之后开始呈现为递减分布且在 $Y/R = 0.55$ 处达到负值。无量纲垂向速度 w/U 由 $Y/R = 0 \sim 1$ 处呈现逐渐增加的分布特征。由于舭涡存在 (如图 6.8，图 6.9(b) 和 (f) 中标注 Bv 所示)，无量纲截面速度大小 S/U 在 $Y/R = 0.4 \sim 0.6$ 呈现为凹形分布特征，且在在 $Y/R = 0.5$ 处达到最小值为 $S/U = 0.02$。由于钩状速度分布特征与舭涡的低动能流体夹带作用,无量纲平局动能 AKE/U^2 在 $Y/R = 0 \sim 0.7$ 处于稳定的低动能区域,在 $Y/R = 0.7 \sim 1$ 处于平均动能逐渐增加且达到最大值。

6.3.3　桨盘面不同半径处时均速度场分布

本节通过对时间平均速度场与平均动能场在不同螺旋桨半径 $(r/R = 0.4, 0.6, 0.8, 1.0)$ 的 $360°$ 周向分布来进一步分析螺旋桨盘面区域内时间平均速度特性在周向的分布情况。图 6.11 为螺旋桨盘面区域不同半径处沿周向无量纲轴向速度 u/U,展向速度 v/U,垂向速度 w/U,截面速度大小 S/U,全场速度大小 L/U 以及无量纲平均动能 AKE/U^2 分布情况且各自相应的数据间隔为 $10°$,其中,$0°$ 周向角在螺旋桨盘面的正上方且周向角为顺时针方向增加逐渐达到 $180°$。由于流场的对称性 $180° \sim 360°$ 范围的数据可以由 $0° \sim 180°$ 镜像得到。在半径 $r/R = 0.4, 0.6$ 周向分布区域,时间平均速度场 $(u/U, w/U, S/U, L/U)$ 与平均动能场 (AKE/U^2) 随着周向角的增加在整体上呈现为数值减小的趋势,且受舭涡和毂帽涡影响下存在一定的波动:对于 $r/R = 0.4$ 半径处波动区域为 $\theta = 100°$ 和 $160° \sim 180°$ 范围;对于 $r/R = 0.6$ 半径处波动区域为 $\theta = 110° \sim 140°$ 和 $160° \sim 180°$ 范围。无量纲展向速度 v/U 随着周向角的增加在整体上呈现为倒 V 状分布趋势。在半径 $r/R = 0.8$ 周向分布区域,周向分布取点的曲线处于舭涡与毂帽涡的外边界附近处且受双涡的旋转特性影响较小,时间平均速度场 $(u/U, S/U, L/U)$ 与平均动能场 (AKE/U^2) 随着周向角的增加除在 $\theta = 0° \sim 30°$ 和 $160° \sim 180°$ 范围具有小幅波动 $(u/U, L/U)$ 外,整体上呈现为相对稳定的趋势。无量纲展向速度 v/U 随着周向角的增加在整体上

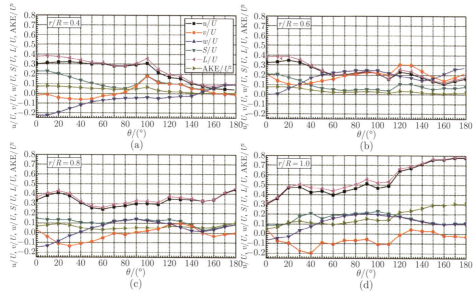

图 6.11　设计工况下螺旋桨盘面区域不同半径处无量纲时间平均速度与平均动能分布

呈现为较为剧烈的波动分布。无量纲垂向速度 w/U 受其层状分布影响 (图 6.11(d)) 随着周向角的增加在整体上呈现为先增加后降低的分布。在半径 $r/R = 1$ 周向分布区域，时间平均速度场 $(u/U, L/U)$ 与平均动能场 (AKE/U^2) 随着周向角的增加除在 $\theta = 0° \sim 30°$ 和 $160° \sim 180°$ 范围具有小幅波动 $(u/U, L/U)$ 外，整体上呈现为相对明显的增加趋势。无量纲展向速度 v/U 随着周向角的增加在整体上呈现为较为剧烈的波动分布。无量纲垂向速度 w/U 受其层状分布影响 (图 6.9(d)) 随着周向角的增加在整体上呈现为先增加后降低的分布。无量纲截面速度大小 S/U 随着周向角的增加在整体上呈现为先减小后增加的分布。

6.4   标称伴流瞬态速度场分析

6.4.1   瞬态速度场分布云图

本节主要选取设计工况设计航速为研究前提，对标称伴流场的瞬态特性进行分析，以便研究时间平均与瞬态速度特性的差异性。图 6.12 为 76 K 巴拿马散货船螺旋桨盘面区域内的瞬态速度场分布图，着重对无量纲轴向瞬态速度 u/U、速度矢量、流线、瞬态动能 (IKE) 以及涡结构判据第二不变量 Q 和 Lambda-2 进行了分析。螺旋桨盘面区域内的瞬态速度分布与时间平均速度分布具有显著不同，瞬态速度场相比时间平均场分布混乱且具有多个附加涡结构的产生。由于本章中一次 SPIV 测量拖曳航次有 250 个瞬态速度样本被测量与生成，限于文章篇幅把所有 250 个瞬态速度均展示在文稿中既不现实也没必要。为了研究与分析桨盘面内瞬态速度场与时间平均速度场的差异和分布特征，取 250 组图像中的流场发展阶段帧数为 $N = 60, 70$ 编号和流场充分发展阶段帧数为 $N = 150, 155$ 编号的瞬态速度作为典型研究样本，各阶段的样本间隔帧数分别为 10 帧和 5 帧。在一定程度上，这种特定的帧数选择具有一定的随机性。但是这些特定帧数的瞬时速度场确实表示了瞬时速度场的复杂性。如果我们选择相应阶段的其他帧数的瞬时速度场，也可以说明类似的流动特性。

图 6.12(a) 为帧数 $N = 60$ 号的瞬态速度场 (包含无量纲轴向瞬态速度 u/U、速度矢量、流线、瞬态动能 (IKE) 以及涡结构捕捉判据第二不变量 Q 和 Lambda-2) 样本，由图所示，与时间平均速度场中仅具有舭涡 (Bv)、毂帽涡 (Hcv) 双涡结构和 2 个鞍点 (S_{1-2})、2 个涡核焦点 (F_{1-2}) 的流场特性相比较，瞬态速度场中除具有舭涡、毂帽涡双涡结构外，还捕捉到附加二次涡 3 个 (如红线所示，由于空间分辨率限制，个别微小的旋涡可能不能捕捉到，此处的数量仅针对 SPIV 测量系统捕捉到的旋涡而言)，涡核焦点 5 个，其中 3 个为稳定焦点 (F_2, F_4, F_5) 2 个为不稳定焦点 $(\text{uF}_1, \text{uF}_1)$[5,6]，鞍点 (S_{1-8}) 8 个以及驻点 (St_{-1})[7]1 个。图 6.12(b) 为帧数

$N = 70$ 号的瞬态速度场样本, 由图所示, 与帧数为 $N = 60$ 号的状态相比较, 在帧数为 $N = 70$ 号时船舶行进一定距离且伴随着尾部流场的流动与分离, 具有与上一观测样本编号相似的双涡结构以及附加小漩涡等主要流动特征, 不同点表现为附加旋涡、涡核焦点、鞍点等数量与位置的差异, 帧数为 $N=70$ 号的瞬态速度场样本中具有涡核焦点 6 个, 其中 4 个为稳定焦点 (F_{1-2}) 2 个为不稳定焦点 (uF_{5-6}), 鞍点 (S_{1-5}) 5 个。图 6.12(c) 和 (d) 为帧数为 $N = 150$ 和 155 号的瞬态速度场样本, 由帧数 $N = 50 \sim 155$ 的过程中, 两观测样本的速度矢量与流线精细的显出螺旋桨毂帽涡一直处于舭涡的下方且伴随着微小的向下移动趋势。另外, 随着毂帽涡吸收其附近的附加小漩涡, 毂帽涡的范围逐渐增大。

所有帧数编号的瞬态速度场样本中的无量纲轴向瞬态速度 u/U 和瞬态动能 IKE/U^2 均展现出与时间平均速度场相似的钩状速度特征, 且瞬态速度场具有明显的非光顺性。另外, 鉴于本试验 PIV 的采样频率最高为 7.5Hz, 以上瞬态的速度场不具备时间解析连续性。此外, 舭涡 Bv 的旋涡特征在不同的帧数号下没有明显的变化。相反毂帽涡随着船舶的行进其涡核中心显示为脱落式上下波动。由此可以推断, 毂帽涡在尾轴末端或尾轴两侧形成, 并向下游和螺旋桨盘面区域传递。

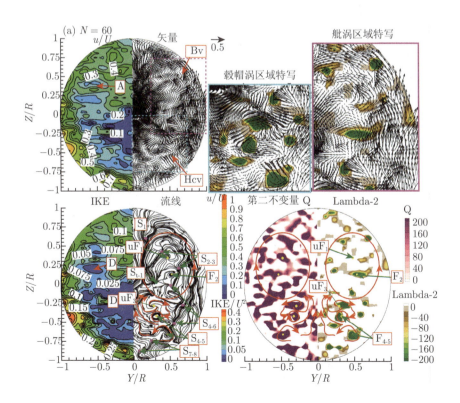

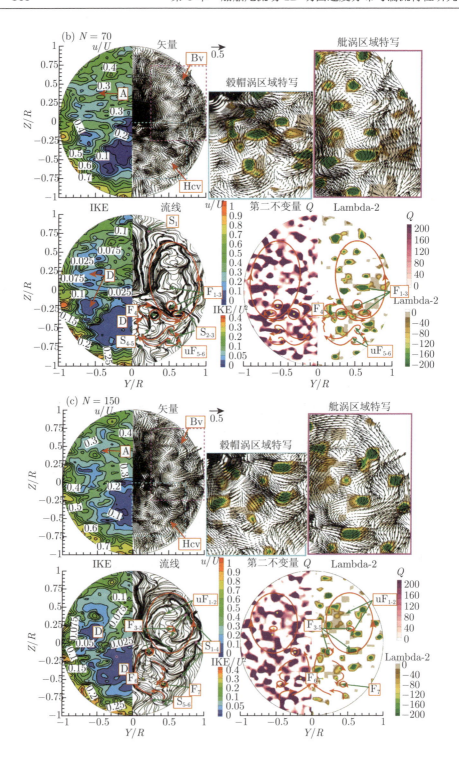

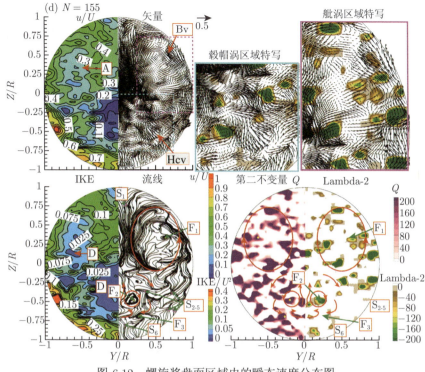

图 6.12　螺旋桨盘面区域内的瞬态速度分布图

6.4.2　瞬态速度场沿展向分布

图 6.13 为螺旋桨盘面区域 $Z/R = 0.00$ 处沿展向无量纲瞬态轴向速度 u/U，以及无量纲瞬态动能 IKE/U^2 分布情况，是对瞬态速度场分布进行的量化表达。测量结果表现为：无量纲轴向瞬态速度 u/U 和瞬态动能 IKE/U^2 由船舶中纵剖面的 $Y/R = 0 \sim 1$ 处呈现出整体增加的分布形式，在数值整体逐渐增加的细节上受钩状分布影响，由于舦涡和毂帽涡旋涡形式与特征的时间依赖性演变以及钩状轮廓的影响。曲线具有一定的波动且不同采样帧数号的波动程度不同，包络线反应了波动的细节数值与范围。

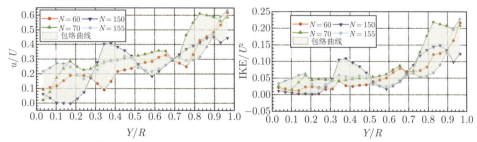

图 6.13　螺旋桨盘面区域 $Z/R = 0.00$ 处沿展向无量纲瞬态轴向速度与瞬态动能分布

6.4.3　桨盘面不同半径处瞬态速度场分布

本节通过对无量纲瞬态轴向速度 u/U，以及无量纲瞬态动能 IKE$/U^2$ 在不同螺旋桨半径 ($r/R = 0.4, 0.6, 0.8, 1.0$) 的 360 度周向分布来进一步分析螺旋桨盘面区域内瞬态速度特性在周向的分布情况。图 6.14 为螺旋桨盘面区域不同半径处沿周

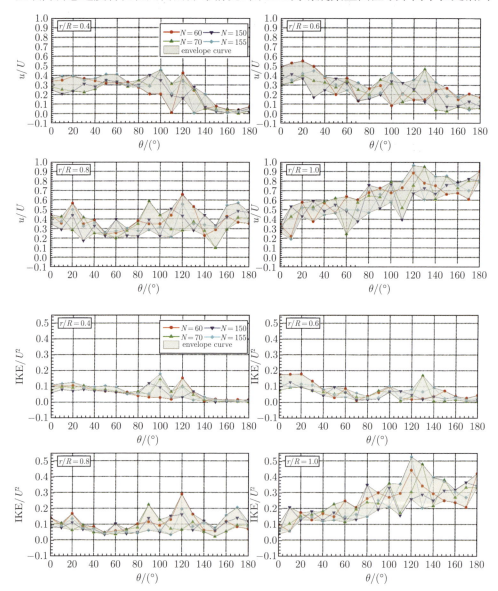

图 6.14　螺旋桨盘面区域不同半径处无量纲瞬态轴向速度 u/U 以及瞬态动能 IKE$/U^2$ 分布情况

向无量纲瞬态轴向速度 u/U 以及瞬态动能 IKE/U^2 分布情况且各自相应的数据间隔为 $10°$，其中，$0°$ 周向角在螺旋桨盘面的正上方且周向角为顺时针方向增加逐渐达到 $180°$。瞬态速度沿周向的分布曲线在整体趋势上与时间平均速度场相似，但是，瞬态速度沿周向分布曲线具有一定的波动且不同采样帧数号的波动程度不同，包络线反应了波动的细节数值与范围。

6.5　设计工况下标称伴流场湍流特性分析

6.5.1　湍流脉动速度与湍流度分布

本节对 76 K 巴拿马散货船的湍流脉动速度与湍流度进行了分析。图 6.15 为螺旋桨盘面区域内的湍流脉动速度分布图，湍流脉动速度与拖曳航速 U 进行无量纲处理。其中，图 (a) 为无量纲轴向脉动速度 u_{RMS}/U 测量结果，图 (b) 为无量纲展向脉动速度 v_{RMS}/U 测量结果，图 (c) 为无量纲垂向脉动速度 w_{RMS}/U 测量结果。图 6.16 为螺旋桨盘面区域 $Z/R=0.00$ 处沿展向无量纲湍流脉动速度分布情况。

图 6.15 所示，三个方向的脉动速度分布形式相似，速度脉动强烈的区域主要分布在尾轴末端和 $r/R = 0.6 \sim 1$ 范围且呈现钩状或 U 状分布。图 6.16 为螺旋桨盘面区域 $Z/R = 0.00$ 处沿展向无量纲湍流脉动速度分布情况，是对湍流脉动速度场分布进行的量化表达。测量结果表现为：无量纲湍流脉动速度由船舶中纵剖面的 $Y/R = 0 \sim 1$ 处呈现出整体先降低后增加的分布形式，且此数值整体分布趋势受钩状或 U 状分布影响。

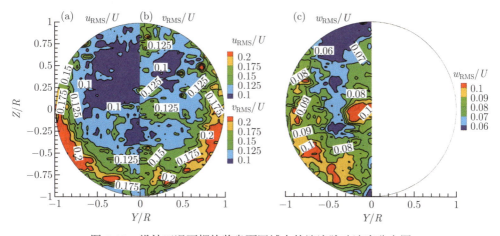

图 6.15　设计工况下螺旋桨盘面区域内的湍流脉动速度分布图

图 6.16 为螺旋桨盘面区域 $Z/R = 0.00$ 处沿展向无量纲湍流脉动速度分布情况。

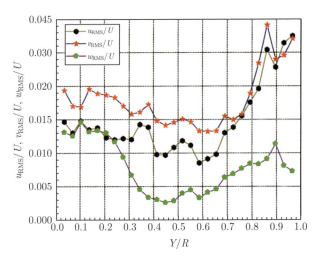

图 6.16　设计工况下螺旋桨盘面区域 $Z/R = 0.00$ 处沿展向无量纲湍流脉动速度分布

6.5.2　湍动能与雷诺应力分布

本节对 76 K 巴拿马散货船的湍动能与雷诺应力进行了分析。图 6.17 为螺旋桨盘面区域内的湍动能与雷诺应力分布图，湍动能和雷诺应力与拖曳航速 U^2 进行无量纲处理。其中，图 (a) 为无量纲湍动能测量结果，图 (b)~(d) 为无量纲雷诺正应力 $\overline{u'u'}/U^2$，$\overline{v'v'}/U^2$，$\overline{w'w'}/U^2$ 测量结果，图 (e)~(g) 为无量纲剪切应力 $\overline{u'v'}/U^2$，$\overline{u'w'}/U^2$，$\overline{v'w'}/U^2$ 测量结果。

图 6.17 所示，对于雷诺正应力 $\overline{u'u'}/U^2$，$\overline{v'v'}/U^2$，$\overline{w'w'}/U^2$ 而言，由 2.5.2 小节中关于湍流强度的定义可知，雷诺正应力的均方根与来流速度 U 的比值为不同速度分量的湍流强度。通过对比三个正应力的分布云图，发现轴向雷诺正应力 $\overline{u'u'}/U^2$ 与展向和垂向雷诺正应力 $\overline{v'v'}/U^2$，$\overline{w'w'}/U^2$ 各不同。76 K 巴拿马散货船的 U 形尾部形状效应与湍流边界层效应使得船艉附近具有较强的低速度区域和较大的低动能区域 (尾部平均动能 AKE 云图显示出具有较大的低动能区域 (图 6.9(h))，且与轴向速度钩状分布形式一致)。湍动能与速度、旋涡运动相关且受船体形状影响明显，湍动能分布形式为 U 状，且 U 状集中分布在低动能向高动能区域过度的动能变化层 (与平均动能分布图 6.9(h) 相对应)。另外，湍动能也分布在尾轴后端处。雷诺正应力 $\overline{u'u'}/U^2$，$\overline{v'v'}/U^2$ 与 $\overline{w'w'}/U^2$ 三者的分布形式与湍动能 TKE 具有相似 U 状分布，且均集中分布在低动能向高动能区域过度的动能变化层。u'、v' 与 w' 为 x，y 和 z 三方向的脉动速度，由雷诺正应力分布云图可以看出轴向脉动量与展向的脉动量比垂向脉动量大，且轴向脉动量具有局部最大值，展向的脉动量次之，法向的脉动量最小。轴向雷诺正应力 $\overline{u'u'}/U^2$ 的最大值为 $\sqrt{u'u'} \approx 0.09U$，展向雷诺正应力 $\overline{v'v'}/U^2$ 的最大值为 $\sqrt{v'v'} \approx 0.06U$，垂向雷诺正应力 $\overline{w'w'}/U^2$ 的最

大值为 $\sqrt{\overline{w'w'}} \approx 0.014U$。由于轴向雷诺正应力比另外两个方向的大，因此，湍动能云图中的最大值为 $\sqrt{k} \approx 0.05U$ 与轴向雷诺正应力 $\overline{u'u'}/U^2$ 具有相似的最大值，且湍动能的最大值区域发生在轴向速度分量速度梯度最大的高剪切区域[93]。

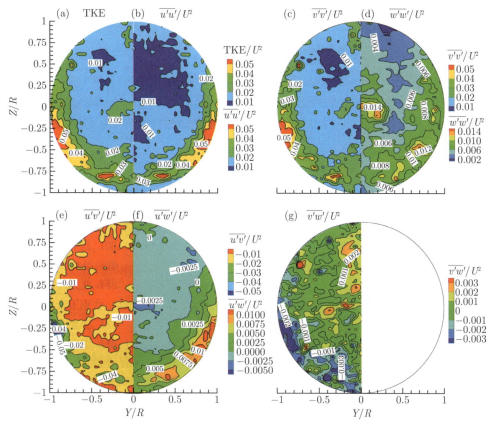

图 6.17 设计工况下螺旋桨盘面区域内的湍动能与雷诺应力分布图

雷诺剪切应力 $\overline{u'v'}/U^2$，$\overline{u'w'}/U^2$ 与 $\overline{v'w'}/U^2$ 三者的分布形式与雷诺正应力以及湍动能 TKE 同样具有相似 U 状分布，U 状雷诺剪切应力对应着螺旋桨盘面受 U 状船舶舰部影响具有 U 状剪切层，且剪切层包裹着舰涡与毂帽涡双涡结构。雷诺剪应力 $\overline{u'v'}/U^2$ 为正值 (负值) 表征相应区域 $\partial u/\partial Y$ 以最大 $\sqrt{\overline{u'v'}} \approx -0.04U$ 增加 (降低)。$\overline{u'w'}/U^2$ 与 $\overline{u'v'}/U^2$ 相似，但是表征相应区域 $\partial u/\partial Z$ 以最大 $\sqrt{\overline{u'w'}} \approx 0.01U$ 增加或减少。$\overline{v'w'}/U^2$ 表示 y-z 截面即螺旋桨盘面湍流剪切特性，双涡外部区域具有明显的 U 状剪切层[93]。

图 6.18 为螺旋桨盘面区域 $Z/R = 0.00$ 处沿展向无量纲湍动能与雷诺应力分布情况，是对湍动能与雷诺应力分布进行的量化表达。测量结果表现为：无量纲雷诺正应力 $\overline{u'u'}/U^2$，$\overline{v'v'}/U^2$ 与 $\overline{w'w'}/U^2$ 三者由船舶中纵剖面的 $Y/R = 0$ 处

开始到 $Y/R = 1$ 处呈现出整体先降低后增加的分布形式，无量纲雷诺剪切应力 $\overline{u'v'}/U^2$，$\overline{u'w'}/U^2$ 与 $\overline{v'w'}/U^2$ 三者为小量且处于相对平缓的分布趋势。

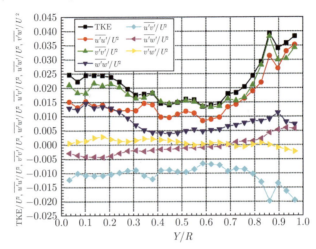

图 6.18　设计工况下螺旋桨盘面区域 $Z/R = 0.00$ 处沿展向无量纲湍动能与雷诺应力分布图

图 6.19 为螺旋桨盘面区域不同半径处沿周向无量纲湍动能与雷诺应力分布情况且各自相应的数据间隔为 $10°$，其中，$0°$ 周向角在螺旋桨盘面的正上方且周向角为顺时针方向增加逐渐达到 $180°$。在半径 $r/R = 0.4, 0.6$ 周向分布区域，处于低动能区域，湍动能与雷诺应力随着周向角的增加在整体上呈现相对稳定的分布趋势。在半径 $r/R = 0.8$ 周向分布区域，周向分布取点的曲线处于平均动能变化层的边

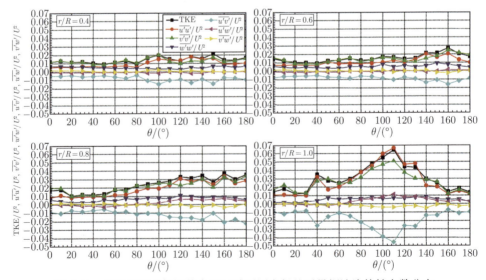

图 6.19　设计工况下螺旋桨盘面区域不同半径处无量纲湍流特性参数分布

缘,随着周向角的增加湍动能与雷诺正应力整体上呈现为数值增加的趋势,其余湍流参数处于相对稳定的趋势。在半径 $r/R = 1$ 周向分布区域,周向分布取点的曲线处于平均动能变化层区域,随着周向角的增加无量纲湍动能与雷诺正应力随着周向角的增加在整体上呈现为较为剧烈的波动分布。

6.6 标称伴流场湍流各向异性分析

6.6.1 湍流各向异性判别方法简述

本节对标称伴流场湍流各向异性的判别方法进行了分析。流体的湍流各向同性表现为流体域内被统计的特征参数不因任何坐标系下的统计过程的方向变化而发生变化,具有这样性质的流体称为湍流各向同性流体,反之称为湍流各向异性流体。严格意义上讲,物理环境中并不存在具有各向同性的湍流流体。船舶标称伴流场往往伴随着强烈的 3D 流动分离现象,为了进一步理解伴流场的流动特性,标称伴流场湍流各向异性分析中分别应用脉动速度均方根算数插值方法、rmsA 参数法、雷诺应力均值与均方根衍生方法和最经典的拉米–纽曼的拉米三角形方法进行了研究。

几种湍流各向异性判别与表征方法如下:

(1) $|\bar{u}' - \bar{v}'|/U$ 和 $|\bar{u}' - \bar{w}'|/U$ 差异特性协同表示法

$|\bar{u}' - \bar{v}'|/U$ 和 $|\bar{u}' - \bar{w}'|/U$ 差异特性协同表示法首先是由 Lee[8] 于 1998 年提出,是一种应用各参数差值进行湍流各向异性程度进行评价的比较简单易行的方法。本章研究的是船舶标称伴流场各向异性问题,根据 Lee 的方法的定义,运用船舶伴流场中轴向、展向和垂向脉动速度 $\bar{u}', \bar{v}', \bar{w}'$ (速度均方根 $u_{rms}, v_{rms}, w_{rms}$) 之间的算数插值进行评判湍流各向异性的程度,并通过与来流速度 U 进行无量纲处理得到 $|\bar{u}' - \bar{v}'|/U$ 和 $|\bar{u}' - \bar{w}'|/U$ 来消除绝对数量的差异影响。当 $|u' - v'|/U$ 与 $|u' - w'|/U$ 的数值为 0 时,表征船舶伴流场中轴向、展向和垂向脉动速度 $\bar{u}', \bar{v}', \bar{w}'$ (速度均方根 $u_{rms}, v_{rms}, w_{rms}$) 之间无偏差,标称伴流场的伴流分布处于各向同性湍流状态。当 $|\bar{u}' - \bar{v}'|/U$ 与 $|\bar{u}' - \bar{w}'|/U$ 的数值的差值为非 "0" 时,表征伴流分布处于各向异性湍流状态,且差值越大流动特性越偏离伴流各向同性湍流状态。

(2) rmsA 参数法

rmsA 参数法首先是由 Elisabetta[9] 等于 2005 年提出,此方法是一种数据利用率更高的湍流各向异性表征方法。此方法以船舶伴流场的轴向、展向和垂向脉动速度 $\bar{u}', \bar{v}', \bar{w}'$ (速度均方根 $u_{rms}, v_{rms}, w_{rms}$) 为数据基础。

rmsA 参数法定义如下:

$$\text{rmsA} = \frac{\left|\bar{u}' - \bar{B}'\right| + \left|\bar{v}' - \bar{B}'\right| + \left|\bar{w}' - \bar{B}'\right|}{\bar{B}'} \tag{6-2}$$

其中，$\bar{B}' = \dfrac{1}{3} \times (\bar{u}' + \bar{v}' + \bar{w}')$，当 rmsA 的数值为 "0"，标称伴流场的伴流分布处于各向同性湍流状态。当伴流场中轴向、展向和垂向脉动速度 $\bar{u}'$, $\bar{v}'$, $\bar{w}'$ (速度均方根 u_{rms}, v_{rms}, w_{rms}) 之间的差别变大时，rmsA 的数值也随之增大且流动特性越偏离伴流各向同性湍流状态。如果湍流中能量的传递只沿某一个空间方向传递，可得到 rmsA 的极大值 $\text{rmsA}_{max} = 4$。rmsA 通过与 rmsA_{max} 进行无因次化得到 $\text{rmsA}/\text{rmsA}_{max}$ 或 $1/4\text{rmsA}$。

(3) 雷诺应力均值与均方根衍生方法

雷诺应力均值与均方根衍生方法 [10] 是 Seo 在进行表面翼型近自由表面效应的湍流边界层问题研究中应用的一种方法，此方法 (Seo 称为 anisotropy 方法) 与 rmsA 参数法一样也是一种数据利用率高的湍流各向异性表征方法。此方法以船舶伴流场的轴向、展向和垂向雷诺正应力 $\overline{u'u'}$, $\overline{v'v'}$ 与 $\overline{w'w'}$ 为数据基础。

anisotropy 法定义如下：

$$\text{anisotropy} = \frac{\sqrt{[(\overline{u'u'})^2 + (\overline{v'v'})^2 + (\overline{w'w'})^2]/3}}{(\overline{u'u'} + \overline{v'v'} + \overline{w'w'})/3} - 1 \tag{6-3}$$

其中，当 anisotropy 的数值为 "0"，标称伴流场的伴流分布处于各向同性湍流状态。当伴流场中的轴向、展向和垂向雷诺正应力 $\overline{u'u'}$, $\overline{v'v'}$ 与 $\overline{w'w'}$ 之间的差别变大时，anisotropy 的数值也随之增大且流动特性越偏离伴流各向同性湍流状态。

(4) 拉米–纽曼方法

拉米–纽曼方法方法 [11–13] 是 Lumley 和 Newman 提出的一种评价湍流各向异性的方法，这种方法是目前广泛应用与认可的一种方法，拉米–纽曼方法方法以 Lumley-Newman 三角形闻名。

为了表征湍流流动的各向异性程度，Lumley 和 Newman 于 1977 年介绍了一个新的张量 a_{ij}，定义如下：

$$a_{ij} = \overline{u'_i u'_j} - \frac{2}{3}\text{TKE}\delta_{ij} \tag{6-4}$$

其中，应用更广泛的无因次化的各向异性张量 b_{ij}，定义如下：

$$b_{ij} = \frac{a_{ij}}{2\text{TKE}} = \frac{\overline{u'_i u'_j}}{2\text{TKE}} - \frac{1}{3}\delta_{ij} \tag{6-5}$$

且有，雷诺应力 $\overline{u'_i u'_j}$ 的各向异性张量表示如下：

$$\begin{aligned}
\overline{u'_i u'_j} &= \frac{2}{3}\text{TKE} \cdot \delta_{ij} + a_{ij} \\
&= 2\text{TKE}\left(\frac{1}{3}\delta_{ij} + b_{ij}\right)
\end{aligned} \tag{6-6}$$

另外，各向异性张量 a_{ij}，的第二和第三不变量形式如下：

$$\text{II}_a = a_{ij}a_{ji}, \quad \text{III}_a = a_{ij}a_{jk}a_{ki} \tag{6-7}$$

其中，δ_{ij} 为克罗内克符号，当 $i = j$ 时 $\delta_{ij} = 1$，当 $i \neq j$ 时 $\delta_{ij} = 0$。TKE 为湍动能且 $\frac{2}{3}\text{TKE}\delta_{ij}$ 为各向同性部分。当各向异性张量，$a_{ij} = 0$ 时，$\text{II}_a = \text{III}_a = 0$，标称伴流场的伴流分布处于各向同性湍流状态。Lumley 和 Newman 绘制了如图 6.20 的所示的 Lumley-Newman 三角形，并假设在不变空间中表示时，所有的湍流状态都必须包含在三角形的边界内。

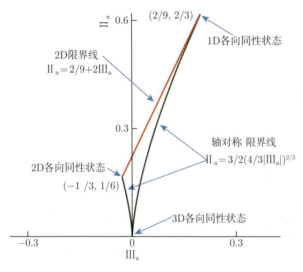

图 6.20　拉米–纽曼三角形图

6.6.2　标称伴流各向异性分布

本节对标称伴流各向异性分布进行了分析。图 6.21 为基于 $|\bar{u}' - \bar{v}'|/U$ 和 $|\bar{u}' - \bar{w}'|/U$ 差异特性协同表示法的设计状态下标称伴流各向异性分布图，其中，图 6.21(a) 和 (b) 为 $|\bar{u}' - \bar{v}'|/U$ 和 $|\bar{u}' - \bar{w}'|/U$ 的分布结果，图 6.21(c) 为 $|\bar{u}' - \bar{v}'|/U$ 和 $|\bar{u}' - \bar{w}'|/U$ 差异特性。

如图 6.21 所示，$|\bar{u}' - \bar{v}'|/U$ 与 $|\bar{u}' - \bar{w}'|/U$ 的数值的差值为非 "0"，因此，伴流分布处于各向异性湍流状态，且在动能变化层 (或湍动能最大层) 差值最大，表征此处流动特性的伴流各向异性湍流程度最大，设计与压载状态具有不同的各向异性分布特征。

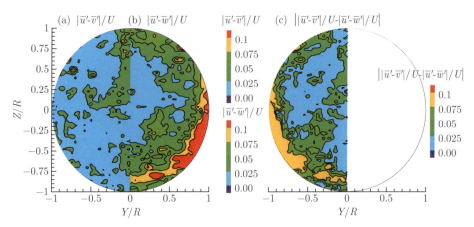

图 6.21   基于 $|\bar{u}' - \bar{v}'| / U$ 和 $|\bar{u}' - \bar{w}'| / U$ 差异特性协同表示法的设计状态下标称伴流各向异性分布图

图 6.22 为基于 rmsA 参数法的设计状态下标称伴流各向异性分布图, 其中, 图 (a) 为 $|\bar{u}' - \bar{B}'| + |\bar{v}' - \bar{B}'| + |\bar{w}' - \bar{B}'|$ 的分布结果, 图 (b) 为 $\bar{B}'$ 的分布结果。

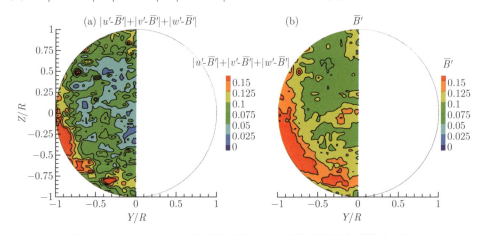

图 6.22   基于 rmsA 参数法的设计状态下标称伴流各向异性分布图

如图 6.22 所示, $|\bar{u}' - \bar{B}'| + |\bar{v}' - \bar{B}'| + |\bar{B}' - \bar{B}'|$ 的数值为非 "0", 因此, rmsA $= \dfrac{|\bar{u}' - \bar{B}'| + |\bar{v}' - \bar{B}'| + |\bar{w}' - \bar{B}'|}{\bar{w}'}$ 的数值为非 "0", 伴流分布处于各向异性湍流状态。

图 6.23(a) 为基于雷诺应力均值与均方根衍生方法 (Seo 称为 anisotropy 方法) 的设计状态下标称伴流各向异性分布图, 图 6.23(b)~(d) 为基于拉米–组曼方法的设计与压载状态下标称伴流各向异性分布图。

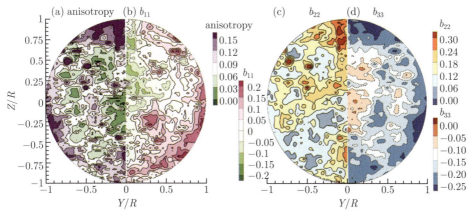

图 6.23 设计状态下标称伴流各向异性分布图

图 6.23 所示，anisotropy 的数值为非 "0"，伴流分布处于各向异性湍流状态其中。b_{11}，b_{22} 和 b_{33} 的数值为非 "0"，且 $b_{12} = b_{21} = \dfrac{\overline{u'v'}}{2\text{TKE}}$，$b_{13} = b_{31} = \dfrac{\overline{u'w'}}{2\text{TKE}}$，$b_{23} = b_{32} = \dfrac{\overline{v'w'}}{2\text{TKE}}$ 的数值也为非 "0"。因此，伴流分布处于各向异性湍流状态。与基于 $|\bar{u}' - \bar{v}'| / U$ 和 $|\bar{u}' - \bar{w}'| / U$ 差异特性协同表示法和 rmsA 参数法的结果一样。

参 考 文 献

[1] Ferraro J R, Nakamoto K, Brown C W. The ship wake field, in: Marine Propellers and Propulsion, 2nd Ed[M], Butterworth-Heinemann, Oxford, 2012, 62-85.

[2] Kim W J, Van S H, Kim D H. Measurement of flows around modern commercial ship models[J]. Experiments in Fluids, 2001, 31(5): 567-578.

[3] Lee J. Wind tunnel test on a double deck shaped ship model[C]. The Third International Conference on Hydrodynamics, Seoul, Korea, 1998.

[4] Lee S J, Kim H R, Kim W J, et al. Wind tunnel tests on flow characteristics of the KRISO 3,600 TEU containership and 300K VLCC double-deck ship models[J]. Journal of Ship Research, 2003, 47(1): 24-38.

[5] Smits A J. Flow Visualization: Techniques and Examples[M]. World Scientific, 2012.

[6] Perry A E, Chong M S. A description of eddying motions and flow patterns using critical-point concepts[J]. Annual Review of Fluid Mechanics, 1987, 19(1): 125-155.

[7] Frank M W. Fluid Mechanics, 5th Ed[M]. New York: McGraw-Hil. Inc., 2002: 41.

[8] Lee K C, Yianneskis M. Turbulence properties of the impeller stream of a rushton turbine[J]. AIChE Journal, 1998, 44(1): 13-24.

[9] Brunazzi E, Galletti C, Paglianti A, et al. Screening tool to evaluate the levels of

local anisotropy of turbulence in stirred vessels[J]. Industrial & Engineering Chemistry Research, 2005, 44(15): 5836-5844.

[10] Seo J H. Free-surface effects on turbulent boundary layer and near-wake around a surface-piercing body[C]. PhD (Doctor of philosophy) thesis, Seoul National University, 2016:119.

[11] Lumley J L, Newman G R. The return to isotropy of homogeneous turbulence[J]. Journal of Fluid Mechanics, 1977, 82(1): 161-178.

[12] Choi K S, Lumley J L. The return to isotropy of homogeneous turbulence[J]. Journal of Fluid Mechanics, 2001, 436: 59-84.

[13] Pope S B. Turbulent Flows[M]. New York: Cambridge University Press, 2005: 23, 93, 88, 321-322.

第 7 章 船舶尾流场 3D 空间速度
和湍流分布特性研究

尾流场的速度分布特性与湍流特性实际上具有强烈的 3D 空间性, 3D 体空间区域的 3D-3C 尾流场分布特性的获取对于更加深入的理解与分析尾流场速度、湍流与旋涡分布特性尤为重要。3D-3C 尾流场 3D 空间伴流特性理论上可以通过空间层析 PIV 测量系统测量实现。但是, 现阶段层析 PIV 测量系统测量区域很小、速度场分析算法成熟度不高且造价特别昂贵。目前关于 3D3C 绕流场相关研究中均为小模型与小范围的流场测量。对于较大空间测量区域的船舶尾流区域而言更是鲜有研究。作者受 CT(Computed Tomography) 技术启发, 应用 2D-3C SPIV 测量系统形成了一套 3D-3C 体空间流场的测量方法, 并实现了较大体空间区域的 3D 空间尾流场问题的测量。

本章应用 2D-3C SPIV 测量系统尾流场多 2D 切面 CT 扫掠式测量与 3D-3C 尾流场的空间重构, 对空间重构过程、不同轴向、展向与垂向的速度等进行分析。还对速度特性与湍流特性的空间分布进行研究, 其中, 速度特性与湍流特性的空间分布应用各自相应幅值的等值面进行表示。相关研究为进一步理解肥大型 U 尾船舶尾流场的空间分布特性与基于空间尾流场的适伴流设计提供指导作用。

7.1 尾流场的多 2D 切面 CT 扫掠式空间重构

7.1.1 尾流场多 2D 切面 CT 扫掠式重构过程

本章中用于船舶艉部绕流场测量的 SPIV 测量系统为 2D-3C 型 PIV 测量系统。船舶艉部的精细伴流场为 2D 切面结果, 2D-3C 测量结果虽然具有 3 方向的速度信息, 但是 2D 切面属性限制了艉部流场的空间分布特性的测量与研究。作者受CT 测量策略[1] 的启发, 对原固定式的 2D-3C 型式的 SPIV 测量系统固定支架进行步进移动式改进, 形成了具有 CT 扫掠测量形式的测量能力。针对船舶尾流场测量区域进行 2D-3C SPIV 测量系统的 CT 扫掠式测量。将测量得到的多 2D 切面数据测量, 建立统一的 2D 切面数据网格点阵, 根据点阵进行原始数据点插值到平面点阵, 平面点阵与 CT 扫掠切面的多切面位置坐标形成 3D 空间点阵, 空间点阵每个点具有坐标、3 方向速度场信息, 最后通过 2D 数据的 3D 重构形成 3D-3C 体数据空间集合。通过得到的 3D 重构后的空间数据进行空间流线, 速度等值面, Q 等值面和 Lamda-2 等值面进行 3D 体空间流场的重构与研究。

图 7.1 为 3D-3C 尾流场的多切面 CT 扫掠式重构过程的流程图，图 (a) 为 2D-3C 速度切面分布与位置，2D-3C SPIV 进行 CT 扫掠式测量的过程中对于近螺旋桨盘面与船体区域测量切面 (CT 1-9) 的间隔设置为 10 mm，船体艉封板区域的后方测量切面 (CT 10-20) 的间隔为 20mm。图 (b) 为多 2D 切面 CT 扫掠后形成的体测量区域，测量区域的空间大小为：长 × 宽 × 高 = 300 mm×360 mm×250 mm 的长方体区域。图 (c) 和 (d) 为原始测量和插值后 3D-3C 体数据集合网格分布，插值后的网格分辨率为 1 mm。

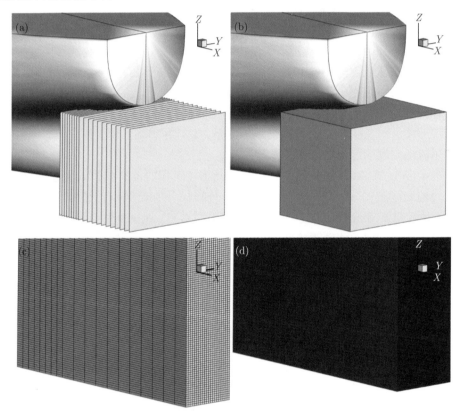

图 7.1 3D-3C 尾流场的多切面 CT 扫掠式重构过程

(a) 2D-3C 速度切面分布与位置；(b) CT 扫掠后形成的体测量区域；(c) 原始测量 3D-3C 体数据集合网格分布；(d) 插值后 3D-3C 体数据集合网格分布

图 7.2 为多切面 2D-3C 尾流场和 CT 扫掠重构后的 3D 体空间流场，图 (a) 和 (c) 为一半区域和全区域的多切面 2D-3C 尾流场，图 (b) 和 (d) 为 CT 扫掠重构后的一半区域和全区域的 3D 体空间流场。

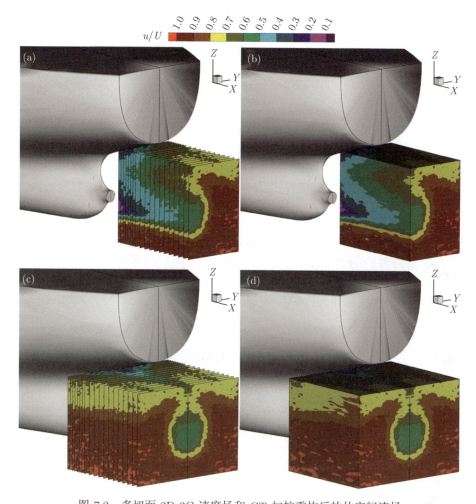

图 7.2 多切面 2D-3C 速度场和 CT 扫掠重构后的体空间流场

(a) 一半区域的多切面 2D-3C 速度场；(b) CT 扫掠重构后的一半区域体空间流场；(c) 全区域的多切面
2D-3C 速度场；(d) CT 扫掠重构后的全区域体空间流场

7.1.2 速度场数据光顺与过滤

图 7.3 展示了数据光顺与过滤前后的 3D-3C 体空间流场和轴向无量纲速度 $u/U = 0.6$ 等值面分布。图 (a) 和 (c) 为数据光顺与过滤前的 3D-3C 体空间流场和轴向无量纲速度 $u/U = 0.6$ 等值面分布图。图 (b) 和 (d) 为数据光顺与过滤后的 3D-3C 体空间流场和轴向无量纲速度 $u/U = 0.6$ 等值面分布图。

由图 7.3(a) 所示，光顺前的 PIV 测量数据虽然在 2D-3C 平面上光顺性良好，但是在空间无量纲速度 $u/U = 0.6$ 等值面分布上具有明显的非光顺性。在数据的光顺与过滤上采用了 Dantec Dynamic 的 Average Filter 方法 [2]，该方法通过对速度矢量的相邻区域进行求取算数平均值来进行毛躁矢量光顺与过滤，本次过滤中相邻平均区域的大小为 $(I \times J \times K = 3 \times 3 \times 3)$，Average Filter 的限界如下：

$$(\text{Vector}_x - \text{Vector}_{\text{average},x}) > 2.5 \times (\text{surrounding vectors})_{\text{RMS}}$$
$$(\text{Vector}_y - \text{Vector}_{\text{average},y}) > 2.5 \times (\text{surrounding vectors})_{\text{RMS}}$$
$$(\text{Vector}_z - \text{Vector}_{\text{average},z}) > 2.5 \times (\text{surrounding vectors})_{\text{RMS}} \tag{7-1}$$

其中，$\text{Vector}_{x,y,z}$ 为轴向、展向和垂向速度矢量，$\text{Vector}_{\text{average}-x,y,z}$ 为相邻平均区域内轴向、展向和垂向速度矢量的平均值，RMS 为均方根计算符号。

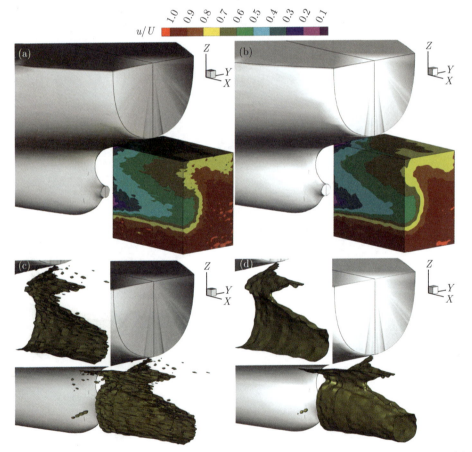

图 7.3　数据光顺与过滤前后的 3D-3C 体空间流场和轴向无量纲速度 $u/U = 0.6$ 等值面分布图
(a) 数据光顺与过滤前的 3D-3C 体空间流场; (b) 数据光顺与过滤后的 3D-3C 体空间流场; (c) 数据光顺与过滤前的轴向无量纲速度 $u/U = 0.6$ 等值面分布图; (d) 数据光顺与过滤后的轴向无量纲速度 $u/U = 0.6$ 等值面分布图

由图 7.3(b) 和 (d) 所示，去除毛躁后的 PIV 测量数据具有很好的光顺性，且空间无量纲速度 $u/U = 0.6$ 等值面分布上也具有明显的光顺性。光顺前后船舶艉部流场特性的整体分布不受光顺影响，在数值上仅过滤了毛躁小量。

7.2 速度场沿轴向、展向和垂向分布

7.2.1 速度场分布特性切面选取与划分

在 2.4.2 小节的 2D-3C 拖曳水下 SPIV 测量系统介绍与图 2.20 和图 2.26 中 2D-3C SPIV 测量示意图中可知，本书中应用的 SPIV 测量系统只能直接进行 Y-Z (船舶航行坐标系下) 平面测量，因而 X-Z 和 X-Y 平面上的流场分布特性不能直接获取与进一步分析研究。通过 7.1 节中多切面 2D-3C 速度场 CT 扫掠测量与重构方法获得的体空间流场，解决了 2D-3C 拖曳水下 SPIV 测量系统在原始设计上的不足。如图 7.4 为不同切面速度场分布特性研究中的切面选取与划分示意图，其中图 (a)~(c) 分别为 Y-Z、X-Z 和 X-Y 平面在 X-Z、Y-Z 和 X-Z 面上的投影线。

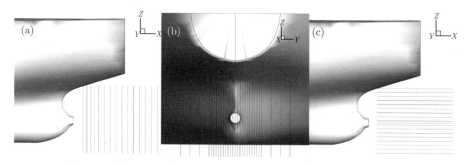

图 7.4 不同切面速度场分布特性研究中的切面选取与划分示意图

7.2.2 轴向伴流场轴向切面分布特性研究

图 7.5 为船舶艉轴向伴流场在不同轴向 Y-Z 切面位置的分布图，分布范围为 $X = 0.2R \sim 4R$。

由图 7.5 显示，对于船舶尾流场的近船舶艉区域 ($X/R = 0.2 \sim 2.2$) 处于船舶艉与艉封板包络的区域，受船体伴流效应的影响，此区域的轴向速度场在近艉部与近艉封板位置伴流较大，表现为具有轴向速度低速区域。对于船舶尾流场的船舶艉和远场过渡区域 ($X/R = 2.5 \sim 3.1$) 而言，此区域的流场刚刚流经船舶艉区域且逐渐远离艉封板末端位置，此区域的水流流动受船体伴流效应较弱表现为最小的无量纲轴向速度轮廓为 $u/U = 0.5$。对于船舶尾流场的远后方区域 ($X/R = 3.4 \sim 4.0$) 而言，此区域的流场远离船舶艉与艉封板末端位置，此区域的水流流动受船体伴流效应最弱

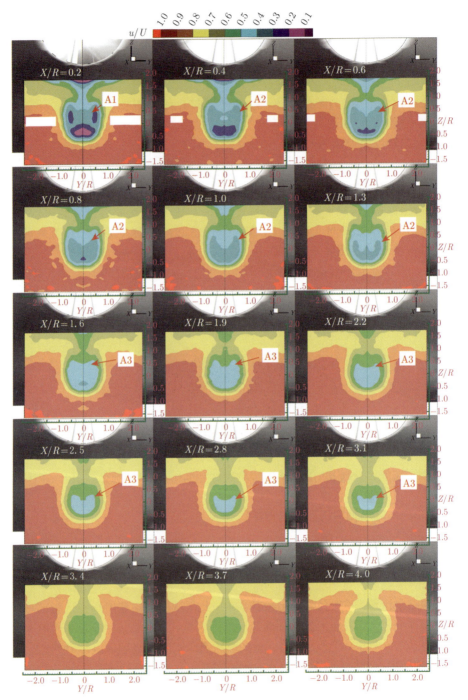

图 7.5　轴向伴流场在不同轴向 Y-Z 切面位置的分布图

表现为最小的无量纲轴向速度轮廓为 $u/U = 0.6$。随着水流流经船体逐渐传递并离开船艉区域到达船艉的远后方。水流受伴流影响产生速度降低且随着不断的传递吸收周围流场的速度在远后方逐渐恢复为远场速度大小。受船艉几何形式影响下，近船艉区域的不同轴向 Y-Z 切面位置的伴流特征不同，$X/R = 0.2$ 位置的钩状速度轮廓 (A1) 的轮廓线为无量纲轴向速度 $u/U = 0.3$。$X/R = 0.4 \sim 1.3$ 位置的钩状速度轮廓 (A2) 的轮廓线为无量纲轴向速度 $u/U = 0.4$。$X/R = 1.6 \sim 3.1$ 位置的钩状速度轮廓 (A3) 的轮廓线为无量纲轴向速度 $u/U = 0.5$。船舶尾流场的远后方区域 ($X/R = 3.4 \sim 4.0$) 无钩状速度轮廓特征。不同轴向位置的钩状速度轮廓的形状、钩峰和轮廓值均不同。

　　图 7.6 为不同轴向 Y-Z 切面位置 ($X/R = 0.2, 1.0, 2.2, 4.0$) 的流线分布图。由图 7.6 所示，不同轴向 Y-Z 切面位置均有明显的水流旋转特性，随着水流旋转特性由近船艉区域传递至远船艉区域。

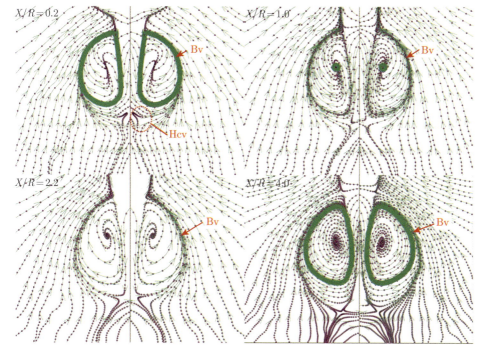

图 7.6　轴向伴流场在 $X/R = 0.2, 1.0, 2.2, 4.0$ 轴向 Y-Z 切面位置的平面流线图

7.2.3　轴向伴流场展向切面分布特性研究

　　图 7.7 为轴向伴流场在不同展向 X-Z 切面位置的分布图，分布范围为 $Y/R = 0 \sim 2.3$。

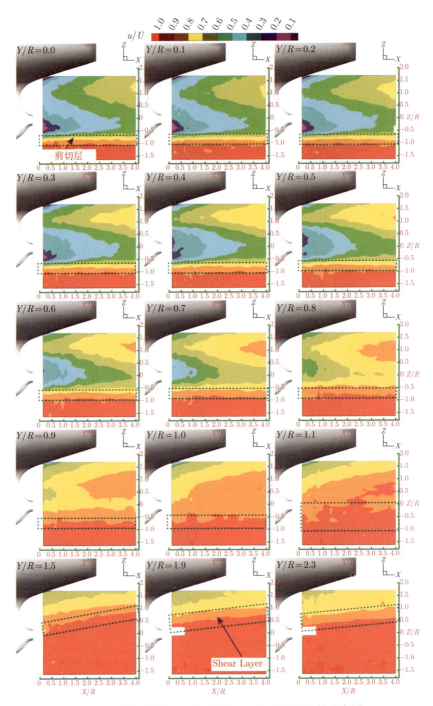

图 7.7　轴向伴流场在不同展向 X-Z 切面位置的分布图

由图 7.7 显示, 由于船舶艉部形状的空间异性, 水流流经船舶艉部时, 空间上任何位置受船体伴流的影响均不同, 表现为不同展向 X-Z 切面的轴向伴流分布不同。在 $Y/R = 0.0 \sim 1.1$ 区域, 此区域的尾流场受船艉的影响最为显著, 随着 $Y/R = 0$ 逐渐往 $Y/R = 1.1$ 观测, 轴向伴流场受船艉的影响逐渐减弱。另外, 不同展向 X-Z 切面在 $Z/R = -1 \sim -1.5$ 区域基本不受船体伴流效应的影响, 此区域的无量纲轴向速度与远场来流基本一致。在 $Z/R = -1$ 附近区域为高速与低速区域分界线, 且为速度剪切层区域 (绿色虚线框, 标注 "剪切层"), 低速流体经此剪切层区域作用后流体速度逐渐恢复。此速度剪切层边界与 7.4 节中湍流特性在 $Z/R = -1$ 处为 U 状强湍流区边界相对应。在 $Y/R = 1.5 \sim 2.3$ 区域, 此区域的尾流场受船艉的影响不显著, 随着 $Y/R = 1.5$ 逐渐往 $Y/R = 2.3$ 观测, 轴向伴流场受船艉的影响基本不变。因为此区域的船体几何现状变化缓慢, 流场受几何形状的影响在展向方向上变化不大, 此切面范围整体的速度剪切层区域处于 $Z/R = 0.5$ 附近。

图 7.8 为不同轴向 X-Z 切面位置 ($Y/R = 0.0$, 0.7, 1.0, 2.3) 的流线分布图。

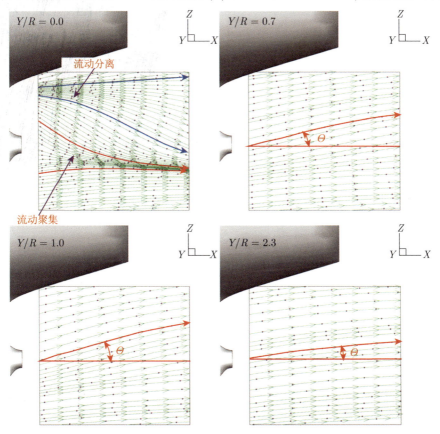

图 7.8 轴向伴流场在 $Y/R = 0.0, 0.7, 1.0, 2.3$ 轴向 X-Z 切面位置的平面流线图

船舶以某一航速航行离开前一位置时，船体周围的水流会迅速填充船体排开水流的位置的空间。由于船体不同区域的几何形式不同，伴流的影响也不同，进行水流填充的特性也相应不同。由图 7.8 显示，$Y/R = 0$ 切面处于船舶中纵切面，受伴流与艉封板边界效应影响整体的流线流动特征主要有流动分离、流动聚合以及流动剪切三个特征，具体表现为受船体艉封板边界层效应引起的向上水流与下行的艉部填充水流之间的流动分离 [3,4]，下行的艉部填充水流与底部未受船体干扰的远前方来流的流动聚合特征以及伴流影响后的下行填充低速水流与远前方直行的高速水流的轴向剪切特征。在 $Y/R = 0.7 \sim 2.3$ 区域，此区域的水流均为斜流向上填充水流，随着 $Y/R = 0.7$ 逐渐往 $Y/R = 2.3$ 观测，船舶排开水的体积范围逐渐减小，向上水流与直行水流的夹角 (标注 Θ) 逐渐减小，最后在远展向方向水流恢复为直行方向。

7.2.4　轴向伴流场垂向切面分布特性研究

图 7.9 为轴向伴流场在不同垂向 X-Y 切面位置的分布图，分布范围为 $Z/R = -0.9 \sim 1.7$。由图 7.9 显示，在 $Z/R = -0.9$ 处，此切面为远前方来流受艉部影响后水流的边界区域，可以得到此时的无量纲轴向速度整体处于最大值仅在中间船艉形状强干扰区域为 $u/U = 0.9$。随着 $Z/R = -0.9$ 逐渐往 $Z/R = 0$ 观测，艉轴下端的船体形状对轴向伴流场的影响逐渐增强。随着 $Z/R = 0$ 逐渐往 $Z/R = 0.9$ 观测，艉轴上端的船体形状对轴向伴流场的影响逐渐减弱。

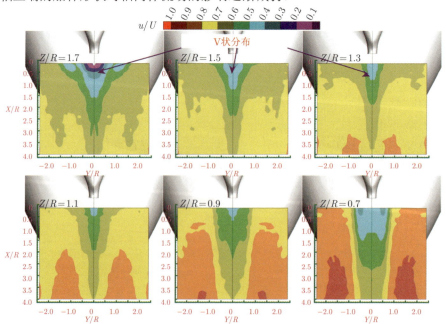

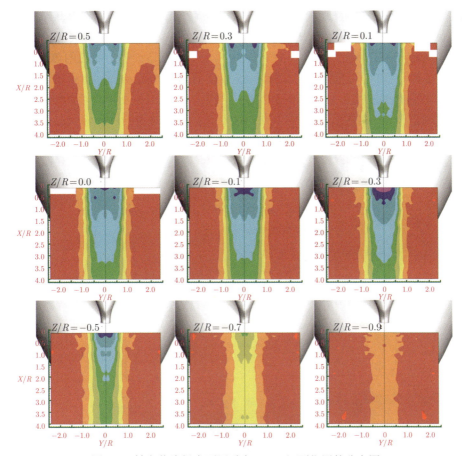

图 7.9 轴向伴流场在不同垂向 X-Y 切面位置的分布图

另外，在 $Z/R = 1.1 \sim 1.7$ 区域，此区域的尾流场主要受船体艉封板的边界层效应影响，随着 $Z/R = 1.1$ 逐渐往 $Z/R = 1.7$ 观测，轴向伴流场受艉封板的影响逐渐增强。这种边界层影响效应随着水流往船舶艉部远后方传递且离开艉封板区域而逐渐减小并最后消失，还有船舶艉封板在船舶中纵区域且其所处范围更大，因此在此区域其对流场的伴流作用更强。受艉封板边界层效应影响后的速度区域呈现 V 状分布，这种分布形式与艉封板与自由面的相交面形状吻合。

图 7.10 为不同轴向 X-Y 切面位置 ($Z/R = -0.7$, 0.0, 0.7, 1.7) 的流线分布图，图 7.10 展现了水流离开船体艉部区域的流动方向。在 $Z/R = -0.7$ 处，此切面的流动分布为远前方来流与艉部影响后水流相互耦合后的结果，耦合后的水流在远离中纵剖面位置整体呈现为直行水流，在船艉后端区域水流具有小角度的水流偏角且与远前方直行的水流聚合。在 $Z/R = 0.0$ 处，此切面的流动分布同样为远前方来流与艉部影响后水流相互耦合后的结果，但是此处船艉的影响程度最强。

耦合后的水流的流线流动特征主要有流动分离和流动聚合特征，具体表现为艉部影响区域的直行水流与偏角方向水流之间的流动分离，偏角方向水流与远前方来流的直行流动聚合特征。随着观测切面由 $Z/R = 0.0 \sim 0.7$ 处，船艉的伴流影响逐渐减弱，耦合后的水流的流线流动特征仅有流动聚合特征。在 $Z/R = 1.7$ 处，此切面的流动分布为远前方来流与艉封板边界层影响后水流相互耦合后的结果，耦合后的水流的流线流动特征主要为流动的聚合。

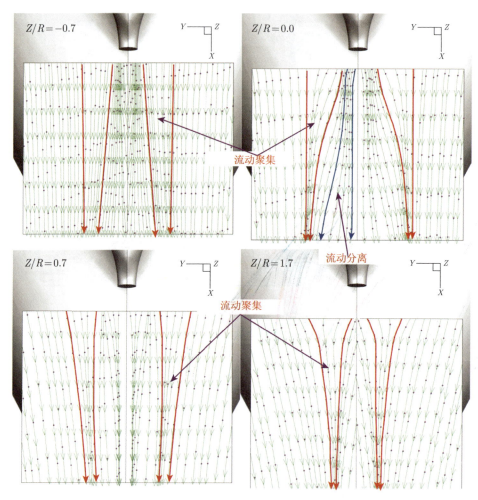

图 7.10　轴向伴流场在 $Z/R = -0.7, 0.0, 0.7, 1.7$ 垂向 X-Y 切面位置的平面流线图

7.3　尾流场中速度特性 3D 空间分布

7.3.1　轴向速度 u/U 3D 空间分布

图 7.11 为无量纲轴向速度 u/U 3D 空间分布图,其中,轴向速度场的 3D 分布特性应用重构后的体空间流场中的不同轴向速度 u/U 等值面表示,等值面的范围为 $u/U = 0.2 \sim 0.9$。其中,图中的虚线框内的图像为半空间区域的无量纲轴向速度 u/U 等值面。

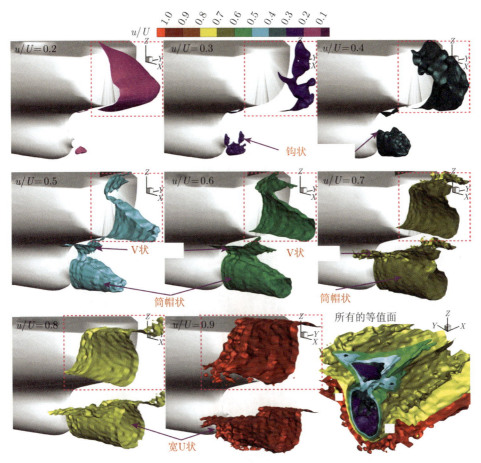

图 7.11　无量纲轴向速度 u/U 3D 空间分布图

由图 7.11 所示,在离船舶艉部和艉封板几何越近的区域,船体对相应区域的伴流影响越大。其中,无量纲轴向速度 $u/U = 0.2$, 0.3 和 0.4 的等值面主要受船艉部的几何引起的伴流影响,无量纲轴向速度 $u/U = 0.3$ 和 0.4 的等值面的空间分布

形式为 "立体钩状" 分布且轴向速度 $u/U = 0.3$ 的钩状程度较轴向速度 $u/U = 0.4$ 更显著。无量纲轴向速度 $u/U = 0.5, 0.6$ 和 0.7 的等值面主要受船艉部的几何引起的伴流和船体艉封板的边界层效应耦合影响，无量纲轴向速度 $u/U = 0.5, 0.6$ 和 0.7 的等值面的空间分布形式相似，由受艉封板边界层效应影响的 "V" 分布和受船艉几何伴流影响的 "筒帽状" 分布组成。通过观察，无量纲轴向速度 $u/U = 0.5$ 的 "筒帽状" 等值面区域仍具有 "钩状" 分布特征而无量纲轴向速度 $u/U = 0.6$ 和 0.7 的 "筒帽状" 等值面区域不再具有相应特征。另外，随着无量纲轴向速度 $u/U = 0.5$ 逐渐递增到 0.7 等值面，受艉封板边界层效应影响的 "V" 分布逐渐由窄 "V" 发展为宽 "V" 分布。无量纲轴向速度 $u/U = 0.8$ 和 0.9 的等值面受船艉几何伴流影响相对较弱，等值面的主要分布形式呈现为与船体几何相似的宽 "U" 状分布特征。

7.3.2　展向速度 v/U 3D 空间分布

图 7.12 为无量纲展向速度 v/U 3D 空间分布图，其中，展向速度场的 3D 分布特性应用重构后的体空间流场中的不同展向速度 v/U 等值面表示，等值面的范围为 $v/U = -0.25 \sim 0.25$。

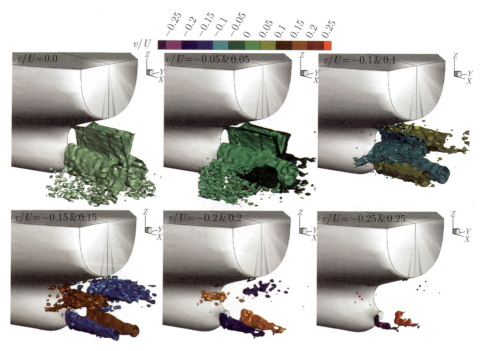

图 7.12　无量纲展向速度 v/U 3D 空间分布图

由图 7.12 所示，无量纲展向速度 v/U 表征了船舶尾流场在展向的流动情况，由于船体几何形状的对称性无量纲展向速度 v/U 在空间上也是对称的，无量纲展

向速度 v/U 的正负数值仅表现为流动方向的不同即在船舶的左舷侧区域展向速度
指向右舷侧方向且数值上为正展向速度, 在船舶的右舷侧区域展向速度指向左舷侧
方向且数值上为负展向速度。由于船舶尾流场中的舭涡由船舶舭部区域产生逐渐
向船舶远后方的通场传递现象 (尾流场的旋涡特性将在第 8 章节详细论述), 因此
舭部区域的水流是整体旋转向船舶舭部远后方传递的。由无量纲展向速度 $v/U =$
$-0.05\&0.05, -0.1\&0.1, -0.15\&0.15$ 和 $-0.2\&0.2$ 等值面可知, 受旋转舭涡的影响在
舭轴上方区域无量纲展向速度 v/U 为正值即水流流向船舶右舷, 在舭轴下方区域
的无量纲展向速度 v/U 为负值即水流流向船舶左舷, 且舭涡的最大展向流动速度
区域处于舭涡上边缘与下边缘 (与无量纲展向速度 $v/U = -0.2\&0.2$ 和 $-0.25\&0.25$
等值面对应)。

7.3.3 垂向速度 w/U 3D 空间分布

图 7.13 为无量纲垂向速度 w/U 3D 空间分布图, 其中, 垂向速度场的 3D 分布
特性应用不同垂向速度 w/U 等值面表示, 等值面的范围为 $w/U = -0.24 \sim 0.24$。

由图 7.13 所示, 无量纲垂向速度 w/U 表征了船舶尾流场在垂向的流动情况,
由于船体几何形状的对称性无量纲垂向速度 w/U 在空间上也是对称的。在船舶尾
流场中具有垂向向上流动的水流的速度为正垂向速度, 反之为负垂向速度。由于尾
流场中舭涡的旋转与传递效应, 受旋转舭涡的影响在舭轴上方的中纵剖面区域无
量纲垂向速度 w/U 为负值 ($w/U = -0.24, -0.2, -0.16, -0.12, -0.08$ 和 -0.04)
即水流流向为垂向向下且无量纲垂向速度 w/U 等值面为环状分布。由无量纲垂

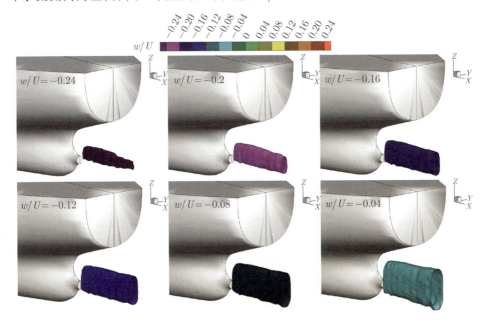

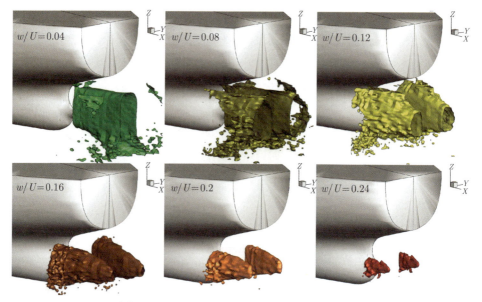

图 7.13　无量纲垂向速度 w/U 3D 空间分布图

向速度 $w/U = 0.08$，0.12，0.16，0.2 和 0.24 等值面可知，在艉轴的两侧区域无量纲垂向速度 w/U 为正值即水流流向为垂向向上且无量纲垂向速度 w/U 等值面为双环状对称分布。在艉轴上方的中纵剖面区域的最大无量纲负垂向速度为艉涡的内边缘，在艉轴的两侧区域无量纲垂向速度为艉涡的外边缘 (与无量纲垂向速度 $w/U = -0.24$ 和 0.24 等值面对应)。

7.3.4　Y-Z 平面速度大小 S/U 3D 空间分布

图 7.14 为无量纲 Y-Z 平面速度大小 S/U 3D 空间分布图，其中，Y-Z 平面速度大小 S/U 的 3D 分布特性应用重构后的体空间流场中的 Y-Z 平面速度大小 S/U 等值面表示。

由图 7.14 所示，无量纲 Y-Z 平面速度大小 S/U 表征了船舶尾流场在 Y-Z 平面速度大小，无量纲 Y-Z 平面速度大小 S/U 不是 PIV 测量系统直接测量得到的速度场，该速度是由展向速度 v/U 与垂向速度 w/U 进行算数平方根求得的。通过无量纲 Y-Z 平面速度大小 S/U 的最小值可以进行平面 "0" 速度区域的流动特征研究。一般而言平面 "0" 速度区域为旋转焦点中心、鞍点和驻点等出现的区域。综合 7.2 节中不同轴向位置的流线分布图与第 8 章节旋涡相关研究，无量纲 Y-Z 平面速度大小 $S/U = 0.025$ 展现了艉涡、毂帽涡与鞍点区域的空间分布，随着向船舶远后方观测，毂帽涡强度降低并混合于传递水流中。观察无量纲 Y-Z 平面速度大小 $S/U = 0.025$ 等值面毂帽涡标记处可得，毂帽涡随着强度的降低混合于来流中的过程与毂帽涡对应的 S/U 等值面逐渐发散相互吻合。对于艉涡而言，艉涡强度较大且舭涡由船舶艉部区域产生逐渐向船舶远后方的通场传递，由无量纲 Y-Z 平面速度大小 $S/U = 0.025$ 等值面舭涡标记处可得等值面不发生发散现象且与舭涡具有一致的通场传递特性。由于舭涡的存在横向水流与垂向向下水流相互汇合的鞍点区域也随着舭涡的通场传递而存在。由于无量纲展向速度 v/U 和无量纲垂向速度 w/U 的空间对称性，由展向速度 v/U 与垂向速度 w/U 进行算数平方跟求得的无量纲 Y-Z 平面速度大小 S/U 也具有空间对称性。无量纲 Y-Z 平面速度大小 S/U 的最大位置区域通常对应旋涡的最大旋转速度区域。

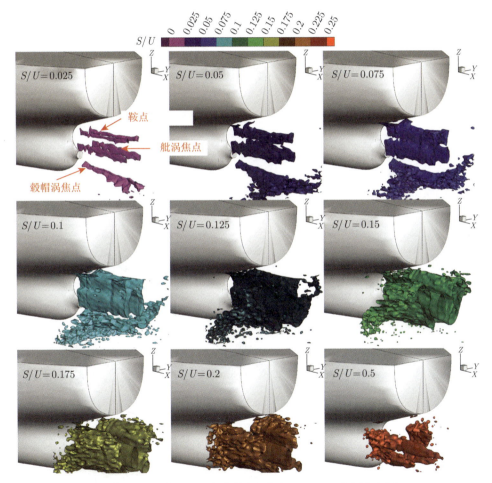

图 7.14   无量纲 Y-Z 平面速度大小 S/U 3D 空间分布图

7.3.5   空间速度大小 L/U 3D 空间分布

图 7.15 为无量纲空间速度大小 L/U 3D 空间分布图，等值面的范围为 $L/U =$

0.2 ～ 0.9。如图 7.15 所示，由图 6.4 和图 6.9 中 PIV 测量得到的时间平均速度结果可知，展向速度分量 v 与垂向速度分量 w 相比较于轴向速度分量 u 为小量。无量纲空间速度大小 L/U 3D 空间分布与无量纲轴向速度 u/U 3D 空间分布形式基本相似。无量纲空间速度大小 $L/U = 0.3$ 和 0.4 的等值面的空间分布形式为 "立体钩状" 分布且空间速度大小 $L/U = 0.3$ 的钩状程度较空间速度大小 $L/U = 0.4$ 更显著。无量纲空间速度大小 $L/U = 0.5$，0.6 和 0.7 的等值面的空间分布形式由 "V" 分布和 "筒帽状" 分布组成。无量纲空间速度大小 $L/U = 0.5$ 和 0.6 的 "筒帽状" 等值面区域具有 "钩状" 分布特征，但 $L/U = 0.7$ 的 "筒帽状" 等值面区域不再具有相应特征。另外，受艉封板边界层效应影响的 "V" 分布与无量纲轴向速度分布具有相同的随着等值面数值的增加逐渐由窄 "V" 发展为宽 "V" 分布属性。$L/U = 0.8$ 和 0.9 的等值面的分布形式呈现为与无量纲轴向速度分布相同的宽 "U" 状的分布特征。

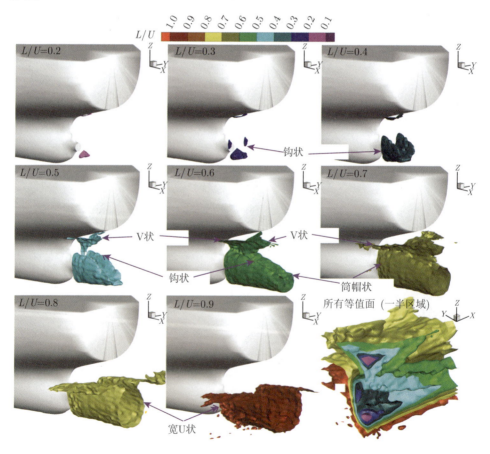

图 7.15 无量纲空间速度大小 L/U 3D 空间分布图

7.3.6 平均动能 AKE/U^2 3D 空间分布

图 7.16 为无量纲平均动能 AKE/U^2 3D 空间分布图,其中,平均动能 AKE/U^2 的 3D 分布特性应用重构后的体空间流场中的平均动能 AKE/U^2 等值面表示,等值面的范围为 $S/U = 0.05 \sim 0.5$。图 7.16 所示,由前面章节的相关论述得到的轴向速度分量 u 为显著量。因此,无量纲平均动能 AKE/U^2 与无量纲空间速度大小 L/U 3D 空间分布,无量纲轴向速度 u/U 3D 空间分布形式也基本相似。无量纲平均动能 $AKE/U^2 = 0.05$ 和 0.1 的等值面的空间分布形式为 "立体钩状" 分布。无量纲平均动能 $AKE/U^2 = 0.15, 0.2, 0.25$ 和 0.3 的等值面的空间分布形式由 "V" 分布和 "筒帽状" 分布组成。无量纲平均动能 $AKE/U^2 = 0.35$ 和 0.4 的等值面的分布形式呈现为与空间速度大小、无量纲轴向速度分布相同的宽 "U" 状的分布特征。无量纲平均动能 AKE/U^2 相应的随着等值线数值递增的变化趋势与无量纲空间速度大小、无量纲轴向速度的变化趋势一致。

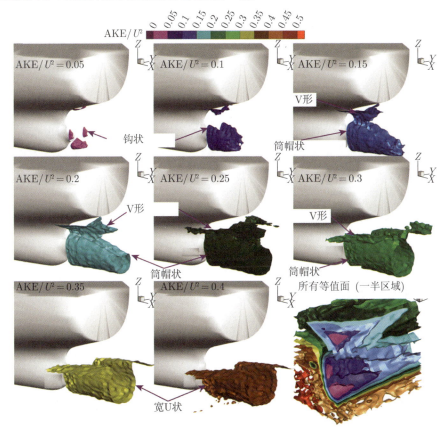

图 7.16 无量纲平均动能 AKE/U^2 3D 空间分布图

7.4　尾流场中湍流特性 3D 空间分布

7.4.1　雷诺应力 3D 空间分布

图 7.17 为无量纲雷诺正应力和剪切应力 3D 空间分布图, 其中, 图 (a)~(c) 为无量纲雷诺正应力 $\overline{u'u'}/U^2$, $\overline{v'v'}/U^2$, $\overline{w'w'}/U^2$ 的 3D 分布, 图 (d)~(f) 为无量纲雷诺剪切应力 $\overline{u'v'}/U^2$, $\overline{u'w'}/U^2$, $\overline{v'w'}/U^2$ 的 3D 分布。由文献 [5-7] 中可知雷诺应力的输运方程如下:

$$\frac{\partial \overline{u_i' u_j'}}{\partial t} + \bar{u}_k \frac{\partial \overline{u_i' u_j'}}{\partial x_k} = G_{ij} + \Phi_{ij} + D_{ij} - E_{ij} \tag{7-2}$$

其中, $G_{ij} = -\left(\overline{u_i' u_k'}\dfrac{\partial \bar{u}_j}{\partial x_k} + \overline{u_j' u_k'}\dfrac{\partial \bar{u}_i}{\partial x_k}\right)$ 为雷诺应力的生成项, $\Phi_{ij} = \dfrac{\overline{p'}}{\rho}\left(\dfrac{\partial u_i'}{\partial x_j} + \dfrac{\partial u_j'}{\partial x_i}\right)$ 为雷诺应力的压力应变项 (再分配项), $D_{ij} = -\dfrac{\partial}{\partial x_k}\left(\overline{u_i' u_j' u_k'} + \dfrac{\overline{p' u_i'}}{\rho}\delta_{jk} + \dfrac{\overline{p' u_j'}}{\rho}\delta_{ik} + \nu\dfrac{\partial \overline{u_i' u_j'}}{\partial x_k}\right)$ 为雷诺应力的梯度形式扩散项, $E_{ij} = 2\nu\dfrac{\overline{\partial u_i'}}{\partial x_k}\dfrac{\partial u_j'}{\partial x_k}$ 为雷诺应力的耗散项。通过雷诺应力的生成项 G_{ij} 可知雷诺应力的生成是由雷诺应力和流体平均运动变形率联合作用的结果, 如果流动中没有流体的平均运动变形率流动中也就不会产生雷诺应力。由图 6.8 中轴向速度分布图, 图 6.9 中轴向速度分布、速度大小分布和平均动能分布图, 图 7.11 中轴向速度 3D 空间分布图, 图 7.15 中速度大小空间分布图以及图 7.16 中平均动能空间分布图可得, 轴向速度的高速度梯度区域与平均动能的高动能梯度区域分布形式相似且为 U 状 (或钩状) 分布。此高速度梯度区域与平均动能的高动能梯度区域具有较高的流体平均运动变形率, 由图 7.17~图 7.23 无量纲雷诺正应力和剪切应力 3D 空间和不同轴向切面分布图可知, 雷诺应力的空间分布形式也呈现为 U 状 (或钩状) 分布, 高雷诺应力区域集中在高速度梯度区域与高动能梯度区域, PIV 测量得到的物理现象与雷诺应力输运方程中的雷诺应力生成项物理属性相符合。

图 7.18~图 7.23 为无量纲雷诺正应力和剪切应力不同轴向 Y-Z 切面分布图, 其中, 图 7.18~图 7.20 为无量纲雷诺正应力 $\overline{u'u'}/U^2$, $\overline{v'v'}/U^2$, $\overline{w'w'}/U^2$ 的不同轴向 Y-Z 切面分布, 图 7.21~图 7.23 为无量纲雷诺剪切应力 $\overline{u'v'}/U^2$, $\overline{u'w'}/U^2$, $\overline{v'w'}/U^2$ 的不同轴向 Y-Z 切面分布。由图 7.5 中不同轴向 Y-Z 切面轴向速度分布图可知, 随着水流流经船体逐渐传递并离开船艉区域到达船艉的远后方, 原轴向 Y-Z 切面处的高速度梯度区域与高动能梯度区域的速度梯度和动能梯度幅值逐渐减小, 流体平均运动变形率降低, 因此随着轴向 Y-Z 切面逐渐观测至船艉远后方的过程雷

诺应力逐渐降低。另外，由于展向速度分量 v 与垂向速度分量 w 相比较于轴向速度分量 u 为小量。展向速度分量 v 和垂向速度分量 w 在 x 方向的速度梯度 $\frac{\partial v}{\partial x}$ 与 $\frac{\partial w}{\partial x}$，垂向速度分量 w 在 y 方向的速度梯度 $\frac{\partial w}{\partial y}$，展向速度分量 v 在 z 方向的速度梯度 $\frac{\partial v}{\partial z}$ 均相对不显著，u'，v' 与 w' 为 x、y、z 三方向的脉动速度且轴向脉动量与展向的脉动量比垂向脉动量大。因此如图 7.18~图 7.23 所示，有雷诺正应力 $\overline{u'u'}/U^2$，$\overline{v'v'}/U^2$，$\overline{w'w'}/U^2$ 和雷诺剪切应力 $\overline{u'v'}/U^2$，$\overline{u'w'}/U^2$ 较雷诺剪切应力 $\overline{v'w'}/U^2$ 显著。

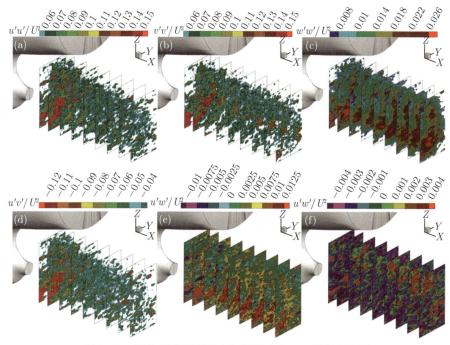

图 7.17 无量纲雷诺正应力和剪切应力 3D 空间分布图

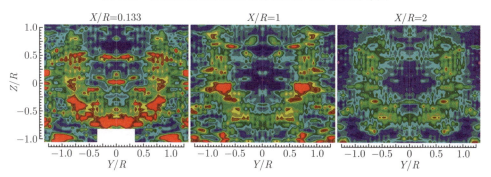

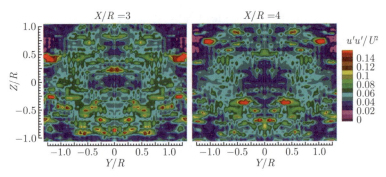

图 7.18　不同轴向 (Y-Z 平面) 切面下无量纲雷诺正应力 $\overline{u'u'}/U^2$ 分布图

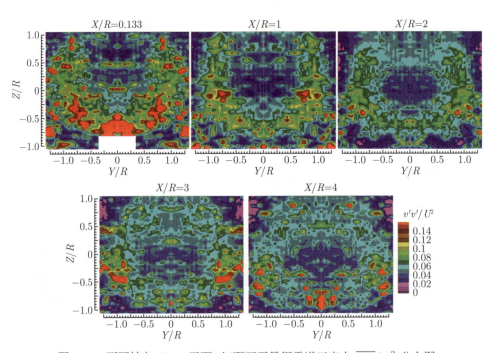

图 7.19　不同轴向 (Y-Z 平面) 切面下无量纲雷诺正应力 $\overline{v'v'}/U^2$ 分布图

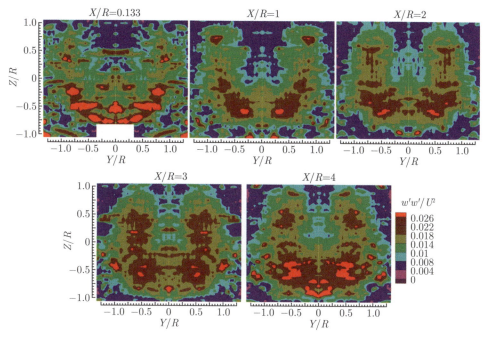

图 7.20 不同轴向 (Y-Z 平面) 切面下无量纲雷诺正应力 $\overline{w'w'}/U^2$ 分布图

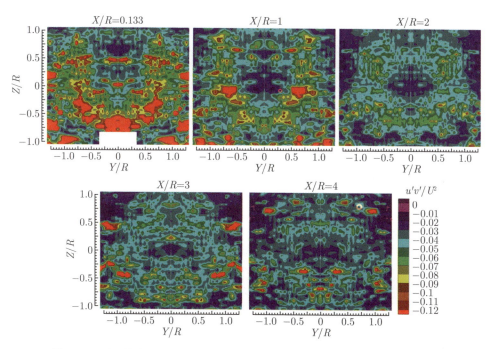

图 7.21 不同轴向 (Y-Z 平面) 切面下无量纲雷诺剪切应力 $\overline{u'v'}/U^2$ 分布图

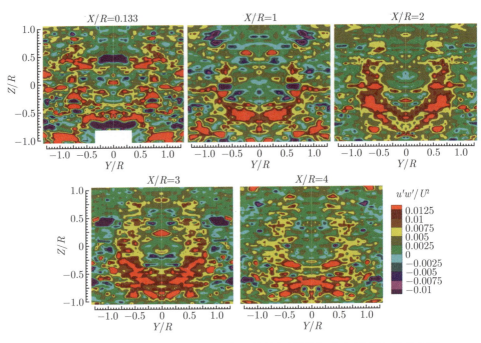

图 7.22　不同轴向 (Y-Z 平面) 切面下无量纲雷诺剪切应力 $\overline{u'w'}/U^2$ 分布图

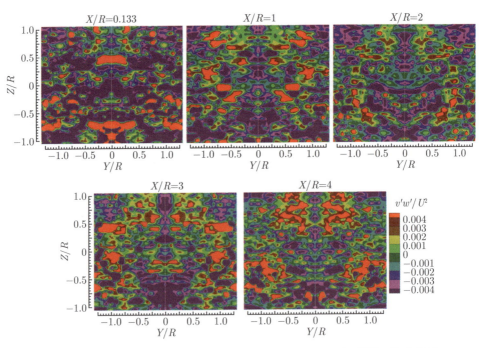

图 7.23　不同轴向 (Y-Z 平面) 切面下无量纲雷诺剪切应力 $\overline{v'w'}/U^2$ 分布图

7.4.2 湍流脉动速度与湍流度分布

图 7.24 为无量纲湍动能 TKE/U^2 3D 空间分布图,其中,图 (a) 为全场空间分布图,图 (b) 为半空间分布图。船舶艉部湍流场中单位质量水流脉动运动的平均量称为湍动能,湍动能在轴向、展向和垂向上具有 3 个分量分别为 $1/2\overline{u'u'}$, $1/2\overline{v'v'}$ 和 $1/2\overline{w'w'}$。通过 2D-3C SPIV 试验可以测量得到对应的轴向、展向和垂向脉动速度均方根,进而可以得到湍动能。由文献 [5-7] 中可知湍动能的输运方程如下:

$$\frac{\partial k}{\partial t} + \bar{u}_k \frac{\partial k}{\partial x_k} = G_k + D_k - \varepsilon \tag{7-3}$$

其中,k 为脉动动能平均量 (湍动能TKE),$G_k = -\overline{u_i'u_k'}\frac{\partial \bar{u}_i}{\partial x_k}$ 为湍动能的生成项,

$D_k = -\frac{\partial}{\partial x_k}\left(\overline{u_i'u_i'u_k'} + \frac{\overline{p'u_k'}}{\rho} + \nu\frac{\partial k}{\partial x_k}\right)$ 为湍动能的梯度形式扩散项,$\varepsilon = \nu\overline{\frac{\partial u_i'}{\partial x_k}\frac{\partial u_i'}{\partial x_k}}$

为湍动能的耗散项。通过湍动能的生成项 G_k 可知湍动能的生成是雷诺应力和流体平均运动变形率张量相互作用的结果,表示应力以当地速度梯度向质点输入能量的机械功。对于雷诺正应力而言即 $i = k$ 的情况,雷诺正应力分别以 $\frac{\partial U}{\partial x}$, $\frac{\partial V}{\partial y}$ 和 $\frac{\partial W}{\partial z}$ 的变形率拉伸 $\mathrm{d}x\mathrm{d}y\mathrm{d}z$ 流体元所做的变形功 (克服正应力所做的变形功),以湍流运动角度来看即为雷诺正应力对湍动能生成的贡献,以平均运动角度为平均流动的能量损失 (代表湍流由平均流汲取的能量),为 $-\rho\left(\overline{u'u'}\frac{\partial U}{\partial x} + \overline{v'v'}\frac{\partial V}{\partial y} + \overline{w'w'}\frac{\partial W}{\partial z}\right)\mathrm{d}x$

$\mathrm{d}y\mathrm{d}z$。对于雷诺剪切应力而言即 $i \neq k$ 的情况,雷诺剪切应力 $-\rho\overline{u_i'u_k'}$ 分别以 $\frac{\partial \bar{u}_i}{\partial x_k}$ 的变形率剪切 $\mathrm{d}x\mathrm{d}y\mathrm{d}z$ 流体元所做的变形功 (克服剪切应力所做的变形功),以湍流运动角度来看即为雷诺剪切应力对湍动能生成的贡献,以平均运动角度为平均流动的能量损失,为 $-\rho\left[\overline{u'v'}\left(\frac{\partial U}{\partial y} + \frac{\partial V}{\partial x}\right) + \overline{u'w'}\left(\frac{\partial U}{\partial z} + \frac{\partial W}{\partial x}\right) + \overline{v'w'}\left(\frac{\partial V}{\partial z} + \frac{\partial W}{\partial y}\right)\right]\mathrm{d}x$

$\mathrm{d}y\mathrm{d}z$。由湍动能生成项中雷诺正应力和雷诺剪切应力的贡献项,以及图 7.17 雷诺应力分布图可以推算湍动能具有与雷诺应力相似的分布形式,且由图 7.24 得到验证,船舶尾流场中的近船艉区域处湍动能具有较大的幅值,且湍动能呈现空间 U 状分布。

图 7.25 为无量纲湍动能 TKE/U^2 不同轴向 Y-Z 切面分布图。随着水流流经船体逐渐传递并离开船艉区域到达船艉的远后方,原轴向 Y-Z 切面处的高速度梯度区域与高动能梯度区域的速度梯度和动能梯度幅值逐渐减小,流体平均运动变形率降低,因此随着轴向 Y-Z 切面逐渐观测至船艉远后方的过程雷诺应力逐渐降低。由于雷诺应力为湍动能生成项中的重要贡献成份,所以湍动能的幅值随着由近

船艉区域向远后方的观测过程中也逐渐降低。

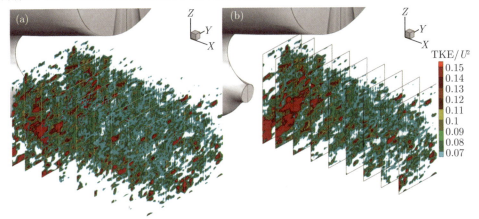

图 7.24   无量纲湍动能 TKE/U^2 3D 空间分布图

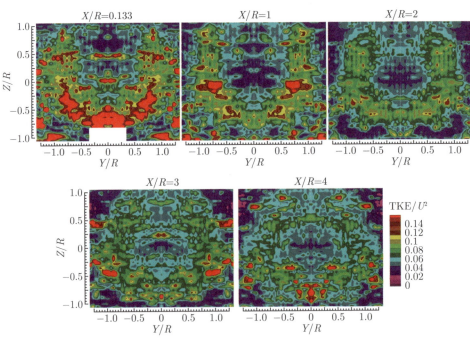

图 7.25   不同轴向切面下无量纲湍动能 TKE/U^2 分布图

7.4.3   湍流强度 3D 空间分布

图 7.26 为局部湍流强度 3D 空间分布图, 图 7.27 为全局湍流强度 3D 空间分布图, 其中, 局部湍流强度为湍流脉动速度的均方根与局部速度大小 l (l 为 PIV 测量得到的当地局部速度大小) 的比值, 全局湍流强度为湍流脉动速度的均方根与

全局速度大小 U (船舶航速为 $U=1.15\text{m/s}$) 的比值。如图 7.26 与图 7.27 所示，局部湍流强度与全局湍流强度具有相似的空间分布趋势。

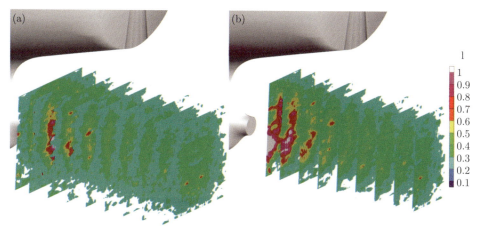

图 7.26　局部湍流强度 3D 空间分布图

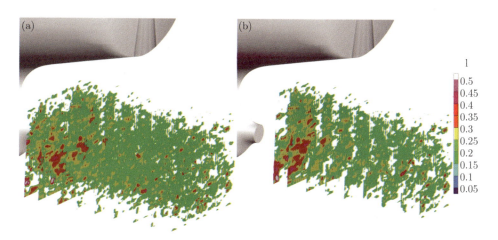

图 7.27　全局湍流强度 3D 空间分布图

对局部湍流强度而言，高湍流强度区域处于艉轴后端区域，且湍流强度分布为 U 状分布与船体艉部线型相似。此区域的湍流脉动速度在部分区域具有高于当地全局平均速度的性质，这一点在图 6.16 桨盘面内瞬态速度分布图中可以得到相互佐证。对全局湍流强度而言，尾轴后端的高局部湍流强度区域处并未发生高全局湍流强度，这是因为此区域的湍流脉动速度相对于船舶航速而言是小量。高全局湍流强度区域主要分布在高速度梯度与高动能梯度区域，这一点与湍动能与雷诺应力的分布趋势相对应。

参 考 文 献

[1] 亚历山大 · C · 马利瑞安. CT 成像基本原理、伪影与误区 [M]. 天津: 天津科技翻译出版有限公司, 2015.

[2] Dantec Dynamics, 2015. Dynamic Studio User Guide.

[3] Perry A E, Chong M S. A description of eddying motions and flow patterns using critical-point concepts[J]. Annual Review of Fluid Mechanics, 1987, 19(1): 125-155.

[4] Hornung H, Perry A E. Some aspects of three-dimensional separation. i-streamsurface bifurcations[J]. Zeitschrift fur Flugwissenschaften und Weltraumforschung, 1984, 8: 77-87.

[5] Tennekes H, Lumley J L, Lumley J L. A first course in turbulence[M]. Cambridge, MA: MIT Press, 1972.

[6] 是勋刚. 湍流 [M]. 天津: 天津大学出版社, 1995.

[7] 刘士和, 刘江, 罗秋实. 工程湍流 [M]. 北京: 科学出版社, 2011.

第 8 章　船舶尾流场的旋涡分布与空间演化特性研究

第 6 章节中 2D-3C SPIV 测量系统测量得到的 2D 螺旋桨盘面的速度与湍流特性分布对桨盘面流场的 2D 平面分布的理解与研究提供了强有力的数据支持。第 7 章节中应用多 2D 切面 CT 扫掠测量与空间重构了 3D-3C 尾流场并对速度与湍流特性的 3D 空间分布进行了研究，相关研究加深了对尾流场中速度与湍流特性的空间分布特性的理解。旋涡运动广泛存在于运动的流体中，对于船舶的尾流场而言，基于 SPIV 测量的 2D 平面标称伴流场旋涡特性的研究不多，大范围 3D 空间的尾流场旋涡特性研究更鲜有文献报道。针对船舶尾流场 2D 与大范围 3D 空间旋涡特性问题，应用第 7 章节中的体空间流场测量方法实现了大范围 3D 空间区域的尾流场旋涡分布测量问题。

本章首先进行 76 K 巴拿马散货船设计与压载状态下的桨盘面区域旋涡分布特性研究。接下来，基于多切面 CT 扫掠式测量与空间重构得到的 3D 空间流场进行尾流场旋涡的 3D 空间分布研究，其中，旋涡的分布与空间演化应用涡量 Vorticity(x)、旋涡强度、第二不变量 Q 以及 Lamdba-2 等参数进行表示与研究。最后，引入计算流动动力学 (CFD) 方法与 PIV 测量数据相结合对 PIV 测量区域外的旋涡流动进行预报分析，通过综合 CFD 数值与 PIV 试验数据进行舭涡和毂帽涡生成、增长、发展与传递等空间演化特性的研究。相关研究为进一步理解肥大型 U 艉船舶尾流场的旋涡分布与空间演化特性具有指导作用。

8.1　船舶桨盘面区域的旋涡特性分布

8.1.1　桨盘面时间平均旋涡特征分布

图 8.1 为设计装载状态下船舶桨盘面区域时间平均旋涡分布图，其中，图 (a) 为涡量 Vorticity(x) 分布图，图 (b) 为旋涡强度分布图，图 (c) 为涡结构第二不变量 Q 分布图，图 (d) 为涡结构 Lambda-2 分布图。由 2.5.3 小节可知，涡量 Vorticity(x) 的正值表示旋涡的旋转方向为逆时针方向，负值为顺时针旋转方向。旋涡强度的局部最小负值可以用来识别涡核，而正值表示流场，剪切流动可能会被显示但没有旋转运动。Lambda-2 的局部负值的最小值可以用来识别涡核，而正值表明了流场的区域，可能会出现剪切但没有旋转运动。第二不变量 Q 的局部最大正值可以用来识别涡核，而负值表示流的区域，可能会有剪切力但没有旋转运动。

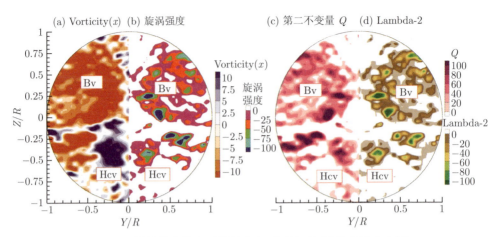

图 8.1　设计装载状态下船舶桨盘面区域时间平均旋涡分布图

如图 8.1 所示，设计吃水工况下，船舶来流流经 U 状艉部会逐渐产生一个强烈的船艉舭涡 (Bv)，在舭涡下方具有一个与舭涡旋转方向相反的假毂毂帽涡 (Hcv)，且毂帽涡紧贴船舶中纵剖面。压载吃水装载状态下，船舶具有一定的尾倾，且吃水比设计状态小。受船舶姿态变化影响，水流经过 U 状船艉部形成的舭涡发生明显的下移，与假毂毂帽涡呈近似并列状态。假毂毂帽涡位置变化较小，但旋转范围比设计工况增大。涡量 Vorticity(x)、旋涡强度、第二不变量 Q 和 Lambda-2 均对舭涡与假毂毂帽涡实现了明显的识别，涡量 Vorticity(x) 的正值表示当地的旋涡为逆时针旋转，反之旋涡为顺时针旋转，由船体中部艉部区域产生的舭涡分别以左舷侧顺时针和右舷侧逆时针旋转并传递至螺旋桨盘面，且位于 $u/U = 0.3 \sim 0.6$ 速度轮廓范围内。假毂毂帽涡具有与舭涡相反的旋涡旋转方向且由船体艉轴螺旋桨安装位置的假毂处产生并随尾流传递至桨盘面区域。毂帽涡且位于 $u/U < 0.2$ 速度轮廓范围内 (见图)。由旋涡强度与涡量云图，设计吃水状态下螺旋桨盘面舭涡呈现"圆形"[1]。

8.1.2　桨盘面瞬态旋涡特征分布

8.1.1 小节对船舶螺旋桨盘面区域时间平均旋涡特性进行了研究与分析。本节主要选取设计工况设计航速为研究前提，对 76 K 巴拿马散货船螺旋桨盘面的的瞬态旋涡特性进行分析，以便研究与分析时间平均与瞬态旋涡特性的差异性。图 8.2 为设计装载状态下不同采样样本编号的船舶桨盘面区域瞬间涡流分布图与涡量均方根分布图，其中，图 (a)~(c) 分别对应样本标号 $N = 70, 150$ 和 155 帧号相应的瞬态涡量分布图；图 (d) 为表征涡量脉动特性的涡量均方根分布图。

由图 8.2(a)~(c) 中不同采样样本编号的船舶桨盘面区域瞬间涡流分布图得到，船舶螺旋桨盘面区域的舭涡与假毂毂帽涡的瞬态旋转特性是时间依赖且波动的。另外，由图 8.2(d) 涡量的均方根分布图得到，舭涡的外边界区域具有较大的涡量均方根分布且表征了此区域具有较强的涡量波动，舭涡的内核心区域涡量均方根较外边界区域小且内核区域波动相对较弱。假毂毂帽涡所在的区域整体具有较显著的涡量均方根数值，相应的幅值表征了假毂毂帽涡的空间不稳定性且侧面印证假毂毂帽涡由舵轴假毂处波动脱落的特性，假毂毂帽涡的这一特性与 6.4 节中关于瞬态速度场相关分析对应。

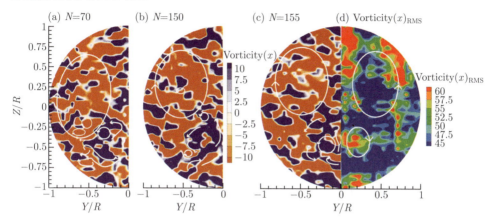

图 8.2　设计装载状态下不同采样样本标号的船舶桨盘面区域瞬间涡流分布图与涡量均方根分布图

8.2　3D 空间尾流场中涡量场沿轴向、展向和垂向分布

8.2.1　研究中的轴向、展向和垂向分布切面的选取与划分

如 7.2 节所述，多切面 CT 扫掠重构方法获得的了 3D 体空间流场，解决了 2D-3C 拖曳水下 SPIV 测量系统在原始设计上的不足，实现了体空间流场的获取与展现和垂向切面的非直接测量。如图 8.3 为不同切面涡量场分布特性研究中的切

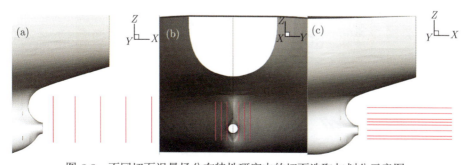

图 8.3　不同切面涡量场分布特性研究中的切面选取与划分示意图

面选取与划分示意图, 其中图 (a)~(c) 分别为 Y-Z、X-Z 和 X-Y 平面在 X-Z、Y-Z 和 X-Z 面上的投影线, 相应的 Y-Z 切面展向了涡量场的轴向分布, X-Z 切面展现了涡量场的展向分布和 X-Y 切面展向了涡量场的垂向分布特征。

8.2.2　船艉不同轴向、展现和垂向切面涡量场分布特性

图 8.4 为船艉不同轴向 Y-Z, 展现 X-Z 和垂向 X-Y 切面位置的涡量场分布图, 其中, 图 (a) 为船艉不同轴向 Y-Z 切面位置的涡量场分布图, 分布范围为 $0.133R \sim 4R$; 图 (b) 为船艉不同展向 X-Z 切面位置的涡量场分布图, 分布范围为 $Y/R = -0.75 \sim 0.25$, 图 (c) 为船艉不同垂向 X-Y 切面位置的涡量场分布图, 分布范围为 $Z/R = -0.375 \sim 1$。

图 8.4(a) 所示, 涡量场在不同轴向 Y-Z 切面位置的分布图展现了艉涡与假毂毂帽涡在轴向方向的传递特征, 由于艉涡具有较大的旋转范围与旋转能量, 其由近船艉区域传递至船艉的远后方过程中艉涡的轴向切面形状基本不变对应的涡量大小相应减弱但减弱不多。对于假毂毂帽涡而言, 毂帽涡的能量幅值与艉涡区域的幅值相差不多, 但是毂帽涡的范围较小, 毂帽涡由艉轴区域产生并逐渐沿着轴向传递且在 $X/R = 1$ 区域处范围已经很小且在 $X/R = 2$ 区域处已经消失。

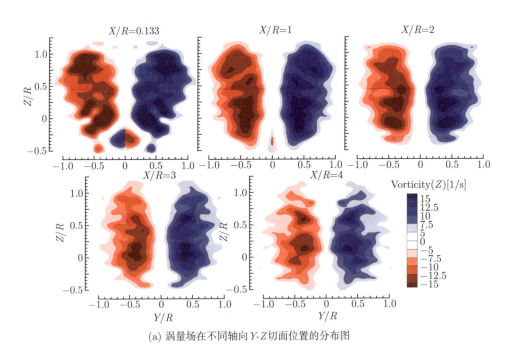

(a) 涡量场在不同轴向 Y-Z 切面位置的分布图

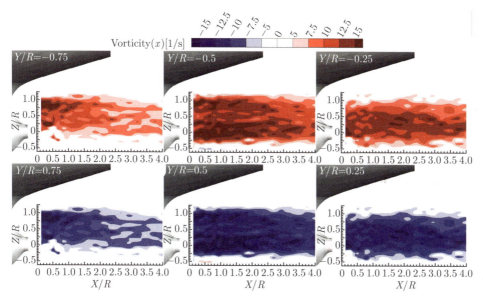

(b) 涡量场在不同展向 X-Z 切面位置的分布图

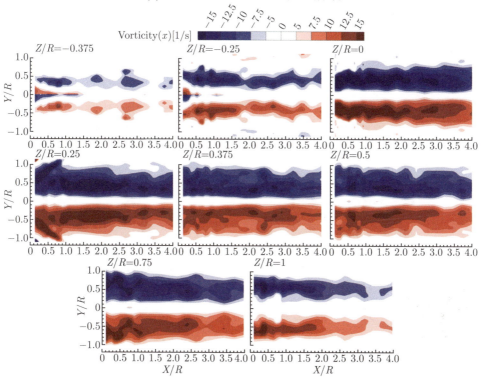

(c) 涡量场在不同轴向 X-Y 切面位置的分布图

图 8.4   涡量场在不同轴向 Y-Z，展现 X-Z 和垂向 X-Y 切面位置的分布图

由图 6.9(e) 无量纲截面速度大小 S/U 显示出，舭涡的旋转涡核 (标注 F_1) 位置为 $Y/R = \pm 0.5$，$Z/R = 0.05$。图 8.4(b) 所示，不同展向 X-Z 切面位置的涡量分布图中，舭涡的旋转范围与旋转能量在舭涡的旋转中心位置 $Y/R = \pm 0.5$ 展向 X-Z 切面具有最大的范围与旋转能量。图 8.4(c) 所示，不同垂向 X-Y 切面位置的涡量分布图中，舭涡的旋转范围与旋转能量在舭涡的旋转中心区域 $Z/R = 0 \sim 0.25$ 范围 (舭涡的旋转中心垂向位置 $Z/R = 0.05$) 垂向 X-Y 切面具有最大的范围与旋转能量。由于旋转能量在传递过程中会受到旋涡区外无旋水流的剪切削弱影响，舭涡由近船艉区域传递至船艉的远后方的过程中舭涡的展向和垂向切面形状由近船体区域到远后方区域逐渐变窄 (展向切面 $Y/R = \pm 0.75$ 处变窄明显，$Y/R = \pm 0.5$ 和 ± 0.025 变窄不显著；垂向切面 $Z/R = -0.375, -0.25, 0.75$ 和 1 处变窄明显，$Z/R = 0, 0.25, 0.375$ 和 0.5 变窄不显著) 对应的涡量大小相应减弱但减弱不多。

8.3　尾流场中涡结构 3D 空间分布

8.3.1　涡量场 3D 空间分布

本小节对船艉区域涡量场的 3D 空间分布进行了研究，图 8.5 为基于涡量场 Vorticity(x) 表示方法的舭涡与假毂毂帽涡的 3D 空间分布图，图 8.6 为尾流场区域的涡量场 Vorticity(x) 3D 空间分布图，涡量场 Vorticity(x) 的 3D 分布特性应用重构后的体空间流场中的不同涡量场 Vorticity(x) 大小的等值面表示，等值面的范围为 Vorticity(x) = $-15 \sim 15$。

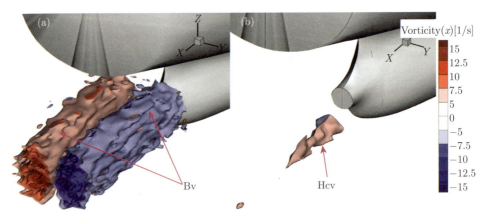

图 8.5　基于涡量场 Vorticity(x) 表示方法的舭涡与假毂毂帽涡 3D 空间分布图

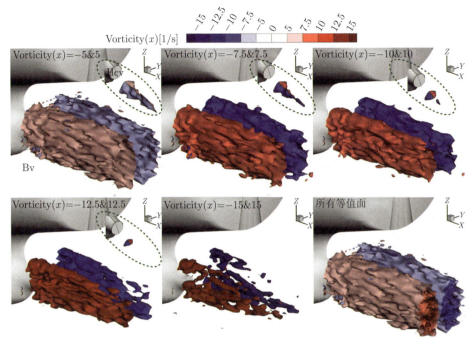

图 8.6 涡量场 Vorticity(x) 的 3D 空间分布图

由图 6.9(b) 和 (f) 速度矢量和流线分布,图 8.4 船舶桨盘面时均旋涡特性分布等研究,我们已经对舭涡与毂帽涡的平面 2D 分布特性有了较为详细的理解。图 8.5 所示,重构后的体空间流场中的不同涡量场 Vorticity(x) 大小的等值面对舭涡与毂帽涡的 3D 空间发展特征进行了直观的展示,舭涡的由近场到远场的通场传递特性、毂帽涡的传递与融合过程等均与 8.2.2 小节中基于不同轴向、展向和垂向 2D 切面研究得到的分布特性相对应。通过本小节的舭涡与毂帽涡的 3D 空间分布 (图 8.6 涡量场 Vorticity(x) 的 3D 空间分布图) 的展示,平面与 3D 相互对比分析可以进一步加深对舭涡与毂帽涡的空间分布特征的理解。

8.3.2 旋涡强度、第二不变量 Q 和 Lambda-2 3D 空间分布

本小节基于旋涡强度、第二不变量 Q 和 Lambda-2 表示方法对船艉区域旋涡结构的 3D 空间分布进行研究,图 8.7 为不同涡结构表示方法展示的旋涡结构分布图,其中,图 8.8~图 8.10 分别为基于旋涡强度、第二不变量 Q 和 Lambda-2 表示方法的不同幅值等值面下的空间舭涡分布图。

图 8.7 所示,对于船体艉部的旋涡空间分布而言,旋涡强度、第二不变量 Q 和 Lambda-2 三种方法均很好的对舭涡结构与毂帽涡结构进行了捕捉。图 8.8~图 8.10 中旋涡强度、第二不变量 Q 和 Lambda-2 的不同幅值等值面表达了不同旋涡强度

对应的空间旋涡结构,旋涡强度、第二不变量 Q 和 Lambda-2 三种涡结构的表达方法对应的旋涡涡核中心基本一致。

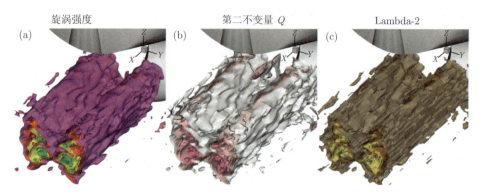

图 8.7　不同涡结构表示方法展示的旋涡结构分布图

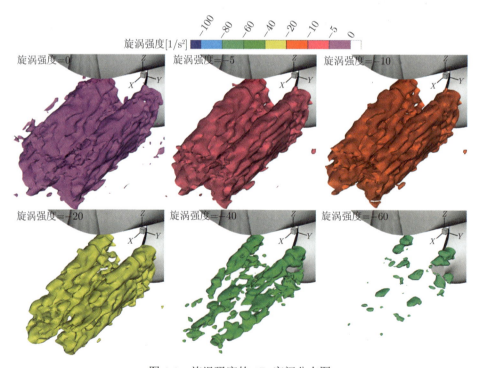

图 8.8　旋涡强度的 3D 空间分布图

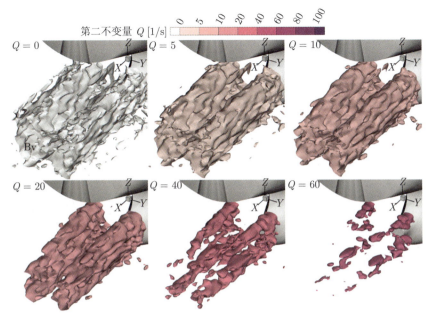

图 8.9　第二不变量 Q 的 3D 空间分布图

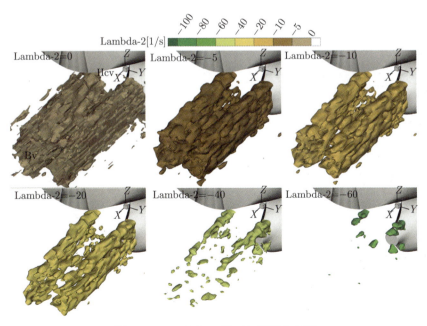

图 8.10　Lambda-2 的 3D 空间分布图

8.3.3 流线 3D 空间分布

图 8.11 为流线的 3D 空间分布图, 其中, 图 (a) 和 (b) 为右视和左视轴侧图方向下的流向 3D 空间分布图; 图 (c) 为艉部方向正视流线分布图; 图 (d) 为船侧方向流线分布图, 紫色流线束为左侧半船区域水流流线, 绿色流线束为右侧半船区域水流流线, 箭头表示其当地速度的流向。图 8.11 显示, 船舶尾流场中的流线具有显著的 3D 空间旋转特征, 这一特征与艉涡的通场传递特征相互印证且方向吻合。

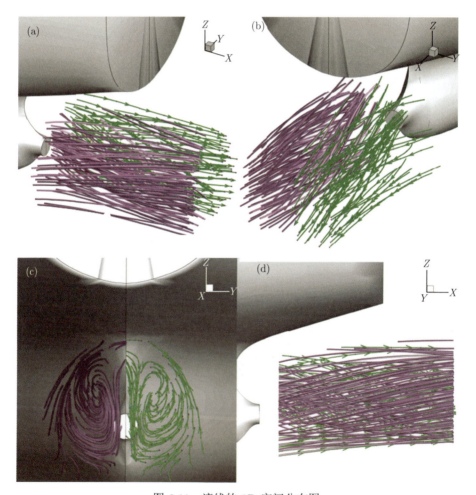

图 8.11　流线的 3D 空间分布图

8.4 综合 CFD-PIV 的尾流场的旋涡空间演化特性研究

基于 PIV 的船舶尾流场试验测量方法虽然可以直接的测量得到船舶艉部区域的速度分布、湍流特性以及旋涡分布等真实物理参数, 但是鉴于试验的测量成本以及部分区域的测量实现难度等因素, 进行全船的绕流场测量并不现实。因此基于部分特别关注区域的 PIV 平面与体空间区域的测量数据, 引入计算流体动力学 CFD 方法与 PIV 测量数据相结合对 PIV 测量区域外的旋涡流动进行预报分析显得非常有必要, 通过综合 CFD 数值与 PIV 试验数据进行 CFD 网格与数值模型准确性验证后, 可以联合 CFD 与 PIV 进行艉涡、毂帽涡生成、增长、发展与传递等空间演化特性的研究。

8.4.1 数值模型与网格划分

综合 CFD 数值模拟的尾流场旋涡的空间演化特性采用基于有限体积法的 CFD 软件 STAR-CCM+ 进行模拟与研究, 其中, 控制方程采用基于压力的耦合求解, 对流通量项采用二阶迎风格式离散, 应用二阶中心差分格式进行扩散项的离散。采用隐式非定常时间推进格式进行非稳态求解 [2]。由于考虑到模型壁面剪切力的影响, 为了能够较好地模拟强逆压梯度流场, 湍流模型采用 SST-K-omega 模型 [3]。自由表面采用流体两相体积 VOF 方法 [4] 建模。边界数值消波采用 Choi and Yoon[5] 方法, 数值反射边界与消波区域如图 8.12 所示。鉴于文章篇幅与研究关注点等限制, 此处不对控制方程、湍流模型、自由表面 VOF 方法以及数值消波方法的相关公式进行阐述, 详细的说明与公式推导参见对应文献。

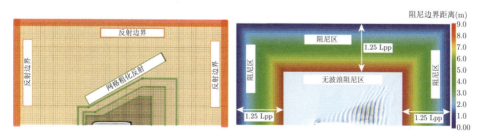

图 8.12 数值反射边界与消波区域分布图

计算区域大小为 $-2.0\text{Lpp} \leqslant x \leqslant 4.0\text{Lpp}$, $0.0\text{Lpp} \leqslant y \leqslant 2.5\text{Lpp}$, 和 $-1.5\text{Lpp} \leqslant z \leqslant 1.25\text{Lpp}$, 因为船舶绕流场为对称问题, 计算区域建立一半并在船舶中纵剖面进行对称面处理。边界条件的设置如图 8.13 所示。

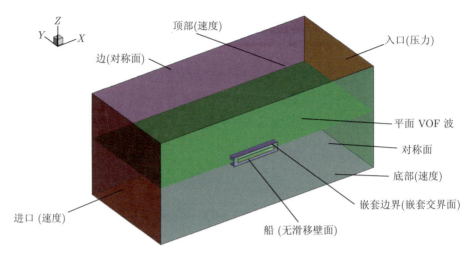

图 8.13　计算域与边界条件分布

　　网格划分中采用切割体网格对 76 K 巴拿马散货船的计算区域进行网格划分，如图 8.14 所示。针对船舶自由表面凯尔文波形、船身周围伴流区以及尾涡发展区域等进行了相应的针对物理现象的加密。边界层网格划分过程中根据不同的计算策略进行了相应的划分，计算中网格单元数为 540 万且边界层采用 Two-Layer All $y+$ 壁面处理，$y+$ 值处于 $30 \sim 60$ 范围内[6]。详细的网格敏感性与不确定性分析方法详见作者文献[7-9]。

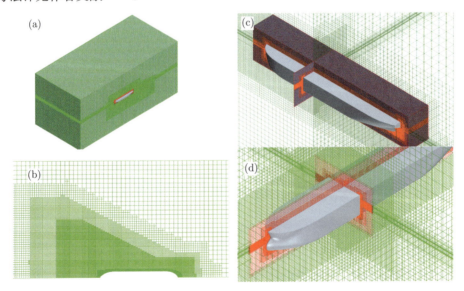

图 8.14　CFD 网格

(a) 整体网格分布；(b) 凯尔文波形加密网格；(c) 船身区域网格分布；(d) 船首边界层分布

8.4.2　CFD 数值计算与 PIV 测量结果对比验证

　　在进行综合 CFD 数值模拟的尾流场旋涡空间演化特性研究之前先进行 CFD 数值计算策略与计算结果的验证。本小节 CFD 数值计算与 PIV 测量结果的对比验证包含 2D 平面数值与测量结果以及 3D 空间的数值与测量结果的验证。图 8.15 为螺旋桨盘面区域无量纲轴向速度 u/U 的 PIV 测量结果与 CFD 数值计算结果对比图。其中，相应 PIV 和 CFD 分布图中的左图为无量纲轴向速度 u/U 分布图，右图为流线分布图。图 8.16 为螺旋桨盘面区域无量纲平面速度大小 S/U 的 CFD 数值计算结果与 PIV 测量结果对比图。其中，相应 PIV 和 CFD 分布图中的左图为无量纲平面速度分 S/U 分布图，右图为流线分布图。由图 8.15 和图 8.16 可得，CFD 数值计算结果与 PIV 测量结果吻合良好。

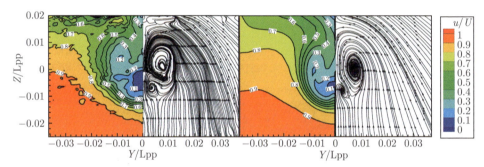

图 8.15　螺旋桨盘面区域无量纲轴向速度 u/U 的 PIV 测量结果与 CFD 数值计算结果
对比图

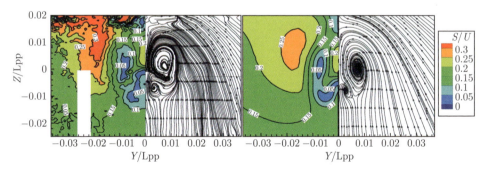

图 8.16　螺旋桨盘面区域无量纲平面速度大小 S/U 的 PIV 测量结果与 CFD 数值计算结果
对比图

　　图 8.17 为螺旋桨盘面区域涡结构判据 Lambda-2 的 PIV 测量结果与 CFD 数值计算结果对比图。其中，相应 PIV 和 CFD 分布图中的左图为涡结构判据 Lambda-2 分布图，右图为流线分布图。图 8.18 为螺旋桨盘面区域涡结构判据第二不变量 Q

的 PIV 测量结果与 CFD 数值计算结果对比图。其中，相应 PIV 和 CFD 分布图中的左图为涡结构判据第二不变量 Q 分布图，右图为流线分布图。由图 8.17 和图 8.18 可得，CFD 数值计算结果与 PIV 测量结果吻合良好，CFD 数值计算结果对舷涡与毂帽涡进行了捕捉。

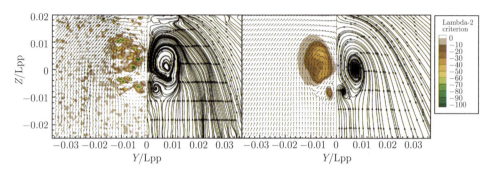

图 8.17　螺旋桨盘面区域涡结构判据 Lambda-2 的 PIV 测量结果与 CFD 数值计算结果对比图

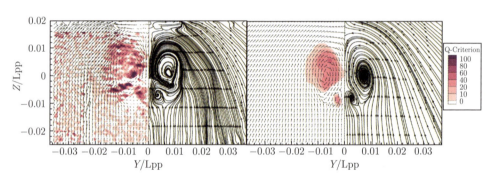

图 8.18　螺旋桨盘面区域涡结构判据第二不变量 Q 的 PIV 测量结果与 CFD 数值计算结果对比图

图 8.19 为无量纲轴向速度 u/U 3D 空间分布图，其中，图 (a) 为 PIV 试验测量结果，轴向速度场的 3D 分布特性应用重构后的体空间流场中的不同轴向速度 u/U 等值面表示；图 (b) 为无量纲轴向速度 u/U 的 CFD 数值计算结果。图 8.20 为尾流场区域的涡量场 Vorticity(x) 3D 空间分布图，其中，图 (a) 为 PIV 试验测量结果，涡量场 Vorticity(x) 的 3D 分布特性应用重构后的体空间流场中的不同涡量场 Vorticity(x) 大小的等值面表示，等值面的范围为 Vorticity$(x) = -15 \sim 15$；图 (b) 为涡量场 Vorticity(x) 的 CFD 数值计算结果。由图 8.19 可得，对于无量纲轴向速度 u/U 3D 空间分布而言，CFD 数值计算结果与 PIV 测量结果吻合良好。对于尾流场区域的涡量场 Vorticity(x) 3D 空间分布而言，CFD 数值计算结果对舷涡

与毂帽涡进行了捕捉且与 PIV 测量结果基本一致,仅在舭涡的圆度与最外层范围大小有差别,这是因为 PIV 测量得到的结果是真实的水流旋转结果,CFD 预报中因为 RANS 方法的雷诺平均特性对于小尺度的涡不能精细的捕捉。通过 2D 平面数值与测量结果以及 3D 空间的数值与测量结果的验证,较好地验证了本章节中 CFD 的数值计算方法、网格划分形式等的合理性。

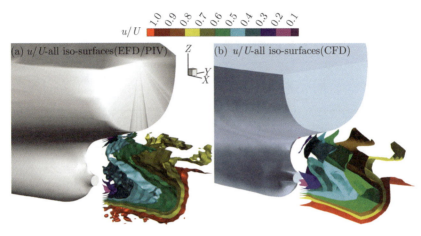

图 8.19 无量纲轴向速度 u/U 3D 空间分布 PIV 测量结果与 CFD 数值计算结果对比图

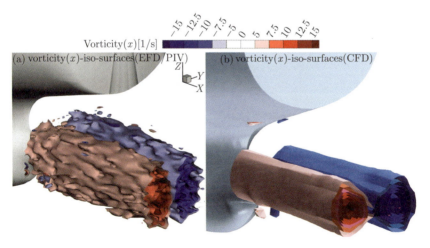

图 8.20 涡量场 Vorticity(x) 的 3D 空间分 PIV 测量结果与 CFD 数值计算结果对比图

8.4.3 尾流场旋涡的空间演化特性

图 8.21 为 76 K 巴拿马散货船在不同切面位置处的涡量 Vorticity(x) 和轴向速度边界层分布图,图 8.22 为基于涡量 Vorticity(x) 等值面的 76 K 巴拿马散货船舭

涡与假毂帽涡空间演化分布图。

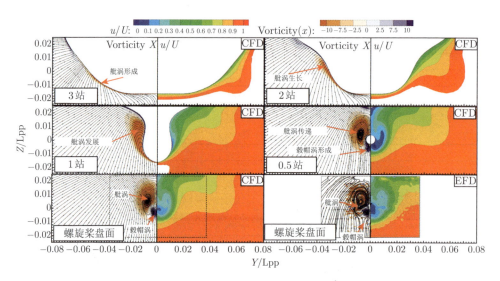

图 8.21　76 K 巴拿马散货船在不同切面位置处的涡量 Vorticity(x) 和轴向速度边界层分布图

由图 8.22 所示，时间平均轴向速度边界层 $(0 \sim 0.99U)$ 不具有水流回流特征，随着舭涡和假毂帽涡由船体中部的舭部区域产生到传递至船艉区域的过程，边界层的剪切层区域逐渐发展且相应的厚度逐渐增加。在 3 号和 2 号站位处由于船体的凹型几何作用，Y-Z 截面的速度 (v, w) 增加并形成了具有一定厚的的速度剪切层。另外，舭涡也在 3 号和 2 号站位处形成并逐渐生长。在 1 号站位处，船体的几何型式与船壳表面曲度发生了显著的变化，由于此切面位置处具有较大的凹形区域，水流急聚于此区域并形成大范围涡结构，还有，由于船体线型的大凹度变化，此凹区域具有较大的逆压梯度和进一步增大的速度剪切层，水流流经此区域发生了明显的流动分离。在 0.5 号站位处，此切面接近于船体艉轴区域，船体艉部形成的高旋转能量的舭涡将低动能水流夹带传递到船体纵切面附近，低动能水流降低了相应艉轴的速度并形成低速钩状速度轮廓。另外，假毂帽涡在此站位由艉轴区域形成、生长并传递到螺旋桨盘面区域。

由图 8.22 中 76 K 巴拿马散货船舭涡与假毂帽涡空间演化分布图所示，我们可以得出舭涡与假毂帽涡的空间演化过程具有四个阶段：第一阶段为舭涡的形成阶段且舭涡形成的阶段处于船中舭部与第 3 站位区间；第二阶段为舭涡的生长阶段且舭涡的生长阶段处于第 3 站位和第 2 站位区间；第三阶段为舭涡的发展阶段且舭涡的发展阶段处于第 2 站位和第 1 站位区域；第四阶段为舭涡的传递阶段且舭涡的传递阶段处于第 1 站位和远后方区间。8.3 小节中 SPIV 测量得到的舭涡的空间发展分布处于舭涡的传递阶段,另外,螺旋桨的工作区域也处于舭涡的传递区域。

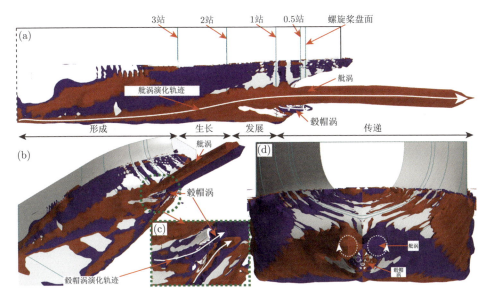

图 8.22 基于涡量 Vorticity(x) 等值面的 76 K 巴拿马散货船舭涡与假毂毂帽涡空间演化分布

参 考 文 献

[1] 吴铁成, 郭春雨, 骆婉珍, 赵大刚, 佘文轩. 基于 SPIV 的船舶标称伴流场受装载状态影响的试验研究 [J]. 中国造船, 2018, 59(03): 98-107.

[2] Weiss J M, Smith W A. Preconditioning applied to variable and constant density flows[J]. AIAA Journal, 1995, 33(11): 2050-2057.

[3] Menter F R. Two-equation eddy-viscosity turbulence models for engineering applications[J]. AIAA Journal, 1994, 32(8): 1598-1605.

[4] Hirt C W, Nichols B D. Volume of fluid (VOF) method for the dynamics of free boundaries[J]. Journal of Computational Physics, 1981, 39(1): 201-225.

[5] Choi J, Yoon S B. Numerical simulations using momentum source wave-maker applied to RANS equation model[J]. Coastal Engineering, 2009, 56(10): 1043-1060.

[6] Pope S B. Turbulent Flows[M]. UK: Cambridge University Press, 2001.

[7] Gong J, Guo C, Song K, et al. SPIV measurements and URANS simulations on the inlet velocity distribution for a waterjet-propelled ship with stabiliser fins[J]. Ocean Engineering, 2019, 171: 120-130.

[8] Guo CY, Wu TC, Zhang Q, Gong J. Numerical simulation and experimental research on wake field of ships under off-design conditions [J]. China Ocean Engineering, 2016, 30(5): 821-834.

[9] Chunyu Guo, Tiecheng Wu, Qi Zhang, Wanzhen Luo, et al. Numerical simulation and experimental studies on aft hull local parameterized non-geosim deformation for correcting scale effects of nominal wake field [J]. Brodogradnja, 2017, 68(1): 77-96.

第9章　结论与展望

本书基于粒子图像测试技术，应用自主研发的 TR-PIV/PLIF 和大型拖曳水池环境 2D-3C SPIV 精细流场测量设备，采用试验研究以及 CFD 综合辅助的研究方法对物体入水过程中的复杂流动现象和砰击作用机理，船舶艉部的流动机理及旋涡特性等进行了系统的研究与分析。本书对研究中应用的测量技术，自主搭建的测试平台以及大型拖曳水池环境中流场测量的相关设备进行了较为详细的阐述，并进行了 PIV 试验误差源和误差与不确定度分析，对测量结果进行了详细的展示与分析。

9.1　物体入水过程中的复杂流动现象和砰击作用机理研究结论与展望

物体入水过程中的复杂流动现象和砰击作用机理研究的主要工作是对物体入水砰击问题的一系列展开，采用试验与数值相结合的手段进行研究。试验手段主要依托于自研的 TR-PIV 系统，同时辅以商业 CFD 软件 STAR-CCM+，进行相应试验工况下的数值计算，数值与试验相结合，深入分析物体入水过程中的复杂流动现象和砰击作用机理，主要结论如下。

9.1.1　对于传统的楔形体入水问题

(1) 自研高频响 TR-PIV 系统的测试误差约为 4.54%，成功实现了楔形体入水过程中的瞬态流动结构测试，并且与 CFD 结果吻合十分良好，此外物体的加速度与位移运动信息亦是如此。

(2) 所提出的基于 N-S 方程的分块多路径压力重构方案在进行砰击压力重构时具有良好的准确性，但在射流处的高速度梯度区域中，其重构结果保真性略有降低。同时，基于 PIV 技术对楔形体入水过程中的单位宽度砰击载荷评估同样和理论与数值结果吻合良好。这种基于 PIV 技术的无接触压力评估方法，具有良好的可行性和精确性，相比于传统的压力测量方式，如压力计、压力传感器等，具有无接触、流场全局、试验操作简洁等优点。

9.1.2　对于任意边界船艏入水问题

(1) 进一步发展了 TR-PIV/LIF 技术, 成功捕获了曲率复杂船艏入水过程中的流动分离、卷气等复杂流动现象以及流场结构细节, 研究了不同入水初速度时, 发生卷气与否状态下的流动结构以及气腔演变过程, 深入剖析了二次砰击的产生机理。

(2) 依据先前的压力重构方案对船艏入水过程中的砰击压力进行重构, 分析了入水过程中全场砰击压力瞬时变化, 阐述了二次砰击的作用效应,

这是 PIV 技术对船艏入水时复杂气液两相流动问题的国内首次应用与研究。

物体入水问题涉及很多方面, 由于时间、条件与能力等方面因素影响, 本次研究工作所得的结论十分有限, 仍有大量问题有待进一步探索, 在今后的工作中应考虑以下两个方面:

(1) 从研究问题角度出发: 探究物体在斜向初速度、斜向入水角或有进速状态下的砰击问题; 探究 3D 模型在入水过程中的 3D 流动效应; 针对实际工程问题, 探究物体入水过程中的尺度效应问题; 探究多个物体入水过程中的相互干扰问题; 探究物体入水过程中的壁面效应; 探究弹性体入水过程中的流固耦合问题; 探究高速物体入水过程中的空化流动问题。

(2) 从试验测试技术角度出发: 采用传统的压力传感器进行砰击压力直接测试, 与基于 PIV 技术的压力评估方法对比, 深入分析入水过程中的砰击压力; 发展时间解析的 3D 粒子图像测速 (Time-resolved Stereosopic Particle Image Velocimetry, TR-SPIV) 技术甚至是层析粒子图像测速 (Time-resolved Tomographic Particle Image Velocimetry, TR-TPIV) 技术对入水过程中的 3D 流场结构进行直接测试; 在连续介质体系下流体力学中, 基于数学与物理学规律, 发展更精准的数据后处理技术, 获取更准确的压力评估结果。

9.2　船舶艉部的流动机理及旋涡特性研究结论与展望

船舶艉部的流动机理及旋涡特性研究采用试验研究以及 CFD 综合辅助的研究方法进行开展。研究过程中将 KCS 船模 SPIV 测量数据与国际标准试验数据进行对比研究, 佐证了 SPIV 测量系统的测量能力, 并进行了已知拖曳航速的无结构物均匀流 SPIV 试验验证测量精度, 基于意大利水池 2D-3C SPIV 测量不确定方法进行了测量不确定度与收敛性分析研究; 对设计装载状态、不同航速因素等工况下的船艉伴流场进行了 SPIV 测量研究并对伴流场湍流特性进行了分析, 进行了尾流场的多 2D 切面 CT 扫掠式测量与 3D-3C 尾流场的空间重构, 对不同工况下的桨盘面区域旋涡分布特性以及尾流场旋涡的空间进行了分布研究。具体结论如下:

(1) 完成已知拖曳航速的无结构物均匀流 SPIV 试验、KCS 国际标模 SPIV 试验，验证了 SPIV 测量系统具有较好的测量稳定性与测量精度。本文测量与 KRISO 标称伴流场测量结果具有较好的吻合性，KCS 船标称伴流特征均被较好的捕捉。SPIV 测量过程中的单次拖曳航次的实际瞬态速度样本的采集数量为 250 组对，对应的测试精度为 2.5%，置信区间为 ±2.5%，对应的统计样本的二阶统计矩的不确定度为 17%。两次拖曳航次相融合的实际瞬态速度样本的采集数量为 500 组对，对应的测试精度为 1.8%，置信区间为 ±1.8%。对应的统计样本的二阶统计矩的不确定度为 12%，以上测试精度与意大利水池相应测量系统的测量能力处于同一级别。

(2) 不同工况下的船艉伴流场测量数据显示，不同航速下的标称伴流场的分布形式整体相似，不同航速下伴流特征中都具有钩状伴流与双涡结构，不同航速表现为不同的钩状宽度与高度。设计工况下，艉涡的形状为 "圆形" 状，艉涡的旋转涡核位置为 $Y/R = \pm 0.5$, $Z/R = 0.05$, 毂帽涡的旋转涡核位置为 $Y/R = \pm 0.215$, $Z/R = -0.425$。螺旋桨盘面区域内的瞬态速度场分布与时间平均速度场分布具有明显的不同，在瞬态速度场中往往较时间平均场分布混乱且具有多个附加涡结构的产生，毂帽涡随着船舶的行进其涡核中心显示为脱落式上下波动。针对不同工况下的船艉伴流场湍流特性，设计工况下，湍动能与速度、漩涡运动相关且受船体形状影响明显，湍动能分布形式为 U 状，且 U 状集中分布在低动能向高动能区域过度的的动能变化层。另外，湍动能也分布在艉轴后端处。

(3) 通过对尾流场的多 2D 切面 CT 扫掠式测量与 3D-3C 尾流场的空间重构研究，解决了 2D-3C 拖曳水下 SPIV 测量系统在原始设计上的不足，实现了轴向、展向和切向速度、速度梯度等的全空间数据获取。重构后的测量区域的空间大小为：长 × 宽 × 高 = 300mm×360mm×250mm 的长方体区域，重构后的体空间流场良好的展示了轴向速度、展向速度、垂向速度、Y-Z 平面速度大小、空间速度大小和平均动能的空间分布特征。高雷诺应力区域集中在高速度梯度区域与高动能梯度区域，PIV 测量得到的物理现象与雷诺应力输运方程中的雷诺应力生成项物理属性相符合。湍动能具有与雷诺应力相似的分布形式，船舶尾流场中的近船艉区域处湍动能具有较大的幅值，且湍动能呈现空间 U 状分布。随着轴向 Y-Z 切面逐渐观测至船艉远后方的过程雷诺应力逐渐降低。由于雷诺应力为湍动能生成项中的重要贡献成份，所以湍动能的幅值随着由近船艉区域向远后方的观测过程中也逐渐降低。对局部湍流强度而言，高湍流强度区域处于艉轴后端区域，且湍流强度分布为 U 状分布与船体艉部线型相似。

(4) 对于设计与压载状态下的桨盘面区域旋涡分布特性以及尾流场旋涡的空间分布而言，船舶来流流经 U 状艉部会逐渐产生一个强烈的船艉艉涡，在艉涡下方具有一个与艉涡旋转方向相反的假毂毂帽涡，且毂帽涡紧贴船舶中纵剖面。桨盘面区域的舭涡与假毂毂帽涡的瞬态旋转特性是时间依赖且波动的。重构后的体空间流场中的不同涡量场 Vorticity(x) 大小的等值面对舭涡与毂帽涡的 3D 空间发展特征进行了直观的展示，舭涡的由近场到远场的通场传递特性、毂帽涡的传递与融合过程等均与 8.2.2 小节中基于不同轴向、展向和垂向 2D 切面研究得到的分布特性相对应。旋转强度、第二不变量 Q 和 Lambda-2 三种方法均很好的对舭涡结构与毂帽涡结构进行了捕捉。通过 2D 平面数值与测量结果以及 3D 空间的数值与测量结果的验证，较好地验证了本文中 CFD 的数值计算方法、网格划分形式等的合理性。联合 CFD 与 PIV 预报得到了舭涡、毂帽涡的空间演化具有四个阶段即形成、生长、发展与传递阶段，相应的阶段分别对应船中舭部与第 3 站位区间，第 3 站位和第 2 站位区间，第 2 站位和第 1 站位区间，第 1 站位和远后方区间。

在研究过程中还存在一些有待完善的地方，作者认为下一步的研究可以在以下几个方面进一步开展：

(1) 本书相关章节主要研究的是裸船体速度分布、湍流特性以及旋涡特性的空间 3D 流动机理与流动特性问题。船舶真实航行时往往是安装有附体与推进器的，通过本书中裸船体研究过程中形成的测量方法与策略下一阶段可以进行具有附体与推进器工况下的船舶艉部精细流场问题研究，进一步揭示与理解船舶–推进器–附体的相互作用机理。

(2) 船舶尾流场的湍流特性统计分布研究过程中，主要进行了脉动速度均方根、湍动能、雷诺应力以及湍流度等湍流特征参数分析与研究，湍流流场是一个具有各态历经性的非高斯随机场，为了更精确的研究湍流特性，除了平均速度场、脉动速度均方根、雷诺应力、湍动能以及湍流度等低阶统计矩外，最好可以有更高阶的统计矩进行湍流特性描述。下一阶段可以引入三阶统计矩偏斜度因子 (skewness) 和四阶统计矩陡峭度因子 (kuotosis) 对船舶艉部绕流场的湍流特性进行进一步研究。

(3) 本书中仅进行了船舶艉部区域的体空间精细流场测量，船舶的艏部区域也关系到船舶航行中的诸多性能，通过本书中裸船体研究过程中形成的测量方法与策略下一阶段可以进行船舶艏部区域精细流场问题研究，揭示与理解船舶艏部与流场相互作用的流场特性与流动机理。

(4) 本书的研究是基于 2D-3C 低频 SPIV 测量系统进行的精细流场测量研究，因此对于流场的瞬态特性和时间分辨与解析特性并不能很好的捕捉。针对船舶绕流场的瞬态与时间分辨特性，下一阶段可以采用 TR-PIV 测量技术进行瞬态与时间解析流场精细研究并建立空间数据更加密集且时间连续的 TR-3D-3C 精细流场研究策略。

索　引